Manfred F. R. Kets de Vries
Führer, Narren und Hochstapler

Manfred F. R. Kets de Vries

Führer, Narren und Hochstapler

Essays über die Psychologie der Führung

Aus dem Englischen übersetzt
von Elisabeth Vorspohl

Verlag Internationale Psychoanalyse
Stuttgart

Verlag Internationale Psychoanalyse
Die englische Ausgabe erschien unter dem Titel
»Leaders, Fools, and Impostors.
Essays on the Psychology of Leadership«
im Verlag Jossey-Bass, San Francisco, Cal., 1993
© J. G. Cotta'sche Buchhandlung Nachfolger GmbH, gegr. 1659,
Stuttgart 1998
Alle Rechte vorbehalten
Fotomechanische Wiedergabe
nur mit Genehmigung des Verlags
Printed in Germany
Schutzumschlag: Philippa Walz, Böblingen
Gesetzt aus der 9 Punkt Stempel Garamond
Auf holz- und säurefreiem Werkdruckpapier gedruckt
und gebunden von
Druckhaus Beltz, Hemsbach
Einbandstoff: Werreleinen

Die Deutsche Bibliothek – CIP-Einheitsaufnahme
Kets DeVries, Manfred F. R.:
Führer, Narren und Hochstapler :
Essays über die Psychologie der Führung /
Manfred F. R. Kets DeVries.
Aus dem Engl. übers. von Elisabeth Vorspohl. –
Stuttgart: Verl. Internat. Psychoanalyse, 1998
Einheitssacht.: Leaders, fools and imposters ‹dt.›
ISBN 3-608-91902-3

Für Jack, Larry, Murray und Sudhir,
den Freunden, die meine anderen Leben
mit mir geteilt haben

Inhalt

Vorwort

Jahrelange Erfahrung hat mich gelehrt, daß Führer und Geführte in vielerlei Gestalt und Größe auftreten. Je mehr Führungskräfte ich kennenlerne, desto schwerer fällt es mir, *den* effektiven Führungsstil zu beschreiben. Das gleiche gilt für die Beziehung zwischen Führungskräften und ihren Untergebenen. Das explosionsartige Anwachsen von Untersuchungen über Führung und Führungskräfte macht die Beantwortung der Frage, welcher Stil gegenüber anderen zu bevorzugen ist, zu einer schwierigen Aufgabe. Die beste Antwort ist wahrscheinlich die, daß alles von der jeweiligen Situation abhängt: Unterschiedliche Situationen verlangen unterschiedliche Führungsstile.

Aber nicht nur die spezifische Situation, in der sich Führungskräfte befinden, ist einzigartig (ich denke hier sowohl an Besonderheiten in Unternehmen und Wirtschaft als auch an die Erwartungen der Gefolgschaft); darüber hinaus können auch die charakteristischen Eigenschaften einer spezifischen Nationalkultur wichtige Unterschiede nach sich ziehen. Die Charakteristika der Führung in einer knappen Liste gemeinsamer Faktoren zusammenzufassen (wie es in der Führungsforschung nur allzu häufig geschieht) beleidigt die Intelligenz des Lesers. Das Fehlen einer definitiven Liste bedeutet jedoch nicht, daß es im Führungsverhalten keine Gemeinsamkeiten gebe. Schließlich sind Führungskräfte Teil der menschlichen Rasse. Wenngleich manche Führer überlebensgroß erscheinen, verkörpern auch sie bestimmte allgemeine Züge der menschlichen Natur. Der Trick besteht darin, herauszufinden, wie man die Gemeinsamkeiten nutzen kann, um zu einem besseren Verständnis von Führungskräften zu gelangen.

Reichweite und Behandlung

Bei der Entschlüsselung allgemeiner menschlicher Verhaltensmuster waren mir die Pionierarbeiten Sigmund Freuds außerordentlich hilfreich. Freud führte uns als erster vor Augen, daß unsere Beziehungen zu unserer Umwelt Zwängen unterliegen. Er erklärte, daß ein Großteil der Kontrolle, die wir über unsere Umgebung auszuüben glauben, nur illusionär ist. Er betonte einige der kognitiven und emotionalen Grenzen, die sich der Vernunft entgegenstellen, und zeigte, daß wir die Vorgänge in unserer Umgebung niemals vollständig wahrnehmen — daß bestimmte Dinge außerhalb des Bewußtseins vonstatten gehen. Einer der wichtigen Beiträge Freuds ist seine Beschreibung der Rolle, welche die unbewußte Motivation im täglichen Leben spielt. Seine Arbeit half uns zu verstehen, welche Art von Kausalität im menschlichen Verhalten am Werk ist. Sie zeigte auch die Kontinuität zwischen früherem und gegenwärtigem Verhalten auf, zwischen Schlaf und Wachleben sowie zwischen Gesundheit und Krankheit. Freuds Erkenntnisse sind für unser Verständnis der Kräfte, welche die Menschen antreiben, von unschätzbarem Wert. Im vorliegenden Buch versuche ich, diese Erkenntnisse für mein eigenes Forschungsinteresse, nämlich das intrapsychische Theater von Führungskräften, nutzbar zu machen.

Hintergrund

Führer, Narren und Hochstapler ist das Ergebnis jahrelanger Überlegungen und Reflexionen. Die ursprüngliche Idee zur Sammlung der hier vorgelegten Essays geht auf eine Reihe ungewöhnlicher Begegnungen mit Führungskräften zurück, die ich im Laufe der Jahre kennenlernte. Viele ihrer Geschichten wirkten auf mich zunächst wie das sprichwörtliche Puzzle im Innern eines in ein Orakel verpackten Rätsels. Meine Verwirrung aber hatte auch ihre guten Seiten. Erstens weckte sie meine Neugierde; ich wollte mich tiefer auf die Angelegenheit einlassen, um mir einen Reim auf das Material machen zu können, das vor mir lag. Zweitens führte sie mir das Ausmaß meiner Unwissenheit sowie die Schwierigkeit vor Augen, bestimmte Situationen zu verstehen.

Mir wurde klar, daß ich lernen mußte, mit meiner Unwissenheit zu leben, Ambiguität zu tolerieren und übereilte Schlußfolgerungen zu vermeiden. Natürlich ist diese Art der Offenheit ein entscheidendes Merkmal der klinischen Haltung, weil immer die Hoffnung besteht, daß wir im Laufe der Zeit und mit dem Auftauchen neuen Materials aus der Erfahrung lernen werden. Wir erwarten, daß der Patient auf diese oder jene Weise das geeignete Material liefern wird, das Einsicht in die verschiedenartigen, sein spezifisches Verhalten determinierenden Kontinuitäten gewährt.

Dank meiner Begegnungen mit Führungskräften begriff ich, daß es unendlich viele Möglichkeiten gibt, mit Belastungssituationen umzugehen; sie führten mir den individuell einzigartigen Charakter unserer Anpassungsfähigkeiten vor Augen sowie die Gefahr, in einem Teufelskreis steckenzubleiben. Letztlich läuft psychische Gesundheit auf die Fähigkeit hinaus, Entscheidungen zu treffen, auf die Fähigkeit, der Gefahr zu entrinnen, sich in einem nie endenden Kreislauf festzufahren.

Zwei verschiedenartige Begegnungen zeigten mir, wie sich die von Freud beschriebenen Kontinuitäten in Führungssituationen manifestieren. Ich denke zum einen an meine Erfahrung als Therapeut. Vom Patienten zu lernen ist ein kontinuierlicher Prozeß, dem ich einen unschätzbaren Wert beimesse, so daß ich mich sehr häufig frage, wer von wem lernt. Für diese Erfahrung bin ich meinen Patienten zu Dank verpflichtet. Eine wichtige Rolle spielte zudem das Topmanagement-Seminar (mit dem imposanten Titel »Führung in Organisationen: Erforschen Sie Ihren persönlichen Stil«), das ich eine Zeitlang am European Institute of Business Administration (INSEAD) leitete und das mir tiefe Einblicke in das Verhalten von Führungskräften gewährte. Drei Wochen (über eine Phase von insgesamt sechs Monaten verteilt) zusammen mit zwanzig Topmanagern zu verbringen ist eine gewaltige Erfahrung. Durch sie lernte ich zu verstehen, daß jeder Führer seine spezifische, individuelle Geschichte hat — daß sich jeder seinen eigenen Weg bahnen muß.

Mit *Führer, Narren und Hochstapler* möchte ich ein Verständnis der Interaktionen von Menschen in Organisationen entwickeln, das differenzierter und realistischer ist als die eindimensionalen und mechanischen Beschreibungen, die von Managementforschern normalerweise verfaßt werden. Das Buch konzentriert sich auf die Psychodynamik von Organisationen und nimmt eine klinische Perspektive ein, indem es zeigt, auf welche Weise unbewußte ebenso wie bewußte innere Prozesse Unternehmen prägen und viele Unternehmensentscheidungen beeinflussen können. Ich möchte zeigen, daß rationale Erklärungsversuche, die davon ausgehen, daß Menschen allein durch logische, zweckbestimmte Organisationsformen geleitet werden können, auf einem Irrtum beruhen und daß Unternehmensleiter ebenso wie andere Menschen nicht immer rationale Wesen sind; auch sie können von Gefühlen, von ihrem Ehrgeiz oder ihren Phantasien getrieben werden, die einen Einfluß darauf ausüben, wie sie ihre Unternehmen tagtäglich leiten. Das Buch zeigt, daß irrationale Gefühle von Führern und Untergebenen die gesamte Unternehmenskultur und Managementstruktur durchdringen können, und versucht zu erklären, weshalb »normale« Gesellschaften und ihre Führer unter Umständen urplötzlich jede Perspektive – und ihr Geld – verlieren. Diese klinisch orientierte Auseinandersetzung mit dem Management – die Anerkennung der Rolle, die der unbewußten Motivation, der intrapsychischen Realität und den Grenzen der Rationalität zukommt – hat eine vielschichtige, gleichzeitig aber authentische Beschreibung des Organisationslebens zur Folge, die dem Manager effektivere Möglichkeiten der Problemlösung und Wege zu einem kreativeren Führungsstil aufzeigt.

Führer, Narren und Hochstapler wendet sich vor allem an fünf verschiedene Lesergruppen. Erstens wird das Buch dem Bußiness-Praktiker, der in die Geheimnisse der Unternehmensleitung eindringen möchte, Klarheit über das Ausmaß verschaffen, in dem seine Handlungen andere Menschen im Unternehmen beeinflussen. Zweitens wird es jedem, der Fragen des Managements erforscht (sei es in der Bußineßwelt oder in der öffentlichen Verwaltung, in der Politikwissenschaft, Industrie-

und Organisationspsychologie, in der Organisationssoziologie, der Arbeitspsychologie oder der Sozialarbeit in Betrieben) realistische Kenntnisse über das Organisationsleben vermitteln. Drittens werden Managementberater von diesem Buch profitieren, weil es ihnen ermöglicht, in ihrer Beratungstätigkeit jenseits der Symptomverdrängung zu einem Verständnis der zugrundeliegenden Ursachen zu finden, wodurch sie die Effektivität der Organisationsdiagnose, ihrer Intervention und der durch sie bewirkten Veränderung erhöhen. Viertens wird das Buch dem Akademiker ein tiefenpsychologisches Verständnis der Motivation und des Handelns von Menschen in Organisationen vermitteln, das die Erarbeitung realistischerer Funktionsmodelle ermöglicht. Und schließlich werden Personalmanager von diesem Buch profitieren, indem sie Organisationen entwerfen, die funktionieren, das heißt Strukturen und Systeme, die rationale ebenso wie jene irrationalen Elemente integrieren, die mitnichten Produkte unserer Phantasie darstellen.

Überblick

Die ursprüngliche Anregung zur Sammlung der vorliegenden Essays verdanke ich einem Patienten, der mir eine Reihe von Spiegelträumen brachte. Als ich sie deutete, entdeckte ich, daß die Spiegelträume spezifische Meilensteine seiner Entwicklung illustrierten. Sie erwiesen sich als Schlüssel zum Verständnis der Veränderungen, die er an sich wahrnahm. Unsere gemeinsame Erforschung reizte meine Neugierde; ich wollte mehr über die Beziehung zwischen Spiegeln und Menschen und über die allgemeine Rolle von Spiegelungsprozessen in der menschlichen Entwicklung erfahren. So entstand das erste Kapitel.

Meine Erforschung der Spiegelung führte mir zwangsläufig die Notwendigkeit vor Augen, meine Kenntnisse über den Narzißmus und den Zusammenhang zwischen Führung und narzißtischem Verhalten zu vertiefen (zweites Kapitel). Wie sehen die Meilensteine der Entwicklung eines solchen Verhaltens aus? Wie ist es um die psychischen Zwänge bestellt, die narzißtischem Führungsverhalten Vorschub leisten? In welche narzißtischen Fallen können Führungspersönlichkeiten tappen? Bei der Untersuchung dieser Fragen entdeckte ich, daß eine der Gefahren des Narzißmus in der Schwierigkeit von Führern besteht, auf ihre Macht zu verzichten. Es zeigte sich rasch, daß Macht zu einer Sucht werden kann, von der man sich nur schwer wieder befreit. Im dritten Kapitel stelle ich dar, wie sich Führungskräfte von ihren Machtpositionen trennen oder weshalb sie sich weigern, sie abzugeben. Ich untersuche die psychischen Konflikte, die in den Vordergrund treten, sobald eine Entscheidung über den Verzicht auf eine Führungsposition zu treffen ist.

Während sich die ersten drei Kapitel dieses Buches mit allgemeinen Problemen der Führung beschäftigen, stehen schwierige Persönlichkeiten und die Auswirkungen ihres Verhaltens auf ihre Untergebenen im Mittelpunkt der Kapitel vier bis sieben. Mich faszinierte die Art und Weise, wie bestimmte Persönlichkeitstypen, die mir in Organisationen mitunter begegneten, funktionierten. Das vierte Kapitel untersucht das Phänomen des emotionalen Analphabetentums. Im Laufe der Jahre habe ich eine ganze Reihe von Managern kennengelernt, deren Verhalten mir auffiel, weil es irgendwie mechanisch wirkte. Die roboterhafte Art, in der sie ihrer Umwelt begegneten, und ihre unangemessenen Reaktionen auf Belastungssituationen machten mich neugierig. Wann setzte dieses Verhalten ein? Wie wirkt es sich aus? Wird es durch bestimmte Organisationstypen verstärkt? Erleichtert wurden mir meine Untersuchungen durch die Erforschung eines klinischen Phänomens, das man gelegentlich als Alexithymie bezeichnet — eine Unfähigkeit, Gefühle wahrzunehmen und mit ihnen umzugehen.

Im fünften Kapitel wende ich mich einem weiteren Aspekt der Führung zu, der mir durch meine Tätigkeit als Organisationsberater bewußt wurde. Sehr häufig merkte ich, daß ich die Rolle des Narren spielte – nicht des Narren als Schwachsinnigen, sondern des Narren als Künder der Wahrheit. Bei zahlreichen Gelegenheiten wurde ich in Organisationen gebeten, den Machtinhabern gegenüber bestimmte unangenehme Themen anzusprechen, die zwar seit Jahren drängten, aber immer wieder zurückgestellt und von Managern, die nicht zum Boten schlechter Nachrichten werden wollten, vergessen wurden.

Die Beobachtung solcher Verhaltensweisen machte mir klar, daß eine ausgleichende Gegenkraft zur Führung das Sine qua non für das Überleben von Organisationen darstellt. Ohne ein solches Gegengewicht droht die große Gefahr, daß die Bemerkung Ludwigs XIV. »Aprés moi le déluge« Realität wird und der Organisation nur eine begrenzte Lebensdauer zugemessen ist. Die Gefahr der Pathologie besteht immer. Viele Führer verlieren, sobald sie in eine Macht- und Autoritätsposition gelangen, ihren Sinn für Grenzen und machen sich nicht bewußt, welchen Einfluß sie auf andere Leute in der Organisation ausüben.

Den Anstoß zum sechsten Kapitel lieferte mir eine schwierige Begegnung mit einem Menschen, dessen Verhalten und Aktivitäten mir völlig rätselhaft erschienen. Ich merkte, daß ich mein Mißtrauen im Umgang mit ihm suspendierte. Schließlich wurde mir klar, daß er die Persönlichkeitsstruktur eines Hochstaplers besaß. Solange ich mit ihm in Kontakt war, lief ich Gefahr, dem Gesang der Sirenen nachzugeben – ich verspürte einen starken Wunsch, seine Phantasien zu teilen, meinen Realitätsbezug zu lockern und seine Geschichten zu glauben, obwohl deutliche Hinweise auf sein Hochstaplertum schließen ließen. Diese Begegnung veranlaßte mich, über sein manipulatives Verhalten nachzudenken und zu untersuchen, wodurch Hochstapler zu dem werden, was sie sind, und was Menschen veranlassen kann, sich wie ein Hochstapler zu fühlen.

Neugierig gemacht durch die Berichterstattung über Personen, die ihre Macht mißbrauchten (insbesondere Saddam Hussein und Robert Maxwell), begann ich mich für die Faktoren zu interessieren, die den Machtmißbrauch begünstigen. Woran liegt es, daß manche Menschen mit der Macht, die ihre Führungsposition ihnen an die Hand gibt, umgehen können, während andere jeden Realitätssinn verlieren? Diese Frage wurde zum Ausgangspunkt für das siebte Kapitel.

Den Schluß des Buches bilden Überlegungen zu den Voraussetzungen erfolgreicher Führung. Was unterscheidet erfolglose von erfolgreichen Führern? Welche Muster lassen sich erkennen? Natürlich mußte ich, während ich mich mit diesen Fragen auseinandersetzte, über die Elemente der psychischen Gesundheit nachdenken. Wo kann man auf dem Kontinuum Gesundheit-Pathologie Differenzierungen treffen? Welche Faktoren sind dafür verantwortlich, daß Menschen ein gutes Selbstgefühl entwickeln?

Dank

Obwohl sich das Schreiben in der Einsamkeit vollzieht, entstehen Bücher nicht in der Isolation. Auf gewisse Weise sind sie vielmehr das Werk vieler Menschen. Wie mir ein alter Lehrer einst sagte: »Wenn du eine Schildkröte auf einem Zaunpfahl sitzen siehst, weißt du, daß sie nicht alleine dorthin gelangt ist.« Viele Menschen haben mich dazu ermutigt, diese Essays zu verfassen, und wie bereits erwähnt, haben meine Patienten und Schüler dabei die wichtigste Rolle gespielt.

Ein Großteil der Kapitel dieses Buches wurde ursprünglich als Beiträge für Zeitschriften verfaßt, für *Human Relations* etwa, für das *Journal of Management Studies*, das *European Management Journal* und die *Organizational Dynamics*. Die Kommentare der verschiedenen Herausgeber und Kritiker haben mir geholfen, bestimmte Teile meiner Analysen detaillierter auszuarbeiten.

Danken möchte ich auch für die Unterstützung, die mir das INSEAD-Department of Research unter der Leitung seines Direktors Yves Doz und dessen Assistentin Diana Mitchell gewährte. Sie haben mir die Möglichkeiten zur Verfügung gestellt, die ich für meine Forschung benötigte, und mir auf diese Weise unschätzbare Dienste geleistet. Danken möchte ich auch Claude Rameau und Ludo van der Heyden, ebenfalls Direktoren des INSEAD, die meine Arbeit auch dann unterstützt haben, wenn sie mit den Interessen und Aufgaben einer Business School nicht unbedingt übereinzustimmen schien.

Das Abtippen und Korrigieren des Manuskripts hat mit unbeirrbar guter Laune Elizabeth Florent-Tracy übernommen, die sich durch notwendige Veränderungen niemals aus der Ruhe bringen ließ. Dafür möchte ich ihr danken. Unschätzbare Hilfe leistete mir auch Ranu Capron, die mir als Sekretärin zur Hand ging, als ich das Buch verfaßte. Auf freundliche Weise spielte sie den Cerberus, um mir die zeitlichen und räumlichen Freiheiten zu schaffen, die ich benötigte. Ihre Anwesenheit fehlt mir.

Vor allem danken möchte ich meiner Forschungskollegin Sally Simmons, die mir ungemein hilfreich war. Wer selber Bücher verfaßt hat, weiß, daß die Erregung des Schreibens irgendwann der mühevollen Aufgabe weichen muß, das gesamte Material noch einmal umzuschreiben. Heldenhaft nahm sie das Zepter in die Hand, wenn ich dieser Arbeit müde war. Der Prozeß des Umschreibens und die Fertigstellung dieses Buches hätten sich ohne ihre Hilfe als sehr schwierig gestaltet.

Marcel Proust ([1920/21] 1955, S. 446) sagt in *Die Welt der Guermantes*: »Alles, was wir an Großem kennen, ist von Nervösen geschaffen. Sie und keine anderen haben Religionen begründet und Meisterwerke hervorgebracht. Niemals wird die Welt genügend wissen, was sie ihnen verdankt, noch vor allem, was sie gelitten haben, um es ihr zu schenken.«

Ich möchte Proust recht geben. Gesundheit, Krankheit und Kreativität sind häufig nur durch einen schmalen Grat voneinander getrennt. Zahlreiche Personen, von denen diese Essays handeln, sind ungeachtet ihrer psychischen Schwierigkeiten bedeutende Lehrer gewesen. Durch ihr Verhalten und ihre Aktivitäten haben sie mir viele Einsichten vermittelt. Während meiner psychoanalytischen Ausbildung erklärte mir einer meiner Lehrer, daß wir im Grunde von zwei Gruppen von Menschen lernen: den Kindern und den »Verrückten«, wie er sie liebevoll nannte. Im Vergleich zu uns vertreten diese beiden Gruppen ihre Sichtweisen mit weit stärkerem Nachdruck und ermöglichen uns auf diese Weise ein besseres Verständnis der menschlichen Natur. Ich hoffe, daß der Leser aus diesen Essays über Probleme der Führung und problematische Führer Einsichten gewinnen und sie in gutem Sinn verwenden kann.

Paris, im Mai 1993
Manfred F. R. Kets de Vries

Einleitung
Wir und die Führer, die wir uns erschaffen

Die ganze Welt ist Bühne,
Und alle Frau'n und Männer bloße Spieler.
Sie treten auf und gehen wieder ab,
Sein Leben lang spielt einer manche Rollen ...
Shakespeare, *Wie es Euch gefällt*, II, 7

Wer unter die Oberfläche gräbt, tut es auf
eigene Gefahr.
Oscar Wilde, *Das Bildnis des Dorian Gray*,
Vorrede

Alle gesellschaftbildenden Lebewesen benötigen Anführer; in jedem Rudel gibt es ein Leittier; dies ist bei den ausgewachsenen Wölfen nicht anders als bei ihren Welpen. In vielen Ländern, in denen regelmäßige Wahlen stattfinden, aus denen kommunale und staatliche Parlamente hervorgehen, gibt es nach wie vor nominelle, nicht gewählte Staatsoberhäupter, denen die Bevölkerung größere Zuneigung und Loyalität entgegenbringt als den frei gewählten Volksvertretern. Wenn den Menschen nominelle oder reale Führungspersönlichkeiten fehlen, werden sie sich Leitfiguren suchen, und zwar vor allem in Krisenzeiten oder in Phasen rapider Veränderungen. Dieses grundlegende Bedürfnis findet auf einer ungemein breiten Skala mit gleitenden Übergängen Ausdruck – es manifestiert sich in dem neugierig-lüsternen Interesse an den europäischen Königshäusern, das die Medien in Ländern bekunden, die ihre eigenen Monarchien längst abgeschafft haben, aber auch in der spontanen und fanatischen Unterstützung, die Adolf Hitler und die Nationalsozialisten im Deutschland der dreißiger Jahre erfuhren. Entsprechend umfassend ist die Bandbreite der Konsequenzen, die im harmlosen Rahmen bleiben, ebensogut aber auch verheerende Ausmaße annehmen können.

Mit diesem Bedürfnis nach Führungspersonen verbunden ist natürlich die Neigung, Gefolgschaft zu leisten; man könnte geradezu sagen, daß Menschen, gleichgültig in welchem sozialen Umfeld sie sich bewegen, gezwungen sind, entweder das eine oder das andere zu tun – zu führen oder zu folgen. Hierbei denke ich nicht nur an die bedeutenden Formen der Führerschaft auf der politischen Bühne oder im Big Business; Führer und Anhänger sind elementare Archetypen des alltäglichen Lebens. Zu Hause, auf dem Spielplatz, im Büro, in jedweder Situation müssen wir uns mit unserer Rolle als Führer oder als Geführter auseinandersetzen.

Zu allen Zeiten wurden öffentliche Führungspersönlichkeiten zu Helden (oder Schurken) verklärt. Unsere traditionellen Heroen waren Philosophen, Schriftsteller, Monarchen, Generäle, Staatsmänner. Die Helden von heute aber stammen häufig aus der Unternehmenswelt – Männer und Frauen, deren Aktivitäten über den Fernsehbildschirm in jedes Wohnzimmer ausgestrahlt werden und deren Erfolge oder spektakuläre Fehlschläge tagtäglich die Zeitungen füllen. Wir müssen nur an all die Persönlichkeiten aus dem Busineßleben denken, deren Namen in der jüngeren Vergangenheit zu Produktbezeichnungen geworden sind, um zu erkennen, wie ungemein einflußreich solche Menschen sogar außerhalb ihrer Organisationen sein können. Um nur zwei – im übrigen höchst unterschiedliche – Beispiele zu nennen: Der Aufstieg und spätere Zusammenbruch von John DeLoreans Automobilunternehmen war mit einer höchst ausführlichen Berichterstattung verbunden, aber das war nichts im Vergleich zu der Publicity, die DeLorean erhielt, als sein unglückseliges Modell zur Zeitmaschine in Steven Spielbergs Filmen *Zurück in die Zukunft* wurde. Richard Branson, der Vorstandsvorsitzende von Virgin, macht Schlagzeilen, wann immer er zu einem seiner außergewöhnlichen Privatabenteuer wie zum Beispiel einer Atlantiküberquerung mit einem Heißluftballon und einem Rennboot aufbricht. Er und seine Gesellschaft werden mittlerweile automatisch mit einigen der folgenreichsten sozialen und politischen Themen in Verbindung gebracht – mit der Kampagne zur Aids-Prävention, mit dem Umweltschutz und mit der Befreiung von Geiseln aus Bahrain und Baghdad während der Krise am Persischen Golf.

Belohnt werden unsere Führer, die Helden ebenso wie die Schurken, mit Reproduktionen ihrer selbst in der Literatur, in Zeitschriften und in der Forschung. Diese Forschung, die mindestens so alt ist wie Platons *Staat*, füllt die Seiten historischer, psychologischer, politischer Fachzeitschriften und Busineß-journale. Bedauerlicherweise haben nur allzu viele Managementtheoretiker die wissenschaftliche Auseinandersetzung mit Fragen der Führung auf eine Reihe vorgeschriebener Regeln, Verfahren und Modelle reduziert und es versäumt, sich mit einigen der wichtigsten und interessantesten Fragen zu beschäftigen, die sich aus dem Thema ergeben: Wovon hängt es ab, ob jemand zu einem Führer wird oder nicht? Was geht in der inneren Welt unserer Führer vor? Wie ist ihr intrapsychisches Theater beschaffen?

Führung ist ebenso sehr charakterisiert durch ihre Komplikationen und Tücken wie durch Geschichten über dramatische Erfolge und Mißerfolge. Diese Storys füllen die Regale der Buchhandlungen und besitzen ungeachtet der Oberflächlichkeit und Beliebigkeit vieler solcher Bestseller für jeden, der sich für Führungsfragen interessiert, eine weitaus größere Anziehungskraft als trockene, gelehrte Untersuchungen. Beiden Publikationsarten – der theoretischen Untersuchung und dem Verkaufsrenner – fehlt ein pragmatischer Blickwinkel, der es ermöglichen würde, die psychologischen Wurzeln der Führerschaft und die überaus bedeutsame Dynamik der Beziehung zwischen Führern und ihren Anhängern zu erforschen. Einen solchen Blickwinkel versucht das vorliegende Buch zu vermitteln, indem es aus klinischer Sicht demonstriert, daß unbewußte, außerhalb unseres Gewahrseins ablaufende Prozesse für das Organisationsleben eine wichtige Rolle spielen. Dabei stütze ich mich in hohem Maße auf die Erfahrungen, die ich als Lehrer an einer Management-Schule, als Psychoanalytiker in privater Praxis und als Berater verschiedener Unternehmen sammeln konnte. Ein grundsätzlicher Stellenwert kommt hierbei der Untersuchung des Einflusses zu, den Führungskräfte auf ihre Gefolgsleute ausüben, sowie den Folgen, die Störungen dieser kritischen Beziehung nach sich ziehen. Als Illustration dienen mir zahlreiche Beispiele aus meiner klinischen Praxis, aus meiner Lehrerfahrung sowie historische Zeugnisse. Mir ist bewußt, daß eine psychohistorische Untersuchung ein riskantes Wagnis darstellen kann; außerhalb des Behandlungszimmers und post factum ist es schwierig, die Validität der erfolgten Rückschlüsse zu beurteilen. Die psychohistorische Vignette vermag die Komplexität eines Menschenlebens niemals wirklich widerzuspiegeln. Dennoch glaube ich, daß Fallstudien zur Analyse bestimmter Verhaltensmuster beitragen können. Ich hoffe, daß mir der Leser zustimmen und die historischen Beispiele als hilfreiche Spekulationen akzeptieren wird.

Erstes Kapitel
Der Führer als Spiegel

Spieglein, Spieglein, an der Wand
Wer ist die Schönste im ganzen Land?

Ich verrate Ihnen das Geheimnis aller Geheimnisse … Die Spiegel sind die Tore, durch die
der Tod kommt und geht. Und dann noch:
Betrachten Sie sich Ihr Leben lang im Spiegel,
und Sie sehen den Tod arbeiten wie Bienen in
einem gläsernen Bienenstock.
Jean Cocteau, *Orphée*

Im Jahre 1905 veröffentlichte Freud seinen berühmten Fall-
bericht über Dora, ein achtzehnjähriges Mädchen, das ihm
wegen hysterischer Symptome zur Behandlung überwiesen
worden war. Er beschreibt einen Prozeß, in dessen Verlauf die
Patientin während der Analyse mit dem Therapeuten Bezie-
hungsmuster auslebte, die in ihrer Vergangenheit wurzelten.
Freud bezeichnete diesen Vorgang als *Übertragung*, als »Neu-
auflage« oder »Neudruck« der emotionalen und psychischen
Reaktionen auf frühere Erfahrungen, die in der Gegenwart
»neubearbeitet« und agiert werden. Um es mit seinen Worten
zu sagen: »… eine ganze Reihe früherer psychischer Erlebnisse
wird nicht als vergangen, sondern als aktuelle Beziehung zur
Person des Arztes wieder lebendig« (1905e, S. 279).
Während die Übertragung die Aufdeckung möglicher Krank-
heitsursachen in der Analyse erschwert, gewährt sie doch zugleich einen wertvollen Einblick in die Situation, die wiederbe-
lebt wird. Aber auch unser Alltagsleben ist von Übertragungs-
reaktionen geprägt: Unsere emotionalen Reaktionen stellen in
ihrer Mehrzahl eine Kombination aus realitätsangemessenen
und »historischen« oder übertragungsbedingten Reaktionen
dar. Diese historischen Reaktionen haben ihren Ursprung in
den allerersten Beziehungen, die wir entwickeln – den Bezie-

hungen zu unseren ersten Bezugspersonen, den Eltern –, und die psychischen Einflüsse, die uns im Rahmen dieser Beziehungen prägen, bleiben lebenslang aktiv.

An anderer Stelle (Kets de Vries [1989] 1990, S. 33 ff.) habe ich zwei Übertragungsmodi beschrieben, die im Setting von Organisationen häufig zum Tragen kommen; man könnte sie als *idealisierende* Übertragung beziehungsweise als *Spiegel*übertragung definieren. Beide Formen ergänzen einander und sind für das Verständnis der magischen Wirkung, die Führungspersönlichkeiten auf ihre Anhänger ausüben, von entscheidender Bedeutung. Geführte wollten ihren Führer idealisieren und schreiben ihm deshalb völlig unrealistische Kräfte und Eigenschaften zu (ein Echo aus den frühen Lebensjahren, in denen das Kind von einer allmächtigen und perfekten Mutter behütet werden will). Dies gibt ihnen auch die Möglichkeit, sich stärker und beschützt zu fühlen. Gleichzeitig wird der Führer in den Augen seiner Anhänger gespiegelt und umgekehrt. Bevor wir analysieren, wie sich diese Übertragungsformen im Organisationskontext manifestieren, müssen wir uns ansehen, welche Bedeutung ihnen im allgemeinen menschlichen Verhalten zukommt.

Persönliche Spiegelung

Der erste Spiegel, in den ein Baby schaut, ist das Gesicht der Mutter. So sagt der Kinderarzt D. W. Winnicott ([1971] 1974): »Was erblickt das Kind, das der Mutter ins Gesicht schaut? Ich vermute, im allgemeinen das, was es in sich selbst erblickt. Mit anderen Worten: Die Mutter schaut das Kind an, und *wie sie schaut, hängt davon ab, was sie selbst erblickt*« (S. 129). Winnicott zufolge wird die emotionale Entwicklung des Kindes in sehr hohem Maße durch die Widerspiegelung, die es auf dem Gesicht der Mutter erblickt, sowie durch die Veränderungen, die es hierbei wahrzunehmen vermag, bestimmt. Dieser Prozeß, der seinen Anfang im Säuglingsalter nimmt, setzt sich zeit unseres Lebens fort und erklärt, weshalb wir unsere Ängste, Bedürfnisse, Erfolge und Fehlschläge weiterhin in anderen gespiegelt sehen. Die Qualität dieses Austausches mit dem Gesicht der Mutter und der Grad an emotionaler Reife des heranwachsenden Kindes üben auf seine Fähigkeit zur Realitätsprüfung erheblichen Einfluß aus. Zunächst spiegelt das Gesicht der Mutter ihre eigene Vorstellung von der Vollkommenheit ihres Babys wider; wenn das Kind älter wird, paßt sich dieser Spiegel seinen Veränderungsprozessen an – das Kind erblickt in ihm nicht länger ein unkritisch angebetetes Bild, sondern eine realistischere Wahrnehmung seiner selbst als Individuum. Diese Anpassung ist von wesentlicher Bedeutung, denn die Spiegelung ist eine wechselseitige Angelegenheit; sie markiert zum einen die Schaffung eines anfänglichen Selbstgefühls, einer entstehenden Identität, und bildet darüber hinaus auch die Grundlage für die Fähigkeit, Beziehungen zu anderen aufzunehmen.

Die Qualität der Beziehung zwischen der Mutter und ihrem Kind, in der sich die Rollen von Beobachter und Beobachtetem abwechseln, ist von entscheidendem Stellenwert. Die Entwicklungspsychologin Margaret Mahler (1967; Mahler, Pine und Bergman 1975) betont, welch hohe Bedeutung den phasenadäquaten Spiegelungsreaktionen in dieser Beziehung zukommt; die Wechselwirkung von positiven und negativen, wünschenswerten und weniger wünschenswerten Aspekten der eigenen Persönlichkeit hilft sowohl der Mutter als auch dem Kind, ein Selbstgefühl zu entwickeln und die Grenzen des Selbst zu definieren. Natürlich läßt dieser Prozeß auch für verzerrte Spiegelungen breiten Raum: Zwischen dem, was das Kind sieht, und dem, was es dem Wunsch der Mutter gemäß sehen sollte, besteht möglicherweise ein großer Unterschied. Dieser Unterschied kann sich als Gebot manifestieren, bestimmte Aspekte der Mutter nicht wahrzunehmen (»Richte dich nach meinen Worten, nicht nach meinem Verhalten!«); eine solche Verzerrung weckt im Kind gewöhnlich ein starkes Bedürfnis, das Bild zu korrigieren, und führt unter Umständen zu einer gestörten Selbstwahrnehmung. Ein Patient beschrieb dies folgendermaßen: »Ich weiß überhaupt nicht, wer ich bin. Ich bin darauf angewiesen, daß andere Leute, in erster Linie meine Frau, es mir sagen. Wenn ich in einen Spiegel schaue, versuche ich zu erkennen, *wer* ich bin. Das Problem ist nicht, wie ich aussehe, sondern wer dieses Ich tatsächlich ist.«

Der Grad an Realismus oder Verzerrung in diesen frühen emotionalen Verbindungen und prägenden Erfahrungen der Kindheit ist mitnichten eine Bagatelle. Der Spiegel verliert seine Einflußmacht auch im Erwachsenenalter nicht. So schreibt etwa Leonard Shengold: »Die gute und die böse Zauberkraft des Spiegels wurzeln in seiner Verbindung mit der narzißtischen Phase, in der sich Identität und psychisches Leben durch den Kontakt mit der Mutter herausbilden; die *Einflußkraft* der Spiegelmagie bildet eine Fortsetzung der mütterlichen und narzißtischen Allmacht« (1974, S. 114; Hervorhebung M. Kets de Vries). Unauslöschlich bleibt uns allen ein Bild von unserer eigenen Vollkommenheit und der Vollkommenheit unserer Eltern eingeprägt, das Kohut ([1971] 1973) als »grandioses Selbst« beziehungsweise als »idealisiertes Elternbild« bezeichnete. Wir alle hegen lebenslang den Wunsch, dieses Gefühl der Ganzheit und Zustimmung wiederzugewinnen, und so neigen wir dazu, jede Gelegenheit zu nutzen, die uns die Befriedigung jenes Verlangens zu versprechen scheint.

Der Spiegelungsvorgang und sein Zusammenhang mit dem Narzißmus des heranreifenden Individuums ist ein Thema, das die Menschheit zu allen Zeiten beschäftigt hat. Es lebt in unserer volkstümlichen Mythologie weiter, in den Märchen (jenen nur scheinbar naiven Geschichten, die den tiefsten Kern unserer Psychologie berühren) und in der Literatur, wo das Motiv der Widerspiegelung und Verzerrung ebenfalls häufig auftaucht. Jedem von uns kommt sofort der Zauberspiegel aus dem Märchen vom Schneewittchen in den Sinn, welcher der bösen Königin pflichtgemäß versichert, daß sie »die Schönste« sei, bis sie ihn eines Tages in blinder Wut zerschlägt, weil er ihr überraschend verkündet, daß ihre Stieftochter, Schneewittchen, sie nun an Schönheit übertreffe. In Oscar Wildes Novelle *Das Bildnis des Dorian Gray* nimmt das Porträt eines wunderschönen jungen Mannes nach und nach alle äußeren Merkmale der inneren Unredlichkeit des Modells an, so daß es schließlich zu einem Abbild monströser Bösartigkeit und Verderbtheit wird. Die bekannteste Geschichte jedoch, die das Thema des

Spiegels behandelt, ist der Mythos von Narziß, der die Illusion für Realität nehmen will und sein Leben verwirkt, weil ihm der Gegenstand seiner Liebe, sein eigenes Spiegelbild, das er in einem Teich erblickt, unerreichbar bleibt. Der Wahrsager Teiresias hatte Narziß ein langes Leben prophezeit – unter der Voraussetzung allerdings, daß dieser nie sich selbst erkenne. Diese Geschichte spricht unser tiefstes Verlangen an, so daß Narziß zu einem der eindrücklichsten Symbole für unsere Hoffnungen und Enttäuschungen geworden ist. Er verkörpert die verzweifelte Sehnsucht nach dem Unerreichbaren – die Sehnsucht, erneut jene ozeanischen Gefühle der vollständigen Verschmelzung mit der Umwelt zu empfinden, die in unseren frühesten Lebensphasen wurzeln. Die Sehnsucht des Narziß birgt den Prozeß der Spiegelung unauflöslich in sich.

Die englische Bezeichnung für Spiegel, *mirror*, leitet sich von dem lateinischen Wort *mirare* her, das sowohl »betrachten« bedeutet als auch »staunen« oder »bewundern«. *Mirare* bildet auch die etymologische Wurzel der Worte Mirage [Fata Morgana] und Mirakel, ein durchaus folgerichtiger Zusammenhang, denn ein Spiegel kann die Wahrheit sowohl sprechen als auch verzerren; genau genommen, ist es sogar schwierig, sich überhaupt ein effektiveres Instrument für unsere Wahrnehmung von Phantasie und Realität vorzustellen. Legenden, Volkstum, Mythen und Aberglaube zeigen, daß der Spiegel seine Zauberkraft im Guten wie im Bösen entfalten kann. Anthropologen (Róheim 1919; Frazer 1947) haben zahlreiche Beispiele für abergläubische Vorstellungen beschrieben, die sich an den Spiegel knüpfen, und betonen den häufigen Zusammenhang zwischen der Spiegelung und dem Tod.

Regelmäßig anzutreffen ist auch die Überzeugung, daß das Spiegelbild eines Menschen ein Abbild seiner Seele darstelle; so vermag es nicht zu überraschen, daß der Blick in den Spiegel in einigen Kulturen als Gefährdung der Seele verstanden wird. Der Psychoanalytiker Elkisch schreibt dazu: »Das eigene Spiegelbild muß dem Menschen zu Beginn als etwas Greifbares, Reales erschienen sein. Da es aber nicht real war, das heißt, nicht aus Material bestand, das er anfassen konnte, hatte er offensichtlich das Gefühl, seine Seele zu erblicken. Weil sich

27

diese Seele nun außerhalb seiner selbst zu befinden schien, drohte die Gefahr, daß sie ihn verlassen würde, was gleichbedeutend wäre mit seinem Tod« (1957, S. 240).

Die Spiegelmetapher impliziert ein Gewahrsein für die vielfältigen Bilder des Selbst, für die verhängnisvolle Spaltung zwischen privater und öffentlicher Selbstwahrnehmung. Der Spiegel soll uns zeigen, was wir sehen möchten, und so versuchen wir, den Anblick dessen, was zu sehen uns ängstigt, zu meiden: Hier liegt der Berührungspunkt zwischen narzißtischer Omnipotenz und Realität. Die Entstehung des Selbstgefühls – der Moment, in dem man beginnt, sich als eine Totalität aus physischem Faktum und emotionalem Gewahrsein wahrzunehmen – wurzelt häufig in der eindrücklichen Erfahrung, sich selbst im Spiegel zu erblicken und zu erkennen. Kinder spielen oft mit ihrem eigenen Spiegelbild, indem sie es wiederholt verschwinden und wieder auftauchen lassen. Dies sind magische Möglichkeiten, die Grenzen des Selbst zu festigen. Ganz allgemein formuliert, ist der Blick in den Spiegel daher ein Versuch, die Selbstgrenzen herzustellen, aufrechtzuerhalten und zurückzugewinnen. Belege für diese Sichtweise finden sich in therapeutischen Situationen, in denen Spiegelträume offenbar häufig durch das Bedürfnis des Patienten ausgelöst werden, bei seinem Therapeuten Verständnis und Zustimmung zu finden, der seinerseits dem Patienten dabei zu helfen versucht, ein neues Selbstverständnis zu entwickeln (Eisnitz 1961; Feigelson 1975; Myers 1976; Carlson 1977). Carlson vergleicht den Spiegel in diesen Träumen mit »dem verzweifelt ersehnten ›Glanz im Auge der Mutter‹ ..., dessen Integrationspotential in besonders schweren Zeiten für den Prozeß des Durcharbeitens und für die Verwendung der Einsicht eine wesentliche Bedeutung zukommt« (S. 67).

Als Beispiel kann uns die Fallgeschichte eines Managers mittleren Alters dienen, der bei einem Therapeuten Hilfe suchte. Dieser Mann hatte sich kurz zuvor nach einem langwierigen Entscheidungsprozeß von seiner Frau getrennt und hegte nun gravierende Zweifel an Wert und Sinn seines privaten Lebens wie auch seiner beruflichen Karriere. Darüber hinaus quälte ihn ein wiederkehrender Alptraum. In diesem Alptraum lief er einen nur schwach beleuchteten, immer enger werdenden Korridor entlang. Mit einem Gefühl panischer Angst nahm er wahr, daß sich die Wände um ihn herum schlossen. Er wollte umkehren, irgend etwas aber zwang ihn, weiterzugehen. Schließlich konnte er sich nur noch kriechend voranbewegen, und dann stieß er an eine undurchdringliche, von einem Spiegel bedeckte Wand. Als er hineinsah, erblickte er sein eigenes, furchtbar entstelltes Gesicht, das zu zerfallen begann und schließlich ganz verschwand. Schreiend wachte er auf.

Im Laufe seiner Therapie konnte dieser Mann ein beträchtliches Maß an Einsicht in seine Probleme gewinnen und eine Reihe wichtiger Lebensentscheidungen treffen. Sein Alptraum kehrte nicht wieder. Ein Jahr später hatte er wieder einen Spiegeltraum, der allerdings völlig anders war. Er träumte, im Sessel des Therapeuten zu sitzen. Der Therapeut befand sich hinter ihm, und beide sahen in einen Spiegel. Er lächelte dem ebenfalls lächelnden Gesicht seines Therapeuten zu, und die Szene verwandelte sich. Nun saß er gemeinsam mit seiner Mutter an einem Flußufer. Sehr anschaulich beschrieb er dem Therapeuten das Gefühl der Ruhe, das mit dem Traum verbunden war. In diesem Beispiel begleitete das Spiegelbild die Entwicklung eines besser integrierten Selbstgefühls, bildlich symbolisiert durch die Panik, die der frühere Traum in dem Patienten geweckt hatte, sowie durch den Frieden und das Gemeinschaftsgefühl, das mit dem zweiten Traum auftauchte. Wir dürfen den Schluß ziehen, daß dieser Unterschied den Prozeß einer erfolgreichen narzißtisch-realistischen Anpassung zu erkennen gibt, der dem Patienten in der Vergangenheit eine lebendige und hilfreiche intrapsychische Bilderwelt vermittelt hatte.

Der wiederkehrende Alptraum eines ganz anders strukturierten Menschen hingegen illustriert, daß der Primärprozeß des Spiegelns dem sich entwickelnden Kind verwehrt blieb. Lyndon B. Johnson, der verstorbene ehemalige Präsident der Vereinigten Staaten, erzählte seiner Biographin Doris Kearns von einem Traum, der ihn in einer Zeit quälte, als er offensichtlich eine schwere Identitätskrise durchlebte. Johnson hatte sich geweigert, ein College zu besuchen, und war nach Kalifornien durchgebrannt, wo er zunächst in dem Anwaltsbüro eines höchst labilen, alkoholkranken Cousins seiner Mutter und anschließend zwei Jahre lang bei einer Straßenbaukolonne arbeitete. Kearns schreibt:

In dieser stürmischen Phase litt Johnson [damals fünfzehn Jahre alt] unter einem wiederkehrenden Traum, in dem er in einem kleinen Käfig saß. Der Käfig war ... von einer steinernen Bank und einem Stoß dunkler, schwerer Bücher abgesehen, vollkommen leer. Als Johnson sich bückte, um die Bücher aufzuheben, ging eine alte Dame mit einem Spiegel in der Hand am Käfig vorbei. Er konnte sich selbst kurz in dem Spiegel erblicken und stellte zu seinem Entsetzen fest, daß der fünfzehnjährige Junge sich plötzlich in einen gebeugten alten Mann mit langem, ungepflegtem Haar und fleckiger, brauner Haut verwandelt hatte. Er flehte die alte Dame an, ihn herauszulassen, aber sie wandte sich von ihm ab und ging fort. Soweit er sich erinnern konnte, wurde er an dieser Stelle des Traumes regelmäßig wach. Mit schweißnasser Stirn setzte er sich im Bett auf und sagte, ohne selber genau zu wissen, was er damit meinte, aber voller Überzeugung: »Ich muß hier weg. Ich muß hier weg.« (Kearns 1976, S. 40)

Dieser Traum läßt uns daran zweifeln, ob Johnsons Mutter in der Lage war, ihrem Sohn als Spiegel zu dienen und ihm eine fürsorgende Umwelt zur Verfügung zu stellen. Ihr Unvermögen könnte Johnsons späteres Verhalten erklären, das offenkundig durch ein unersättliches Verlangen charakterisiert war, sich in allen Menschen, mit denen er in Berührung kam, gespiegelt zu sehen – das heißt, eine schmeichelhafte Resonanz zu finden. Er mußte unaufhörlich im Mittelpunkt stehen und die Aufmerksamkeit anderer wecken, weil ihm die inneren Ressourcen fehlten, die ihm ein Gefühl der Stärke und die Fähigkeit, allein zu sein, hätten vermitteln können. Anders als der zuvor beschriebene Geschäftsmann hatte Johnson das Bild einer beruhigenden, Trost spendenden Bezugsperson offenbar niemals erfolgreich internalisiert. Infolgedessen blieb sein Identitätsgefühl fragil, so daß er unaufhörlich nach der Bestätigung durch andere suchen mußte.

Wenn die Spiegelung, wie ich behaupte, in unserem alltäglichen Leben und in unseren Beziehungen zu anderen Menschen als dynamischer Faktor ständig eine Rolle spielt, dann kommt dieser Dynamik zwischen Führungspersonen und Untergebenen eine entscheidende Bedeutung in Organisationen zu. Die verschiedenen Elemente der Beziehung zwischen Führern und ihrem Gefolge – Macht, Autorität, Heldenverehrung, Schmeichelei, Ehrgeiz, Verlangen nach Aufmerksamkeit – bieten für verzerrte Spiegelungen Gelegenheit in Hülle und Fülle. Geführte neigen dazu, ihre Phantasien auf ihre Führer zu projizieren, und deuten alles, was diese Führer tun, im Lichte des Bildes, das sie sich von ihnen erschaffen haben; zugleich aber verleiten sie diese unweigerlich zu dem Glauben, tatsächlich die illusionären Wesen zu verkörpern, zu denen sie ihre Gefolgschaft gemacht hat. Bedauerlicherweise kommt es nur allzu häufig zu einer Katastrophe, bevor Führer und Anhänger aus ihrer Scheinwelt erwachen und es dann anderen überlassen bleibt, die Scherben einzusammeln. Die Finanzpolitik des früheren US-Präsidenten Ronald Reagan bietet dafür ein treffendes Beispiel. Bei seinem Amtsantritt übernahm Reagan ein Haushaltsdefizit von 800 Millionen Dollar, das er bis zum Ende seiner Präsidentschaft auf 2,2 Billionen Dollar erhöhte. Viele seiner Anhänger verleugneten die Fakten und glaubten beharrlich an die Möglichkeit, das Budget auszugleichen. Reagans Talent, die Wünsche seiner Wählerschaft – wenn auch nur der Form nach und ohne reale Grundlage – widerzuspiegeln, kaschierte seine Unzulänglichkeiten als Verwalter der finanziellen Ressourcen seines Landes.

Natürlich muß ein Führer mehr sein als nur ein Spiegel oder eine leere Leinwand, auf die andere ihre Wünsche und Phantasien projizieren. Autoren, die Führungsprobleme wissenschaftlich untersucht haben (Bass 1981, 1985; Burns 1978; Kotter 1982; Bennis und Nanus 1985; Leavitt 1986; Tichy und Devanna 1986; Kets de Vries 1989; Zaleznik 1989), betrachten unter anderem folgende Eigenschaften als wesentliche Voraussetzung: die Fähigkeit, eine Zukunftsvision zu formulieren, Entscheidungen (und zwar häufig schmerzvolle) zu treffen, Untergebenen die eigene Vision erfolgreich zu vermitteln, Netzwerke aufzubauen, Untergebene mit Befugnissen auszustatten und dafür zu sorgen, daß deren Vorstellungen realistisch bleiben. Diese Fähigkeiten müssen ein Gegengewicht zu den – weniger greifbaren – Zuschreibungen durch Untergebene schaffen, die bestimmte Eigenschaften an ihren Führern wahrnehmen wollen, so daß sie deren Handlungen oder das Ausbleiben von Handlungen ihren Wünschen gemäß deuten. Solche Zuschreibungen ins rechte Gleichgewicht mit der Realität zu bringen ist, wie man sagen könnte, eine angewandte Form der realistischen Spiegelung, die das heranwachsende Kind durch seine Mutter erfährt. Die Art und Weise, wie Führungskräfte mit dem Spiegelungsprozeß umgehen, gibt den Grad ihrer Reife zu erkennen. Der Lackmustest ist ihre Fähigkeit, ihren eigenen Realitätsbezug zu wahren und die Dinge so zu sehen, wie sie tatsächlich sind – trotz des Drucks, den ihre Umwelt auf sie ausübt, um sie zu einem gemeinsamen Spiel mit dem Zerrspiegel zu verführen. Da wir Menschen aber ein angeborenes Potential zu regressiven Verhaltensweisen besitzen, können in Krisen sogar Individuen, die normalerweise über eine sehr verläßliche Realitätsprüfung verfügen, auf verzerrte Spiegelungen vertrauen.

Diese unterschiedlichen Beobachtungen über den Spiegelungsprozeß in der Beziehung zwischen Führern und Geführten legen nahe, daß Führer zum Teil durch die Bedürfnisse ihrer Anhänger definiert werden. Die Gefahr von Verzerrungen ist immer dann besonders groß, wenn Führer glauben, die von ihren Anhängern entwickelten Phantasien ausleben zu müssen. Eine Organisation, die sich in einer solchen Situation befindet, operiert sozusagen in einem Spiegelsaal, dessen Wände unaufhörlich immer bizarrer werdende Bilder reflektieren. Wünsche treten an die Stelle von Fakten, und Illusionen verdrängen die Realität. Führer können – mit gravierenden Konsequenzen für die gesamte Organisation – ihre Autorität und Macht sogar benutzen, um weitreichende Maßnahmen zu initiieren, die voll und ganz auf verzerrten Wahrnehmungen beruhen.

Spiegelung im Business-Setting

Die Vorgänge in der Roltex Corporation (Name geändert), einem Hersteller von Elektrogeräten, illustrieren treffend, wie sich Spiegelungsprozesse im Rahmen einer Organisation auswirken können. Die Roltex Corporation, die sich im Besitz der Familie Moore befindet und auch von ihr geleitet wird, wurde Ende der vierziger Jahre von John Moore gegründet. Zwei seiner drei Söhne stiegen in das väterliche Unternehmen ein. Peter, der älteste, kümmerte sich um Produktion und Arbeitsabläufe, während der zweitälteste, Simon, sich in den Bereichen Marketing und Verkauf engagierte. Der dritte Sohn, Bernard, beschränkte sich darauf, als Student während der Sommerferien gelegentlich im Betrieb zu arbeiten. Da Bernard dank eines von seinem Vater begründeten Treuhandvermögens finanziell unabhängig war, verließ er das College vorzeitig und verbrachte den größten Teil seiner Zeit damit, zu reisen und in einer Band Musik zu machen.

Völlig unerwartet starb John Moore eines Tages an einem Herzschlag. Ebenso wie viele andere Unternehmer hatte er für seine Nachfolge keine eindeutigen Vorkehrungen getroffen. Sein Tod hatte dramatische Folgen, die sich im gesamten Unternehmen bemerkbar machten. Nach einer Phase beträchtlicher Angst, intensiver Überlegungen und langen Zögerns faßte der Familienrat den – später vom Vorstand – bekräftigten Entschluß, Bernard zum neuen Präsidenten zu ernennen. Diese außergewöhnliche Entscheidung wurde getroffen, weil sowohl Peter als auch Simon den Eindruck hatten, in ihren gegenwärtigen Positionen unabkömmlich zu sein. Jede Veränderung innerhalb der Abteilungen würde, so glaubten sie, eine überflüssige Störung bedeuten, solange sich die Firma in einer derart kritischen Situation befand. Da Bernard in keinem Bereich über irgendwelche Fachkenntnisse verfügte, schien er paradoxerweise am besten geeignet, sich um das allgemeine Management zu kümmern. Und obwohl die meisten führenden Mitarbeiter aufgrund seiner bewegten Vergangenheit zunächst skeptisch reagierten, glaubten sie einen bemerkenswerten Wandel an ihm zu beobachten, nachdem er sein Amt angetreten hatte. Sie hatten den Eindruck, als wachse er schnell in seine neue Position hinein, und waren von seinen Leistungen beeindruckt.

Aber trotz des allgemeinen Stimmungsaufschwungs, der im Anschluß an Bernards Ernennung zu verzeichnen war, lie-

fen die Dinge bei Roltex keineswegs wunschgemäß. Innerhalb
kurzer Zeit verlor die Firma Marktanteile, und die Profite begannen zu schrumpfen. Gleichzeitig mit diesem Niedergang
ergaben sich auch innerhalb der Organisation Schwierigkeiten.
Mehrere entscheidende Mitarbeiter verließen das Unternehmen, und Simon war so besorgt, daß er eine Consulting-Firma
beauftragte, das Funktionieren der Gesellschaft zu untersuchen. Er glaubte zwar, daß sein Bruder in seiner neuen Rolle als
Präsident außerordentlich effektiv sei, konnte sich jedoch die
sinkenden Gewinne nicht erklären und hegte Zweifel an der
Angemessenheit der Unternehmensstrategie.

Das erste, was den Beratern – die als Außenstehende die im
Unternehmen herrschende Angst nicht teilten – auffiel, war die
Tatsache, daß Bernard für die Leitung eines Unternehmens wie
Roltex überhaupt nicht qualifiziert und selbst in bezug auf die
elementarsten Managementpraktiken erstaunlich unwissend
war. Die atemraubende Entwicklung eines begnadeten Organi-
sationsgenies, die seine leitenden Angestellten an ihm wahrzunehmen glaubten, vermochten sie keineswegs zu erkennen. Sie
sahen vielmehr einen Menschen, der in seinem Job vollkommen
orientierungslos war. Wo jeder einen »Fels in der Brandung«
erblickte, sahen die Berater einen ängstlichen Mann, der zwischen zögerlichem Handeln und einem intensiven, durch seine
fachliche Unkenntnis hervorgerufenen Gefühl der Lähmung
schwankte. Darüber hinaus stellten sie fest, daß die wenigen
Entscheidungen, die Bernard tatsächlich traf, gewöhnlich auf
den Ideen seiner erfahrenen Angestellten beruhten bzw. imaginär waren, weil in Wirklichkeit gar nichts geschah.

Klar wurde auch, daß sich Bernard in den seltenen Situationen, in denen er tatsächlich die Initiative ergriff, von einigen
wenigen, überaus einfachen Grundsätzen leiten ließ, die er im
Laufe der Zeit aufgeschnappt hatte. Diese Grundsätze wirkten
paranoiagen (Kets de Vries und Miller 1984), da sie auf Mißtrauen und Unsicherheit beruhten. So weigerte sich Bernard
beispielsweise, seinen wichtigsten Mitarbeitern bedeutsame finanzielle Informationen weiterzugeben, weil er fürchtete, daß
die Angestellten höhere Gehälter fordern würden, wenn ihnen
die Unternehmensgewinne bekannt wären. Diese Geheimnis-

tuerei aber machte es schwierig, sachkundige Marketingentscheidungen zu treffen. Zudem führte Bernard unangebrachte Maßnahmen zur Kostendämpfung ein, um kurzfristig Einsparungen zu erzielen, welche die Gesellschaft längerfristig allerdings teuer zu stehen kamen. Gleichwohl waren viele seiner Untergebenen weiterhin der Meinung, daß er sich sehr klug verhalte. Die Berater waren besonders von der Tatsache beeindruckt, daß sogar seine Brüder diese Anerkennung teilten.

Die einzigen Gründe dafür, daß Roltex weiterhin erfolgreich blieb, waren der Vorrat an innovativen Produkten sowie die Energie, die Schlüsselfiguren, zu denen auch Peter und Simon zählten, in das Unternehmen investierten. Zweifellos gingen auch von Bernard positive Einflüsse auf die Gesellschaft aus. Seine Präsenz ermöglichte es dem Vorstand, sich ein – wenngleich nur illusionäres – Gefühl der Kontrolle über die Firma zu bewahren; sie benutzten Bernard in hohem Maße als Spiegel für das, was sie sehen wollten. Und da Bernard kaum begriff, was in seiner Umgebung vor sich ging, ließ er sich auf diese Spiegelungsprozesse in der Regel aktiv ein. Die Berater sahen, daß der Gesellschaft eine ernsthafte Gefahr drohte, falls sich an dieser Situation nichts änderte; da solche verzerrten Spiegelungsprozesse aber eine erhebliche Anziehungskraft ausüben, kostete es erhebliche Mühen, den Bann zu brechen.

Trotz seiner eigenen Unsicherheit und der irreführenden Signale, die er von seinen leitenden Angestellten erhielt, hatte sich Bernard genügend Kontakt mit der Realität bewahrt, um den Ernst der Lage zu erkennen. Ihm war klar, daß er ungeachtet der Phantasien seiner Untergebenen vielleicht doch nicht der richtige Mann für seinen Job war. Im Laufe der Zeit entwickelte er eine vertrauensvolle Beziehung zu den Beratern (ein Sine qua non für jede erfolgreiche Intervention), so daß er offen über seine Verwirrung sprechen konnte und eingestand, daß er über seine Ernennung zum Präsidenten nie glücklich gewesen sei. Er sah den Dingen, die um ihn herum geschahen, verständnislos zu, fühlte sich »außen vor« und bisweilen »unwirklich«, so als agiere er als Schauspieler in einem Stück, dessen Handlung er kaum zu steuern vermochte. Zudem wußte er, daß er die Weiterentwicklung des Unternehmens behinderte. Sein eigentliches Interesse galt nach wie vor der Musik.

Es ist schwierig, Personen, die an dem Spiel mit dem Zerrspiegel unmittelbar beteiligt sind, klar zu machen, was sie tun. Es ist auch schwierig, diesem Spiel ein Ende zu setzen. In vorliegenden Fall beriefen die Berater eine Reihe von Meetings mit allen drei Brüdern ein, um den Blick auf bestimmte Realitätsaspekte zu lenken und die Destruktivität des ständigen Wechsels zwischen inkonsequenter Strategieplanung und vollständigem Mangel an jeglicher Strategie aufzuzeigen. Dabei achteten sie sorgfältig darauf, eine konstruktive, hilfreiche Atmosphäre zu bewahren, da ihre Anstrengungen absolut nutzlos gewesen wären, wenn sie einen der Beteiligten zum Sündenbock gemacht hätten. Aber natürlich stellten sich Veränderungen nicht über Nacht ein. Nach und nach jedoch begannen die Empfehlungen der Berater Wirkung zu zeigen. Die endgültige Lösung für die Probleme des Unternehmens gestaltete sich dann vergleichsweise undramatisch: Bernard beschloß, zugunsten seines Bruders Simon auf sein Amt zu verzichten, und schied aus der Firma aus, um sich erneut dem Komponieren und Musizieren zu widmen.

Der Umgang mit der Spiegelung

Die Geschichte der Roltex Corporation lehrt uns manches über die Gefahren verzerrter Spiegelungen. Die Mitarbeiter vieler Unternehmen sitzen dem Irrglauben auf, daß ihre Firma von einem begabten Individuum geleitet werde, oder verleugnen – falls es keine Leitung im eigentlichen Sinn gibt – die Realität der Situation, weil sie hoffen, daß irgendwie, durch Zauberei, etwas Gutes geschehen werde. In der Beziehung zwischen Führungspersonen und ihren Anhängern sehen Menschen häufig nur das, was sie sehen wollen. Der Preis dafür sind neben der mangelnden Realitätsprüfung disfunktionale Entscheidungen.

Als Autoritätsfiguren werden Führungspersonen vergleichsweise mühelos Reaktionen aus unserer Kindheit wiederbeleben und sich in Spiegel verwandeln, die uns helfen, unsere Selbstwahrnehmung zu integrieren und ein labiles Identitätsgefühl zu stärken – dies gilt vor allem in Krisenzeiten. Zahlreiche Führer setzen diesem Prozeß nichts entgegen, denn die bewundernden Blicke ihrer Gefolgschaft können ungemein befriedigend sein. Schließlich haben wir alle narzißtische Bedürfnisse. Wir sollten die Tatsache nicht ignorieren, daß das Spiel mit dem Spiegel insofern auch seine positiven Seiten hat, als Spiegelungsprozesse eine Weile lang den notwendigen Zusammenhalt vermitteln und ein Unternehmen in Zeiten von Veränderungen und Umwälzungen zusammenschweißen können. Dank ihrer Einflußkraft können sie – häufig mit guten Resultaten – eine gemeinsame Vision entstehen lassen und zu engagiertem Handeln motivieren. Nichtsdestoweniger benötigen Führungskräfte eine gesunde Portion Einsicht und Selbstkritik sowie die Fähigkeit, ein aufrichtiges Feedback seitens anderer zu tolerieren, um die in dem Spiegelungsprozeß enthaltene Verzerrung überprüfen zu können. Diese Fähigkeit fehlt vielen Führern, und der verführerische Sog, der von spiegelnden Untergebenen ausgeht, hat zahlreiche von ihnen in die Irre geführt.

Bernard schaffte es, loszulassen. Ihm gelang es, den Zauber des Spiegels zu durchbrechen und sich und andere rechtzeitig aus seinem unseligen Bann zu befreien. Allzu häufig jedoch schlittern Unternehmen in die Katastrophe hinein, bevor sie die Destruktivität ihrer inneren Dynamik erkennen. Lassen sich in einer derartigen Situation andere Heilmittel oder Vorbeugemaßnahmen aktivieren? Wenn ein so kritisches Stadium tatsächlich erreicht ist, haben bereits all die üblichen Sicherheitsvorkehrungen, die ein Unternehmen in seine Struktur eingebaut haben mag, seit langem versagt. Die wirksamste Behandlung für eine Organisation, die in einer unproduktiven Spiegelungsphase gefangen ist, besteht möglicherweise in der Intervention durch äußere Berater – Personen, die einen Spiegel vorhalten, der ein anderes, der Wahrheit näheres Bild zeigt; ihre konstruktiven Deutungen können häufig eine Neuorientierung vermitteln, wenn das Gefühl für den rechten Weg verlorengegangen ist.

Zweites Kapitel
Das unvollständige Selbst:
Narzißmus und Machtausübung

Einen Diktator zu verehren ist eine so namen-
lose Dummheit. Es wäre nicht einmal so
schlimm, müßte man dabei nichts anderes tun,
als mit dem Kopf nach unten und den Füßen
nach oben zu tanzen. Mit ein wenig Übung
könnte das jeder lernen. Das wirkliche
Problem besteht jedoch darin, daß es von
einem Tag auf den anderen, von einer Minute
zur anderen, keine Möglichkeit gibt zu
erfahren, wo nun gerade oben und wo unten
ist.
Chinua Achebe, *Termitenhügel in der Savanne*

Ungeachtet der gelegentlichen Illusionen über
seine Allmacht ist der Narzißt zur Bestätigung
seiner Selbstachtung auf andere angewiesen.
Ohne bewunderndes Publikum kann er nicht
leben. Seine scheinbare Freiheit von familiären
Bindungen und institutionellen Zwängen
befähigt ihn keineswegs, auf eigenen Füßen zu
stehen oder sich seiner Individualität zu
freuen. Im Gegenteil: sie trägt zu seiner
Unsicherheit bei, die er nur überwinden kann,
wenn er sein »grandioses Ich« in der Aufmerksamkeit anderer reflektiert sieht oder indem er
sich Menschen anschließt, die Berühmtheit,
Macht und Charisma ausstrahlen. Für den
Narzißten ist die Welt ein Spiegel...
Christopher Lasch, *Das Zeitalter des Narzißmus*

Unsere Reaktionen auf das Wort *Macht* liefern den besten
Beweis für die zwiespältige Rolle, welche die Macht im
menschlichen Verhalten spielt. Kaum jemand von uns würde

leugnen, daß er Macht als etwas Wünschenswertes empfindet, andererseits aber kennen wir auch die Gefühle des Unbehagens und Mißtrauens, die durch die Art und Weise, wie Macht uns gegenübertritt, geweckt werden; ja, sogar die eigene Machtausübung kann zwiespältige Empfindungen hervorrufen. Die Konnotationen der *Macht* berühren elementare menschliche Themen: Stärke und Schwäche, Herrschaft und Unterordnung, Kontrolle und Unterwerfung – die Selbstbehauptung eines Individuums auf Kosten anderer. All diese Konnotationen wirken unangenehm und abstoßend. Daß sie uns so sehr zu beeindrucken vermögen, hängt mit den grundlegenden Tatsachen des Menschseins zusammen – dem Umstand, daß wir in Abhängigkeit hineingeboren werden und daß wir sterben müssen. Von den ersten Augenblicken an sind unser Überleben und die Entwicklung unseres Selbstgefühls mit der Ausübung von Macht und ihrem Mißbrauch verbunden – mit der Macht in den Händen einflußreicher Menschen, die Kontrolle über uns ausüben, und sobald wir herangewachsen sind, mit unserer eigenen Macht.

Führung ist Machtausübung, und die Führungsqualität – die gut, ineffektiv oder destruktiv sein kann – hängt von der Fähigkeit des betreffenden Individuums ab, seine Macht zu handhaben. Die Quellen der Macht eines Führers liegen in hohem Maße in der hierarchischen Autorität, die er der Organisation verdankt, und seiner eigenen beruflichen Kompetenz, seiner Fähigkeit zu abstraktem Denken, seiner Vision und seiner Phantasie, seiner Fähigkeit, konstruktive interpersonale Beziehungen aufzubauen, sowie persönlicheren Eigenschaften wie Charme, Humor und Entschlossenheit. Aber noch eine weitere Eigenschaft ist erforderlich: ein Gefühl für die eigene Stärke. »Führung, Leitung, die Realisierung der eigenen Visionen, die Entwicklung von Systemen und das Hinführen anderer Menschen zu einem bestimmten Ziel: All diese Aktivitäten setzen in der Führungskraft ein Bewußtsein für die eigene Potenz voraus« (Lapierre 1989, S. 177). Lapierre betrachtet dieses Potenzgefühl als Ergebnis einer gelungenen Auflösung unserer archaischen Ohnmachts- und Allmachtsempfindungen, die wir seit unserer frühesten Entwicklung in uns tragen.

Die psychische Gesundheit heranwachsender Kinder setzt voraus, daß die Mutter auf den paradoxen Zustand der Hilflosigkeit und des grandiosen Selbstgefühls ihres Kindes angemessen reagiert. Das Maß an Ermutigung und Frustration, das Kinder erfahren, während sie sich entwickeln und die Grenzen ihrer Persönlichkeit zu testen beginnen, übt einen dauerhaften Einfluß auf ihre Selbst- und Fremdwahrnehmung sowie auf die Beziehungen aus, die sie im Laufe ihres späteren Lebens eingehen werden. Jede Unausgewogenheit zwischen ihren Gefühlen der Hilflosigkeit und dem Maß an schützender Fürsorge, das sie von ihren Eltern empfangen, wird als psychische Verletzung empfunden. Unangemessene Frustrationen seitens der Umgebung oder eine unzulängliche Fähigkeit, Regeln zu respektieren, verstärken das natürliche Ohnmachtsgefühl des Kindes, so daß es im allgemeinen mit Wut, Rachewünschen, mit einem Hunger nach persönlicher Macht und kompensatorischen Omnipotenzphantasien reagieren wird. Diese Dynamik bleibt während des gesamten Lebens erhalten, und wenn sie im Laufe der Entwicklung nicht angemessen bewältigt werden kann, wird sie wahrscheinlich – mit verheerenden Folgen – erneut aktiviert, wenn ein solcher Mensch in Führungspositionen gelangt und das Machtspiel zu spielen lernt.

Natürlich kann Macht im Guten wie im Bösen benutzt werden, die Tatsache aber, daß sie ihren Einfluß zwischen diesen beiden Extremen entfaltet, macht sie, was die Bedürfnisse des Menschen angeht, zu einer ambivalenten Größe. Ehrgeiz, das Bedürfnis, sich einen Namen zu machen, das Verlangen, aufzufallen, und der Drang, die Initiative und Kontrolle zu übernehmen – all dies bleibt durchaus in den Grenzen des Legitimen. Beunruhigend ist vielmehr, wie rasch der Umschlag ins Extrem erfolgen kann. Geschichte und Literatur bieten uns genügend Beispiele für die Ergebnisse solcher Exzesse, um unsere Furcht vor der Macht in den Händen eines Individuums und unser Mißtrauen zu rechtfertigen. Was geschieht, wenn das Machtspiel gespielt wird, bevor dieser Grundkonflikt zwischen Hilflosigkeit und Grandiosität, zwischen Impotenz und Omnipotenz gelöst werden konnte? Was geschieht, wenn Macht mißbraucht wird? Und bewirken die Verletzungen, die wir in der Kindheit erfahren, unausweichlich eine pathologische Bindung an die Macht, oder können sie sich im konstruktiven Umgang mit ihr zum Guten entwickeln?

Die Bewältigung von Verletzungen aus der Kindheit

Als Freud im Jahre 1916 bestimmte Charaktertypen beschrieb, die ihm in der psychoanalytischen Arbeit begegnet waren, bezeichnete er eine Gruppe als »die Ausnahmen«. Unter Berufung auf Shakespeares Tragödie *Richard III.* beschreibt er die Überzeugung Richards, des Herzogs von Gloster und späteren Königs, besondere Privilegien für sich beanspruchen zu können und eine Entschädigung für das Unrecht erwarten zu dürfen, das ihm widerfahren ist. Fortwährend führt Richard seine körperliche Mißbildung als Rechtfertigung für sein »heimliches, falsches und verräterisches« Verhalten an:

> »Weil denn der Himmel meinen Leib so formte,
> Verkehre demgemäß den Geist die Hölle.
> Ich habe keinen Bruder, gleiche keinem,
> Und Liebe, die Graubärte göttlich nennen,
> Sie wohn' in Menschen, die einander gleichen,
> Und nicht in mir: ich bin ich selbst allein.«
> (*Heinrich VI.*, Teil III, V, 6)

Freud erläutert die Bedeutung des berühmten Eröffnungsmonologs von Shakespeares *Richard III.* (»Nun ward der Winter unsers Mißvergnügens / Glorreicher Sommer durch die Sonne Yorks«) folgendermaßen: »Ich habe den Anspruch darauf, eine Ausnahme zu sein, mich über die Bedenken hinwegzusetzen, durch die sich andere hindern lassen. Ich darf selbst Unrecht tun, denn an mir ist Unrecht geschehen« (Freud 1916 d, S. 368). Ob ihre Leiden real sind oder imaginär – Menschen, die in dieser Weise überzeugt sind, ein Unrecht erlitten zu haben, glauben, daß die üblichen Verhaltensregeln für sie keine Gültigkeit besitzen. Sie dürfen Gebote übertreten. Sie halten sich selbst für auserwählt, so daß sie glauben, besondere Privilegien beanspruchen zu können. Das Schicksal hat sie mit einer speziellen Mission ausgestattet. Diese Überzeugungen leiten sich aus dem kompensatorischen Omnipotenzgefühl her, das sie lebendig erhalten haben, um sich vor ihrer Hilflosigkeit zu schützen. Ihre Verantwortungslosigkeit, ihre Rücksichtslosigkeit und ihr angemaßtes Privileg, Grenzen zu verletzen, sind gerechtfertigt, weil ihre Entscheidungen auf magische Weise von der Vorsehung oder vom Schicksal bestimmt sind: Sie selbst können niemals einen Fehler begehen.

Erikson (1963) verweist auf die Schicksalsmetaphorik, deren sich Adolf Hitler in seiner Autobiographie *Mein Kampf* bediente:

Sein reichsgermanisches Märchen erzählt nicht einfach, daß er in Braunau geboren sei, weil seine Eltern da lebten; nein, es war »das Schicksal«, das »mir zum Geburtsort gerade Braunau am Inn zuwies«. Als das geschah, war es nicht etwa der Fall, weil das der natürliche Lauf der Dinge ist, nein, es war »ein unverdienter Schicksalsschlag«, daß er in einer Periode zwischen zwei Kriegen geboren wurde, in einer Zeit der Ruhe und Ordnung. War er arm, so »nahm ihn die Göttin der Not in die Arme«, dann war »Frau Sorge seine neue Mutter«. Aber all diese »Grausamkeiten des Schicksals« lernte er später als »Weisheit der Vorsehung« zu loben, denn sie stählten ihn für den Dienst an der Natur, »der grausamen Königin aller Weisheit«. Als der Weltkrieg ausbrach, »gestattete ihm das Schicksal gnädig«, ein deutscher Infanterist zu werden ... Als er ... vor einem Gericht seine ersten revolutionären Versuche verteidigte, fühlte er sich sicher, »daß der ewige Ratschluß der Göttin der Geschichte den Spruch des Gerichts lächelnd zerreißen würde«.

Das Schicksal, das jetzt den Helden verräterisch im Stich läßt, jetzt gnädig sein Heldentum unterstützt und das Urteil der bösen alten Männer zerreißt: das ist die infantile Bilderwelt, die vieles im deutschen Idealismus durchsetzt. ([1963] ⁶1976, S. 332 f.)

In der psychiatrischen Literatur findet sich eine Fülle an klinischen Beschreibungen des Persönlichkeitstyps oder der Störung Hitlers. Das besondere Problem, das auftaucht, wenn man über seinen Machtmißbrauch schreiben möchte, besteht darin, daß allein die Aufzählung der Greuel, mit denen er Deutschland und Europa überzog, jeden Versuch, sein inneres Theater zu analysieren, bestenfalls schwach und schlimmstenfalls kollusiv erscheinen läßt. Hitlers eigene Schriften enthalten zahlreiche Hinweise auf sein Gefühl tiefer persönlicher Verletzung. Er war von einem hartherzigen, brutalen Mann erzogen worden, der so alt war, daß er auch sein Großvater hätte sein können, und Frau und Kinder regelmäßig zu verprügeln pflegte. Hitler wollte Künstler werden, scheiterte aber sowohl an mangelnder Begabung als auch am Widerstand seines Vaters. Zu seinen Lebzeiten und nach seinem Tod stellten viele der Personen, die ihm nahestanden, Spekulationen über seine sexuelle Impotenz an; sie vermuteten, daß er unter den Folgen einer Syphilis litt, die er sich möglicherweise als junger Mann zugezogen hatte, und charakterisierten ihn als sexuelles »Neutrum«. So schreibt sein Biograph Bullock unter Berufung auf Hitlers Vertrauten Hanfstängl: Die »überschüssige Kraft, die kein normales Ventil fand, [suchte] in der Unterwerfung seiner Umgebung, danach seines Vaterlandes und schließlich ganz Europas einen Ausweg. ... In dem sexuellen Niemandsland, in dem Hitler gelebt habe, sei er nur einmal – und auch diesmal nur beinahe – der Frau begegnet, die ihm hätte Befriedigung geben können« (Bullock [1962] 1989, S. 375). Vermutlich trug die als ungerecht und willkürlich erlebte Autorität Erwachsener in Verbindung mit den körperlichen Beeinträchtigungen dazu bei, daß Hitler eine von Gewalt, Wut und Haß erfüllte innere Vorstellungswelt entwickelte; unfähig, diese Vorstellungswelt zu assimilieren und innerlich zu bewältigen, projizierte er sie auf die Außenwelt. Die Ergebnisse waren die beispiellosen Schrecken und Opfer des Zweiten Weltkriegs und der Konzentrationslager.

Aber muß das Bewußtsein für die in der Kindheit erlittenen Verletzungen zwangsläufig zu solch zerstörerischen Projektionen der Persönlichkeit führen? Wird es zwangsläufig derart anomale Formen der Machtausübung nach sich ziehen? Die Autobiographie des schwedischen Filmregisseurs Ingmar Bergman legt eine andere Schlußfolgerung nahe. Bergman schildert eine Kindheit voller Angst und Schrecken, mit der er sich aber dennoch dank des kreativen und schöpferischen Mediums, das er im Kino fand, aussöhnen konnte.

Unsere Erziehung beruhte hauptsächlich auf Begriffen wie Sünde, Bekenntnis, Strafe, Vergebung und Gnade – sie waren konkrete Faktoren in den Beziehungen von Eltern und Kindern zueinander und zu Gott. Darin war eine Logik, die wir akzeptierten und zu verstehen meinten. ... Wir hatten noch nie etwas von Freiheit gehört, und noch weniger wußten wir, wie sie schmeckt. In einem hierarchischen System sind alle Türen verschlossen.

Strafen waren folglich etwas Selbstverständliches, das nie in Frage gestellt wurde. Sie konnten schnell und einfach kommen wie Ohrfeigen oder Schläge auf den Hosenboden, konnten aber auch äußerst kompliziert sein, durch Generationen hindurch verfeinert. (Bergmann [1987] 1987, S. 15)

Bergmanns Erinnerung zufolge hatte diese Erziehung hochdramatische Konsequenzen:

Mein Bruder versuchte, Selbstmord zu begehen, meine Schwester wurde aus Rücksicht auf die Familie zu einer Abtreibung gezwungen. Ich riß von zu Hause aus. Meine Eltern lebten in einer aufreibenden Krise ohne Anfang oder Ende. Sie taten ihre Pflicht. Sie gaben sich Mühe. Sie flehten Gott um Barmherzigkeit an. Ihre Normen, Wertvorstellungen und Traditionen halfen ihnen nicht. Nichts half. Unser Drama spielte sich vor aller Augen auf der scharf erleuchteten Bühne des Pfarrhauses ab. Die Furcht ließ das Gefürchtete Wirklichkeit werden. (Ebd., S. 167)

Gleichwohl folgte die Bestrafung, der Bergman häufig unterworfen wurde, einem interessanten Muster:

Daneben gab es noch eine Art spontaner Strafe, die für ein Kind, das sich vor dem Dunkeln fürchtete, sehr unangenehm sein konnte, nämlich ein längeres oder kürzeres Einsperren in einer besonderen Garderobe. Alma hatte nämlich in der Küche erzählt, daß gerade in dieser Garderobe ein kleines Wesen wohnte, das bösen Kindern die Zehen abfraß. ... Nachdem ich eine Lösung gefunden hatte, machte mir diese Form der Bestrafung keine Angst mehr: Ich versteckte in einer Ecke eine Taschenlampe mit rotem und grünem Licht. Kaum hatte man mich eingesperrt, suchte ich mir meine Lampe, richtete den Lichtkegel auf die Wand und stellte mir dabei vor, ich wäre im Kino. (Ebd., S. 16)

Wenn wir einmal eine reduktionistische Sicht der Berufswahl vertreten, so können wir in Bergmans Versuchen, diese frühen Angsterlebnisse zu meistern, die Grundlagen für seine spätere

Filmkarriere erkennen und die Faszination an der Laterna magica letztlich auf seine Zuhilfenahme der Taschenlampe zurückführen. Durch diese konstruktive Bewältigung seiner Ängste ist er zu einer der Leitfiguren des Films geworden, die anderen größtes Vergnügen zu vermitteln vermag. Damit behaupte ich nicht, daß es ihm gelungen sei, seine inneren Dämonen vollständig zu besiegen. Wie er selbst in seiner Autobiographie berichtet, litt Bergman zeit seines Lebens unter einer Fülle psychosomatischer Störungen und anderer Probleme einschließlich Magengeschwüren, chronischer Schlaflosigkeit, ständiger Untreue und wiederholten Alpträumen, die sich um seine Fähigkeit drehten, weiterhin Filme zu machen. Depressionen überfielen ihn wie »Schwärme schwarzer Vögel«, und nach wie vor hält er seine privaten Dämonen nur mit Hilfe komplizierter Rituale unter Kontrolle. Gleichzeitig aber besitzt er die Fähigkeit, diese Rituale in kreative Leistungen zu verwandeln, ähnlich wie er die Taschenlampe mit dem bunten Licht benutzte, um die grauenerregende Bestrafung im Schrank abzuwehren.

Der Narzißt im Organisationssetting

Im Anschluß an diese vergleichsweise dramatischen Beispiele wollen wir uns nun ansehen, wie das unreife Selbstgefühl eines Menschen oder, anders formuliert, die unrealistischen Vorstellungen von der eigenen Potenz das effektive Funktionieren einer Organisation beeinträchtigen können. So mancher Leser, der ähnliche Einflüsse in mehr oder minder hohem Grad innerhalb seiner Organisation beobachten konnte, wird die Situation und ihre Konsequenzen wiedererkennen.

Harry Langner (Name verändert) kam zu mir in Therapie, weil er unter starken Depressionen und einer Reihe von Streßsymptomen litt, seit man ihn gezwungen hatte, nach nur fünfjähriger Tätigkeit auf seinen Posten als Vorstandsvorsitzender der Telar Corporation (Name geändert), einem traditionsreichen Unternehmen der Nahrungsmittelindustrie, zu verzichten. Er war mit Anfang Vierzig in das Amt berufen worden –

der Höhepunkt einer schwindelerregenden Karriere. Unter allgemeiner Zustimmung des Vorstandes hatte ihn sein unmittelbarer Vorgänger persönlich für den Job auserkoren und aufgebaut. Was war in der Zeit bis zu seinem erzwungenen Rücktritt schiefgegangen? Warum war Langner so rasch und unwiderruflich aus der Gnade gefallen?

Die Eigenschaften, die der scheidende Vorsitzende und andere Vorstandsmitglieder besonders an Langner bewundert hatten – seine Begabung zur Teamarbeit und sein mutmaßliches Eingeschworensein auf partizipatorisches Management –, hatten sich mit seiner Ernennung augenblicklich verflüchtigt. Viele, die ihn zuvor gekannt hatten, sagten, daß er sich scheinbar über Nacht in einen anderen Menschen verwandelt habe. Von allen Seiten wurde die Kritik laut, daß er zunehmend seinen eigenen Weg gehe und nicht mehr bereit sei, sich anzuhören, was andere zu sagen hatten.

Als Vorstandsvorsitzender nahm Langner augenblicklich eine Reihe kostspieliger Projekte in Angriff. Seine erste Amtshandlung bestand darin, das Hauptbüro der Gesellschaft vom Norden in den Osten des Landes zu verlegen – angeblich, um näher am Markt zu sein. Zyniker innerhalb des Unternehmens jedoch glaubten den wahren Grund für den Umzug in Langners Wunsch zu erkennen, sich in der Nähe seines eigenen Landsitzes aufhalten zu können. Eine Reihe luxuriöser Investitionen folgte: Unter anderem erwarb die Gesellschaft zwei Jets, um Langner und seine Topmanager um die Welt zu fliegen, sowie eine speziell ausgestattete Jacht, auf der sich, so Langner, Geschäftsfreunde amüsieren sollten. In Wahrheit wurde das Schiff von ihm selbst und seinen Freunden vor allem zum Tiefseefischen benutzt.

Mit dem Argument, daß Modernisierungen notwendig seien und das Unternehmen sein eher traditionelles Image verändern müsse, um zum Trendsetter zu werden, führte Langner innerhalb von vier Jahren zwei gravierende Umstrukturierungen durch. Die einzigen sichtbaren Resultate der Arbeit ganzer Heere von Beratern, die während dieser Zeit in Dienst genommen wurden, bestanden in einer ernsthaften Destabilisierung des Unternehmens, im Verlust wertvoller, erfahrener Angestellter sowie in erheblichen Problemen mit der allgemeinen Arbeitsmoral. Einige fragwürdige, extravagante Akquisitionen folgten, ohne daß weiter darüber nachgedacht worden wäre, ob sie sich mit anderen Teilen der Gesellschaft ergänzten. Telar hatte erstmals seit Jahren Verluste zu verzeichnen, und die Aktienwerte des Unternehmens fielen rapide.

Obwohl das Unternehmen rote Zahlen schrieb, blieben Langners Gehalt und seine erheblichen Spesen unangetastet. Er schien angesichts der sinkenden Profite keineswegs beunruhigt zu sein, sondern organisierte trotz der zunehmenden finanziellen Schwierigkeiten eine Planungskonferenz in einem Chateau nahe Paris, bei der an nichts gespart wurde: Man charterte Helikopter, um Firmenangehörige und Gäste zu transportieren, zahlte ungeheure Honorare für eine Reihe von Politikern und übertrug das Catering einem französischen Drei-Sterne-Koch. Mittlerweile hatte sich Langner mit seinem autokratischen Stil und seinem herrischen Verhalten auch die wenigen ursprünglichen Anhänger entfremdet, die noch im Unternehmen geblieben waren. Alle Illusionen auf offene Verständigung waren dahingeschwunden; gute Ideen wurden ignoriert und blieben ungenutzt. Einige Topmanager schieden aus, die Aktien pendelten sich auf einem Tiefstand ein, und in der gesamten Organisation herrschte eine Stimmung wie auf einer Beerdigung. Langner war unerreichbar, immun gegenüber den Problemen in seiner Gesellschaft und taub für jene Vorstandsmitglieder, die mit ihm zu sprechen versuchten. Die Krise kam, als er einer anderen Gesellschaft, bei der er Teilhaber war, einen Kredit zu außerordentlich niedrigem Zinssatz gewährte. Dieser Interessenskonflikt lieferte dem Vorstand die Rechtfertigung, die notwendig war, um ihn zum Rücktritt aufzufordern. Trotz seiner Beteuerungen, daß er keinerlei potentiellen Konflikt sähe, weil er in jenem zweiten Unternehmen keine Managementposition bekleide, wurde Langner gezwungen, seinen Abschied zu nehmen.

Einige Wochen später suchte Langner, dessen Stimmung auf einem Tiefpunkt angelangt war, mich auf. Es war seine erste psychotherapeutische Erfahrung, und er hatte sich durch recht umfangreiche einschlägige Lektüre für das Gespräch gewappnet. Sobald er den Raum betrat, machte er Eindruck. Er sah gut aus und war tadellos gekleidet. Er trug einen Anzug von Armani, Gucci-Schuhe und eine Patek Philippe und beeilte sich, seine Kenntnisse der klinischen Terminologie zu demonstrieren. Gleich zu Beginn holte er aus seiner Aktentasche eine Reihe von Zeitungsausschnitten mit Photos hervor, auf denen er an der Seite bekannter Persönlichkeiten aus Politik und Kunst abgebildet war. Es bereitete ihm keinerlei Probleme, über sich selbst zu sprechen.

Langner erinnerte sich, daß er als Kind und Jugendlicher immer im Zentrum der Aufmerksamkeit gestanden hatte. Seine Eltern prahlten mit seinem guten Aussehen, steckten ihn in erstklassige Kleidung und ließen ihn Lieder singen und Gedichte rezitieren, wenn Besuch ins Haus kam. Er erinnerte sich lebhaft an diese Leute, die um ihn herumsaßen, ihm zusahen und ihn aufforderten, etwas vorzuführen. Er galt als sehr begabt, und man prophezeite ihm eine große Zukunft. Als er die Highschool besuchte, überredete seine Mutter die Lehrer, ihn eine Klasse überspringen zu lassen. Rückblickend fragte sich Langner mitunter, ob dies wirklich klug gewesen war, denn es setzte ihn unter enormen Druck, und er verlor einige Freunde. Er klagte, daß sich seine Eltern um seine persönlichen Wünsche offenbar nie wirklich gekümmert hätten; ihr Interesse galt vor allem äußerlichen Erfolgssymbolen, nämlich seinen Leistungen als Schüler und Student und seinem guten Aussehen.

Langner war ein sehr guter Schüler und wurde im Jahrbuch der Highschool als Absolvent mit den größten Erfolgsaussichten genannt. Zum Studium schrieb er sich an einem College der Ivy League ein, wo er schockiert feststellen mußte, daß ihm nicht mehr alles »zuflog«. Zum ersten Mal in seinem Leben mußte er hart arbeiten, um gute Noten zu bekommen – was ihm besonders deshalb schwer fiel, weil er sehr viel Zeit mit Frauen verbrachte. Nachdem er seinen MBA erworben hatte, bestand sein Hauptproblem darin, sich für einen der vielen Jobs, die man ihm anbot, zu entscheiden. Er hatte in den Interviews höchst erfolgreich abgeschnitten, da es ihm ausgesprochen leicht fiel, bei den Interviewern den besten Eindruck zu hinterlassen. Sein Interesse an den Medien und sein Hang zum Glamour führten ihn auf quasi natürlichem Weg in die Werbung. Er stieg bei einer Tochtergesellschaft von Telar ein, wo ihm sein ansteckender Enthusiasmus und sein Selbstbewußtsein einen rasanten Aufstieg bescherten.

Auf sanften Druck bekannte sich Langner dann schließlich auch zu dunkleren Aspekten seiner Persönlichkeit. Er gestand, daß seine Beziehungen immer ein wenig einseitig gewesen seien. Er hielt es nicht nur für selbstverständlich, daß man seine Arbeit bewunderte, sondern glaubte im Grunde, ein Anrecht auf Bewunderung zu haben. Es fiel ihm jedoch schwer, echtes Interesse für die Arbeit anderer aufzubringen, so daß er nur geheuchelte Anteilnahme zeigte. Firmenmanager, die ihm unterstellt waren und sich für seine Ideen nicht augenblicklich begeisterten, fielen in Ungnade. Langner gab zu, daß jeder um seine Karriere bangen mußte, der seinen Zorn erregte. Er erwähnte zwei Gelegenheiten, bei denen er sich größte Mühe gegeben hatte, um andere in ein schlechtes Licht zu rücken. Er konnte subtil vorgehen, sich aber auch rachsüchtig verhalten. Ausführlich ließ sich Langner über sein Talent aus, Vorgesetzte für sich einzunehmen. Es fiel ihm leicht, sich von seiner besten Seite zu zeigen und politische Spielchen zu spielen. Das hatte sich ausgezahlt. Er hatte den Spitzenjob bekommen – zumindest vorübergehend. Mit dieser Spitzenposition aber verlor er zugleich jegliches Gefühl für seine Grenzen. Irgendwie war er zu der Überzeugung gelangt, daß die normalen Regeln für ihn keine Gültigkeit mehr besäßen und er sich jeden Übertritt leisten könnte. Das Spiel glitt ihm aus der Hand. Andere fühlten sich verletzt und herabgesetzt, und das verheerende Chaos, dem die Organisation aufgrund seines Verhaltens anheimfiel, hatte um ein Haar den Bankrott des Unternehmens zur Folge.

Der narzißtische Stil

Narzißtische Persönlichkeiten wie Harry Langner sind im Topmanagement häufig anzutreffen. Im Grunde ist es gar nicht überraschend, daß viele narzißtische Menschen mit ihrem Bedürfnis nach Macht, Prestige und Glanz in Spitzenpositionen gelangen. Ihr Gefühl für Dramatik, ihre Fähigkeit, andere zu manipulieren, ihr Hang zu kurzlebigen, oberflächlichen Beziehungen leisten ihnen im Organisationsleben gute Dienste. Sie können phänomenale Erfolge in Bereichen erzielen, die es ihnen erlauben, ihr Bedürfnis nach Größe, Ruhm und Macht zu befriedigen. Aber wenngleich ein gewisser Grad an narzißtischem Verhalten für den Erfolg einer Organisation durchaus notwendig sein kann, handelt es sich, wie immer und überall, so auch hier um eine Frage des rechten Maßes. Eine bescheidene Portion Narzißmus ist der Effektivität der Organisation zuträglich. Dramaturgisches Geschick, Zuversicht und Zielgerichtetheit einer Führungskraft können ansteckend wirken. In einer unsicheren Situation können diese Eigenschaften sogar dazu beitragen, den in der Organisation unbedingt erforderlichen Gruppenzusammenhalt zu schaffen und die Aufmerksamkeit aller Beteiligten für innere und äußere Gefahrensignale zu schärfen. Darüber hinaus muß man die Tatsache, daß viele Führungskräfte ihre Untergebenen quasi als ihren »verlängerten Arm« benutzen, nicht unbedingt negativ bewerten. Ein positiver Aspekt beruht darin, daß diese Führer ihre Gefolgsleute an ihrer eigenen Vision und Sachkenntnis teilhaben lassen und ihnen auf diese Weise Gelegenheit geben, zu lernen und ihre Karriere voranzutreiben. Diese Art von Führertum erweist sich natürlich als besonders effektiv, wenn eine Organisation gerade eine Krise durchlebt und Enthusiasmus und Entschlossenheit vonnöten sind, um die Mitarbeiter zu motivieren und optimistisch zu stimmen.

Bedauerlicherweise erweist sich das Gefühl der Erregung, das solche narzißtischen Persönlichkeiten verbreiten, häufig als nur vorübergehend; die Gefahr, daß es »verpufft«, ist groß. Dann zeigt sich die dunklere Seite der exzessiv narzißtischen Persönlichkeit. Der narzißtischen Führungskraft eilt zwar gewöhnlich der Ruf voraus, über ein bedeutendes Potential zu verfügen, im Laufe der Zeit aber wird dennoch deutlich, daß etwas fehlt – die ursprünglichen Versprechungen gehen nie wirklich in Erfüllung. Für diese Führer sind Macht und Ansehen wichtiger als die tatsächliche Leistung; sie konzentrieren ihre Energie eher auf Projekte, die politisch vorteilhaft erscheinen, als auf langfristige Ziele. Ihr Hauptanliegen gilt der Erhaltung ihrer eigenen Position und Wichtigkeit, so daß sie auf die Bedürfnisse anderer Personen und der Organisation herabsehen. Ihre Zügellosigkeit, Selbstgerechtigkeit, Arroganz, Unaufmerksamkeit gegenüber Strukturen und Prozessen in der Organisation sowie ihre Unfähigkeit, sich auf einen echten Gedankenaustauch einzulassen, beeinträchtigen das Funktionieren des Unternehmens und verhindern dessen Anpassung an innere und äußere Veränderungen. Da solche Führungskräfte andere von Entscheidungsprozessen ausschließen, Kritik nicht tolerieren und keinerlei Kompromisse schließen können, sind gravierende negative Folgen für die Organisation unvermeidlich.

Eine der wichtigsten Aufgaben einer Führungskraft besteht darin, sich der emotionalen Bedürfnisse Untergebener bewußt zu bleiben und ihnen Rechnung zu tragen. Führer, die von exzessivem Narzißmus getrieben werden, mißachten solche legitimen Bedürfnisse Untergebener und ziehen aus deren Loyalität ihren Vorteil. Führer dieses Typs sind ausbeuterisch, gefühllos und überaus rivalisierend, so daß sie andere in hohem Maße entwerten und geringschätzen. Dieses Verhalten fördert Unterwürfigkeit und passive Abhängigkeit und erstickt die Kritikfunktionen Untergebener. Leider sind solchen Führungskräften die Gründe für ihr Verhalten kaum bewußt. Für gewöhnlich werden sie erst durch gravierende persönliche Schwierigkeiten – körperliche Alterungsprozesse, berufliche Rückschläge, Eheprobleme oder ein wachsendes Gefühl der Leere in ihrer Arbeit und in ihren Beziehungen – veranlaßt, sich zu fragen, was mit ihnen geschieht und warum es sich so verhält.

An Langner ließen sich zahlreiche Eigenschaften der narzißtischen Persönlichkeit beobachten. Der Schaden, den sein sich entwickelndes Selbstgefühl in seiner Kindheit erlitten hatte, hatte zu einem überkompensierenden Verhaltensstil geführt. Oberflächlich betrachtet, schienen ihn seine Eltern gut zu behandeln. Er stand im Mittelpunkt ihrer Aufmerksamkeit und kam dank ihrer Unterstützung in den Genuß eines privilegierten Lebensstandards und einer hervorragenden Ausbildung.

Wahrscheinlich aber blieb ihm der psychische Raum verwehrt, den er benötigt hätte, um ein kohärentes Identitätsgefühl zu entwickeln. Die Tatsache, daß seine Eltern seine persönlichen Gefühle nicht zur Kenntnis nahmen, sondern sich auf seine äußere Erscheinung und die äußerlichen Leistungs- und Erfolgssymbole konzentrierten, offenbart eine Gleichgültigkeit gegenüber dem wahren Charakter ihres Kindes. In ihrem eigenen Verlangen nach Bewunderung und Größe benutzten sie ihren Sohn als Stellvertreter. Ihr Verhalten schuf nur eine Illusion der Liebe. Als Erwachsener besaß Langner kein integriertes Selbstgefühl: Nur wenn Kinder spüren, daß sie um ihrer selbst willen von anderen geschätzt werden, können sie sich in ihrer Haut wohl fühlen, ein Gefühl für ihren inneren Wert und Selbstbewußtsein entwickeln. Ein Mensch, dem dieses Gefühl fehlt, wird kompensatorisch um seine Selbstbehauptung und um einen Ausdruck der eigenen Persönlichkeit ringen. In Langners Fall hatte der Aufstieg in eine Führungsposition seine unrealistischen Phantasien über seine eigene Wichtigkeit und seine Rechte entbunden und aktiviert; er benutzte die Macht, die er besaß, nicht im Einklang mit der realen Situation des Unternehmens, sondern im Sinne dieser Phantasien. Der unverhältnismäßig hohe Schaden, den er mit seinem Verhalten anrichtete, demonstriert die Gefahren, die für eine große Organisation entstehen können, wenn eine einzelne Person ihre Macht mißbraucht.

Die Kontrolle der Folgen des Narzißmus

Wie man sich vorstellen kann, ist die narzißtische Persönlichkeit in besonderem Maße anfällig für die Gefahren des Führer-als-Spiegel-Effekts – in ihrem Führer nehmen Anhänger die positiven Eigenschaften wahr, die sie in sich selbst gerne sehen wollen. Wirklich gute Führung setzt einen gewissen Grad an Narzißmus voraus. Bedauerlicherweise aber werden narzißtische Prozesse bereits durch das bloße Faktum, eine Führungsposition einzunehmen, in übertriebenem Maße aktiviert. Nicht jeder kann diese Stimulation verarbeiten. Individuen und ganze

Organisationen laufen leicht Gefahr, sich in den regressiven Beziehungsmustern zu verfangen, die mit dem Führer-als-Spiegel-Effekt verbunden sind. Diese Muster werden durch die eingeschränkte Fähigkeit des Narzißten, Selbstkritik zu üben und die eigene Person aus einer gewissen Distanz zu betrachten, zwangsläufig verstärkt.

Leider gelingt es den konventionellen Schutzvorkehrungen und Sicherheitssystemen, über die größere Organisationen verfügen, häufig nicht, die Gefahrensignale zu erkennen, bevor das Kind in den Brunnen gefallen ist. Der überwältigende Narzißmus, den ich hier beschrieben und am Fall von Harry Langner illustriert habe, läßt sich oft überhaupt erst erkennen, wenn ein Individuum eine Machtposition erringt oder seine Macht bereits eine Weile lang ausgeübt hat.

Bedauerlicherweise gibt es auf die Frage, was man tun kann, um das potentielle Problem zu einzudämmen, keine fix und fertigen Antworten. Das Phänomen rechtzeitig zu erkennen ist eine Lösung, aber dies fällt, wie bereits erwähnt, nicht immer leicht. Letztlich wird das Wohlergehen der Organisation weitgehend von der Gesundheit der Zukunftspläne des Führers, von seinem Selbstgewahrsein und seinem Sinn für sein persönliches Gleichgewicht abhängen. Sir John Harvey-Jones, Ex-Chairman von ICI, hat dieses Problem sehr klar erfaßt. Er schreibt in seiner Autobiographie:

Es gibt... noch weitere Risiken, die mit jedem Spitzenjob verbunden sind. Ich habe häufig von den Gefahren der Jasagerei und meinen Ängsten vor den Folgen der Macht gesprochen. Man kommt fast zwangsläufig mit einer oder wahrscheinlich sogar mit beiden dieser Gefahren in Berührung, die der eigenen Fähigkeit drohen, sich selbst und die eigenen Motive klar zu sehen ...

Man verläßt sich schließlich auf die eigenen Ideale, auf das Selbstbild, das man verkörpern will und dem man weiterhin entsprechen möchte. Ich glaube, es ist notwendig, ein solches idealistisches Bild zu entwickeln, dem man nachstreben und das man irgendwo deponieren kann, um ähnlich wie Dorian Gray zu überprüfen, inwieweit man sich verändert. Es ist durchaus möglich, wenn auch sehr schwierig, sich selbst treu zu bleiben, wenn man sich beizeiten klar macht, was geschieht. (Harvey-Jones 1988, S. 227)

Leider entwickeln nicht alle Führungskräfte derart tiefschürfende Gedanken. Viele sind nur allzugerne bereit, Jasager zu tolerieren. Manche Führer gelangen sogar irgendwann zu der Überzeugung, einen Anspruch auf derartige Reaktionen zu besitzen und diese Art von Aufmerksamkeit verdient zu haben. Einen wirksamen Gegenpol zu solchem Verhalten bildet der realistische Pragmatismus, für den der frühere U.S.-Präsident Harry Truman so treffende Worte fand, als er sagte: »Ich sitze hier den ganzen Tag lang herum und versuche, Leute davon zu überzeugen, Dinge zu tun, die sie eigentlich aus eigener Initiative und ohne mein Zureden tun sollten. ... Auf mehr läuft die Macht des Präsidenten im Grunde nicht hinaus« (zitiert nach Neustadt 1960, S. 9 f.).

Vielleicht hat Truman, was die Grenzen seiner Macht anlangt, übertrieben, auf jeden Fall aber ist ihm eine realistische Perspektive erhalten geblieben. Sein Selbstgefühl war stabil genug, so daß er den Verführungen, die ein hohes Amt in sich birgt, zu widerstehen vermochte. Wie der Politiker Adlai Stevenson sagte: »Schmeichelei ist gut und schön, solange man sie nicht in sich einsaugt.« Das Problem ist, daß die Menschen sie tatsächlich einsaugen. Macht ist ein starkes Narkotikum – anregend, belebend, suchterzeugend. Menschen, die sie besitzen, haben in der Regel hart gearbeitet, um soweit zu kommen, und sind nicht ohne weiteres bereit, zu verzichten. Diese Sucht zieht für das Individuum wie auch für die Organisation sehr spezifische Probleme nach sich.

Drittes Kapitel
Machtverzicht: Die emotionale Abrechnung

> Je mehr du weißt, desto klarer weißt du, wie
> wenig du weißt.
> Deine Frustrationsfähigkeit ist begrenzt, und
> deine Unwissenheit ist grenzenlos.
> Je besser ist dir gelingt, deine Frustration über
> deine Unwissenheit zu verarbeiten, und je
> besser du den Schaden, den du in deinem
> Leben angerichtet hast und der deiner Enttäu-
> schung über dein Unwissen zugrunde liegt, zu
> reparieren vermagst, desto mehr wirst du deine
> Unwissenheit lieben und willkommen heißen
> können.
> Alles neue ergibt sich aus dem, was du jetzt
> noch nicht kennst.
> Clifford Scott, *Who is Afraid of Wilfred Bion?*

Früher oder später muß jeder Mensch, der eine Machtposition bekleidet, verzichten. Inwieweit dieser Verzicht positiv oder negativ erlebt wird, hängt in hohem Maße von dem
betreffenden Menschen selbst und seinen persönlichen Umständen ab. Der Machtverlust aber kann verheerende Folgen
haben und mitunter als ein gewaltsamer Akt empfunden werden, gleichgültig, ob er im regulären Pensionierungsalter er-
folgt, ob er freiwillig oder erzwungen ist, durch Organisations-
oder politische Maßnahmen oder, im Extremfall, durch Krankheit oder Tod herbeigeführt wird. Führungskräfte erleben den
Verzicht auf die Macht als besonders schwierig. Die öffentliche
Anerkennung, die sie aus ihrer Position beziehen, spielt in ihrem Leben eine wichtige Rolle, so daß der Rückzug ins Privatleben für sie eine gewaltige Veränderung darstellt. Sie haben
sich im Laufe der Zeit daran gewöhnt, mit einer mächtigen
Organisation identifiziert zu werden, und empfinden es als
selbstverständlich, Einfluß auf andere Menschen, auf die Politik, auf Finanzgeschäfte und auf die Gesellschaft ausüben zu

können. Sie empfinden es als normal, in ihrer persönlichen Bedeutung und in ihrer Rolle als Führungskraft fortwährend bestätigt zu werden. Sie haben die Spitze erreicht, und die Frage: »Was kommt als nächstes?« ist für sie eine kritische Angelegenheit.

Die Schwierigkeit, auf Macht zu verzichten, erklärt möglicherweise, weshalb sich so viele Führer hartnäckig an Machtpositionen festklammern, auch wenn sie selbst das Gefühl haben, alles erreicht zu haben, was sie erreichen können. Sie können nicht loslassen, obwohl sie mit ihrer eigenen Leistung unter Umständen nicht mehr zufrieden sind, sich isoliert oder leer oder unbefriedigt fühlen, alle Herausforderungen gemeistert haben und nun nicht mehr recht wissen, wie es weitergehen soll. Ich habe dieses Phänomen als den *CEO-Blues* bezeichnet, um den Leerlauf zu charakterisieren, der sich einstellt, wenn man zu lange eine Machtposition innehat. Führungskräfte, die erst in späteren Lebensphasen Vorstands- oder Aufsichtsratvorsitzende werden, haben es in gewisser Weise leichter, vor allem dann, wenn der Zeitpunkt ihrer Pensionierung unwiderruflich feststeht. Sie arbeiten innerhalb eines klar umgrenzten Zeitraumes, und das bedeutet, daß sie der Gefahr, sich verbraucht oder unanfechtbar zu fühlen, vermutlich weniger rasch erliegen; die anfängliche Erregung, die ihnen ihr Job vermittelt, bleibt unter Umständen erhalten. Für CEOs jedoch, die in relativ jungen Jahren an die Spitze gelangt sind, kann sich eine lange Amtsdauer als ernsthaftes Problem erweisen. Sie können an ihren eigenen frühen Erfolg nicht ohne weiteres anschließen und stellen möglicherweise schon nach verblüffend kurzer Zeit fest, daß sie nicht wissen, wie sie ihn noch einmal wiederholen könnten. Irgendwann müssen sie sagen können: »Genug ist genug«, und beschließen, daß der rechte Zeitpunkt gekommen ist, um jemand anderem die Zügel in die Hand zu geben. Matt Goody (ein Ex-CEO von Dekker Chemicals (Namen geändert), meint dazu:

Ich habe mich ständig ausgebrannt gefühlt und praktisch all meine Energie darauf verwandt, herauszufinden, ob andere meine Erschöpfung und meine Konzentrationsschwierigkeiten registrierten – was beide Probleme nur noch verschlimmerte. Es war keine gesunde Müdigkeit, die durch einen Adrenalinstoß verscheucht werden kann. Ich hatte jedes Erregungsgefühl verloren. Alles wurde zur Last. Ich saß die Meetings ab, hätte Ihnen aber nachher nicht mehr sagen können, welcher Punkt als erster diskutiert worden war. Ich war so gut gewesen, aber damit hatte es ein Ende. Natürlich fiel den Leuten etwas auf. Es gab Gerüchte. Folglich wurde ich paranoid, beobachtete, was hinter meinem Rücken passierte, und vermied es, mit bestimmten Leuten zusammenzutreffen. Ich hatte das Gefühl, mich nur noch mit den Fingerspitzen an der ganzen Sache festzuklammern, und sagte zu mir selbst: »Bloß nicht loslassen, du hast noch einige Jahre vor dir.« Das Gefühl, so früh verbraucht zu sein, machte mir panische Angst; es schien nichts mehr von mir übrig zu sein. Wenn ich am Morgen ins Büro fuhr, mußte ich gegen den Impuls ankämpfen, einfach umzukehren und stracks wieder nach Hause zu fahren. Als das Unternehmen Marktanteile verlor, wußte ich, daß ich mit meiner inneren Verfassung dafür verantwortlich war: Zumindest sah ich keinen Ausweg, was auf dasselbe hinauslief. Mir wurde klar, daß ich im Grunde weglaufen wollte, aber es dauerte eine Weile, bis ich mir ein Ausscheiden im positiven Sinn, für mich und für die Gesellschaft, vorstellen konnte. Es war zuviel, und es kam viel zu früh.

Auszusteigen und sich nach etwas anderem umzusehen ist für relativ junge Führungskräfte, die wie Goody schon früh in ihrer Karriere an die Spitze gelangt sind, eine durchaus realistische Alternative. Wenn aber ältere Unternehmensleiter vor der Frage stehen, was sie als nächstes tun sollen, und wissen, daß die Antwort »Ruhestand« lautet, müssen sie sich mit anderen Problemen auseinandersetzen. Der Zeitpunkt der Pensionierung konfrontiert sie unausweichlich mit einer Reihe schwieriger und schmerzlicher Realitäten, die – wie Sonnenfeld (1986) zeigt – das Gefühl des Verlusts unabweisbar machen: Verlust des Optimismus; möglicher Verlust der Gesundheit, Vitalität und Arbeit (eine Aktivität, der im Leben zentrale Bedeutung zukommt) und damit einhergehend eine Erschütterung des Glaubens an die Zukunft; Verlust des Ansehens; Verlust öffentlicher Auftritte und öffentlicher Kontakte; Verlust der Aufmerksamkeit anderer, Verlust des Einflusses und des Feedbacks. All diese Verluste werden häufig noch schmerzhafter erlebt, wenn dem Betreffenden klar wird, was er auf seinem Weg an die Spitze bereits verloren hat – ein befriedigendes

Privatleben, gute Beziehungen zum Ehepartner, zu den Kindern und Freunden oder auch die nötige Zeit, um äußere Kontakte aufzubauen und neue Interessen zu entwickeln. Das Festhalten an der Macht ist eine Möglichkeit, der notwendigen Auseinandersetzung mit diesen Realitäten aus dem Wege zu gehen.

Daß solche persönlichen Konflikte auftauchen, ist mühelos zu verstehen. Es spielen jedoch noch andere Faktoren eine Rolle, die sich schwieriger fassen lassen, weil sie tief in der menschlichen Psyche verborgen sind. Wir selber verbauen uns den Ausstieg durch zahlreiche Barrieren. Der nächstliegende und oberflächlichste – wenn auch mitnichten unwichtige – Hinderungsgrund sind finanzielle und soziale Aspekte. Der Ausstieg vor dem Pensionsalter kann sich nachteilig auf die Ansprüche des Betroffenen auswirken, was den Einkommensverlust noch verschärft. Zusätzlicher Druck, dem Beruf weiterhin nachzugehen, wird unter Umständen von Ehepartnern und Kindern ausgeübt, die sich an die Vergünstigungen und den Glanz gewöhnt haben, in deren Genuß der Job sie selbst bringt; auch der gesellschaftliche Umgang mit anderen, die über ein vergleichbares Einkommen verfügen, kann als Zwang empfunden werden. Dennoch sind all diese Einschränkungen, so realistisch sie sein mögen, häufig weniger bedeutsam als andere, übersehene Faktoren; die finanziellen und sozialen Barrieren, die den Ausstieg so schwierig gestalten, bilden nur die Spitze des Eisbergs. Die Schwierigkeit, loszulassen, beruht auf einer Fülle verborgener psychischer und emotionaler Faktoren.

Die Auswirkungen des Alterns

Die Lebensphase, in der man normalerweise in eine Macht- und Führungsposition gelangt, fällt mit der Zeit zusammen, in der sich die Folgen des Alterungsprozesses bemerkbar zu machen beginnen. Der Spiegel liefert den Beweis für die Vergänglichkeit der Zeit. Es gibt eine Reihe offensichtlicher körperlicher Veränderungen – Zahnprobleme, Falten, ergrauendes Haar, die beginnende Glatze, eine einsetzende oder sich verschlimmernde Sehschwäche, die Gewichtszunahme und der Verlust körperlicher Fitness. Die Forschung hat gezeigt, daß das Gesicht und die Genitalien für das Selbstgefühl des Menschen eine besondere Rolle spielen. Sexuelle Probleme, vor allem männliche Potenzstörungen, können das Selbstwertgefühl in hohem Maße beeinträchtigen. Wie nicht anders zu erwarten, lösen diese Veränderungen heftige emotionale Reaktionen aus, sie wecken Befürchtungen, Angst, Kummer, Depression und Wut (Erikson 1963; Atchley 1972; Kimmel 1974; Lowenthal, Thurnher und Chiriboga 1975; Vaillant 1977; Levinson 1978; Gould 1978; Kets de Vries 1980 b; Butler 1985). In dieser Phase beginnt man auch, das Leben eher unter der Perspektive der noch verbleibenden Jahre statt unter dem Blickwinkel der seit der Geburt vergangenen Zeit zu betrachten (Neugarten 1964, 1968). Veränderungen in der Beziehung zu alternden, zunehmend abhängigen Eltern, der Tod der Eltern sowie die Sorgen und Belastungen, die mit der Erziehung von Kindern verbunden sind, fordern ihren emotionalen Preis. Das zugrundeliegende Problem besteht darin, die eigene Sterblichkeit akzeptieren zu lernen (Jaques 1965; Kets de Vries 1980 a). Wir müssen uns von unserer insgeheim gehegten Illusion der Unsterblichkeit verabschieden.

Dieser Angriff, den die Zeit gegen unser Selbst führt, reaktiviert die Unterlegenheitsgefühle und kompensatorischen Bestrebungen, die für die Kindheit charakteristisch sind. Aufgrund des gesteigerten Narzißmus vieler Spitzenkräfte (in dem Disposition und Position miteinander verschmelzen) übt das Bewußtwerden des nahenden Lebensabends einen größeren psychischen Einfluß auf sie aus als auf andere Menschen. Die eigene Sterblichkeit, die uns durch die körperlichen Alterungsprozesse vor Augen geführt wird, ist die schlimmste narzißtische Kränkung. Im zweiten Band seiner Memoiren beschreibt der ehemalige französische Staatspräsident Valéry Giscard d'Estaing mit verblüffender Offenheit die Angst und Verzagtheit, mit der ihn das Bewußtwerden des Alterns erfüllte.

Es war während meiner Amtszeit als Präsident der Republik, daß sich mein Aussehen zu verändern begann. Diese Entwicklung hatte schon früher, aber unmerklich, eingesetzt. Ich war mit meinem Aussehen nie restlos einverstanden gewesen: Meine Größe verhinderte eine natürliche Körperhaltung; ich habe zu breite Hüften, die unmittelbar unter dem Gürtel sitzen; und in meiner Jugend wirkte mein Gesicht, wie man auf Photos sieht, irgendwie weichlich und zu wenig konturiert.

Meine Haare begannen mir auszufallen, als ich noch sehr jung war. Es fiel mir zum ersten Mal im Bad eines Hotels in einem kleinen deutschen Kurort auf, das durch ein Fenster in der Zimmerdecke erhellt wurde. Das Licht fiel senkrecht ein, und ich sah im Spiegel, daß es durch die Haare hindurch (ich erkannte jede einzelne Strähne) direkt auf die Kopfhaut schien. Mich überkam eine Art Panik. ...
Wie die gesamte Natur, wie jedes Tier, unterliege auch ich einem langsamen Verfallsprozeß. ... Aber selbst wenn ich ihm zum Opfer falle, weigere ich mich, dabei zuzusehen, sondern versuche, all seine Anzeichen zu ignorieren. Ich betrachte mich nie im Spiegel, außer beim Rasieren, und sogar dann sorge ich dafür, daß das Licht so schwach wie möglich ist. Wenn ich durch die Straßen gehe, vermeide ich es, in Schaufenster zu sehen, die mein Spiegelbild reflektieren könnten.

Wenn ich während meiner siebenjährigen Amtszeit als Präsident einem Journalisten gegenüber saß oder ein Kind in einer Menschenmenge auf den Arm nahm, habe ich niemals auch nur eine einzige Sekunde gedacht, daß sie mich als den sahen, zu dem ich geworden war. Ich war überzeugt, daß sie mich so sahen, wie ich meiner Meinung nach geblieben war – als halbjungen, fünfunddreißigjährigen Mann mit behaarten Schläfen, mit starken und beweglichen Muskeln, den das Leben nicht hart gemacht hat und der nicht gereift ist, sondern gerade erst die weiche Sanftheit der Adoleszenz von sich abgestreift hat. Ich hebe alle meine alten Anzüge auf. Ich werde sie ewig tragen. Da sie kaum strapaziert sind, helfen sie mir, weiterhin in der Illusion zu leben, daß die Zeit meinem Körper nichts anhaben kann. (1991, S. 110)

Das Gewahrsein für die Alterungsprozesse des eigenen Körpers und seine Unzulänglichkeiten kann auch zur Suche nach neuen Betätigungsfeldern anregen. Für manche Menschen – und CEOs sind hier schon aufgrund der Position, die sie bekleiden, Spitzenkandidaten – wird die Ausübung von Macht zu einer wichtigen Ersatzaktivität. Henry Kissinger, Nobelpreisträger und ehemaliger U.S.-Außenminister, hat auf die kompensatorische Beziehung zwischen Macht und Sexualität hingewiesen, als er mehrdeutig meinte: »Macht ist das wirksamste Aphrodisiakum.« Kissinger war sich der sexuellen Anziehungskraft, die Macht auf das andere Geschlecht ausübt, wohl bewußt, seine Äußerung aber spielt auch auf das Potential der Macht an, ihren Inhaber zu stimulieren und vielleicht für den Mangel an unmittelbarer sexueller Befriedigung zu entschädigen.

Ein direkteres Beispiel für die vermutete Beziehung zwischen Genitalien oder Sexualität einerseits und der Macht andererseits illustriert eine Tradition – eine echte anthropologische Kuriosität –, die bis zum Beginn des 17. Jahrhunderts in einem indischen hinduistischen Königreich gepflegt wurde:

Nach altem Brauch pflegte sich der Maharadscha von Patiala einmal im Jahr, bekleidet einzig mit einem aus 1001 phantastisch arrangierten blauweißen Diamanten gearbeiteten Brustharnisch, mit prachtvoll eregiertem Penis seinen Untertanen zu zeigen. Seine Darbietung wurde als eine Art weltlicher Manifestation des Shivaling, der phallischen Repräsentation des Gottes Shiva, verstanden. Unter dem fröhlichen Applaus seiner Untertanen, deren Beifall ihre Anerkennung für die Dimensionen des hoheitlichen Penis und ihren Glauben zum Ausdruck brachte, daß von diesem Penis die magischen Kräfte des Landes ausgingen, schritt der Maharadscha einher. (Ross et al. 1982, S. 524)

Das Erleben der Nichtigkeit

Das Gefühl des Verlusts und der persönlichen Verletzlichkeit, das mit dem Älterwerden verbunden ist, kann die Vorstellung, Macht und Verantwortung aus der Hand zu geben, besonders unattraktiv erscheinen lassen. Viele Führungskräfte legen sture Entschlossenheit, Engstirnigkeit und Hartnäckigkeit an den Tag, um sich ihre Machtbasis zu bewahren, denn die Isolation, in der sie leben, kann Ängste vor dem Alleinsein wecken und Depressionen auslösen. Die bedrohliche Aussicht, über Nacht zu einem Nobody zu werden und mit der eigenen Nichtigkeit konfrontiert zu sein, erzeugt ungeheure Angst. Präsident Harry Truman sprach diese Bedrohung unverhohlen an, als er, kurz nachdem er sein Büro verlassen hatte, erklärte: »Vor zwei Stunden wäre jedes Wort, das ich gesagt hätte, in jeder Hauptstadt der Welt zitiert worden. Jetzt könnte ich zwei Stunden lang reden, und es würde niemanden interessieren« (zitiert nach Graff 1988, S. 5). Führungskräfte, die sowohl durch ihre Position als auch durch ihre Aktivitäten von anderen entfremdet sind und sich unter Umständen auch nicht auf eine tragfähige eheliche Beziehung oder auf Freunde verlassen können, finden vor ihrer Pensionierung mitunter kaum einen Menschen, der sie emotional unterstützen könnte, um der Angst vor der eigenen Nichtigkeit entgegenzuwirken. Diese Angst kann Führungskräfte veranlassen, sich an ihre Position zu klammern, selbst wenn sie ihre persönlichen Kontakte damit auf Jasager begrenzen, denen es nur um ihr Eigeninteresse zu tun ist.

Eine Illustration der psychischen Belastungen, die mit dem Prozeß des Ausscheidens verbunden sind, liefert der ehemalige U.S.-Präsident Lyndon B. Johnson. Er hatte seit seiner frühen Kindheit unter Alpträumen gelitten, in denen ihn eine Lähmung befiel: »Er sah sich absolut bewegungslos in einem großen, aufrechten Sessel sitzen …, der mitten auf einer weiten, offenen Ebene stand. Eine Viehherde raste auf ihn zu. Er versuchte, sich zu bewegen, aber es war unmöglich. Immer wieder schrie er nach seiner Mutter, doch niemand kam« (Kearns 1976, S. 32). Schlaganfälle waren in Johnsons Familie nichts Ungewöhnliches. Seine Großmutter war durch einen Schlag vom Hals abwärts gelähmt und saß in einem ähnlichen Sessel wie Johnson in seinem Traum. Es ist interessant, zu spekulieren, inwieweit die Lähmungsängste, unter denen Johnson, wie sein Traum es zeigt, als Kind litt, seine späteren Verhaltensweisen und Aktivitäten beeinflußten – das heißt, inwieweit sein Machtstreben als kompensatorische Reaktion auf die Angst und Panik angesichts drohender Hilflosigkeit zu verstehen ist. Der Präsident der Vereinigten Staaten ist der mächtigste Mensch der Welt. Zwei frühere Präsidenten, nämlich Franklin Roosevelt und Woodrow Wilson, waren gelähmt. Haben sich die beiden Bilder miteinander vermischt? Spätere Ereignisse legen diese Vermutung nahe. Ende der sechziger Jahre wurde Johnson klar, daß seine Zeit als Präsident zu Ende ging. Mit seiner Gesundheit stand es nicht zum besten, er war in politische Krisen verwickelt, es zeichnete sich ab, daß der Vietnamkrieg mit konventionellen Waffen nicht zu gewinnen war, und er konnte sich auf seine alten Verbündeten im Kongreß nicht länger verlassen. Die Chancen, die Präsidentschaftswahl ein zweites Mal zu gewinnen, waren gering. Gegen Ende seiner Amtszeit tauchten die alten Alpträume in veränderter Form wieder auf:

Er saß nicht in einem Sessel inmitten einer weiten Ebene, sondern lag in einem Bett im Roten Zimmer des Weißen Hauses. Sein Kopf war sein eigener, vom Hals abwärts aber war sein Körper schmächtig und gelähmt, so wie er es an Woodrow Wilson und seiner eigenen Großmutter in deren letzten Lebensjahren gesehen hatte. All seine Assistenten und Berater befanden sich im Nebenzimmer. Sie wollten seine Macht unter sich aufteilen, und er konnte hören, daß sie laut stritten ... Er hörte sie, war aber nicht in der Lage, sie zu sich zu beordern, denn er konnte weder sprechen noch laufen. Er war krank und bewegungsunfähig, aber niemand war da, um ihn zu beschützen ... (Kearns 1976, S. 342)

Aus diesem Traum erwachte Johnson mit solcher Angst, daß er sich fürchtete, wieder einzuschlafen und das gleiche noch einmal zu träumen. Er konnte sich nur mit Hilfe eines spezifischen Rituals beruhigen: Er verließ sein Bett und wanderte durch das Weiße Haus, bis er vor dem Porträt Woodrow Wilsons stand. Nachdem er das Bild berührt hatte, konnte er wieder zu Bett gehen und schlafen. Es schien beinahe, als ob Johnson diese symbolische Geste brauchte, um sich zu vergewissern, daß Wilson tot war, er selbst aber lebte und nicht gelähmt war. Die Symbolik der Lähmung und Johnsons Bedürfnis, dieser Krankheit nicht zu erliegen, geben einen wichtigen Hinweis auf seine psychische Verfassung. In Anbetracht des bevorstehenden Machtverlusts geriet sein ohnehin labiles psychisches Gleichgewicht, dessen Aufrechterhaltung ihn solche Mühe kostete, ins Wanken. Machtlosigkeit war gleichbedeutend mit Paralyse, mit Nichtigkeit und Tod.

Das Talionsgesetz

Ein Faktor, der die Situation für Führungskräfte angesichts des drohenden Verlusts ihrer Macht erschwert, ist die – unter Umständen bewußte, zumeist aber nicht bewußt erlebte – Angst vor Vergeltung. Dieses *Talionsgesetz* leitet sich aus der Babylonischen Gesetzgebung her und besagt, daß Verbrecher mit den gleichen Verletzungen bestraft werden sollen, die sie anderen zugefügt haben. In der Geschichte hat es zahlreiche Gesellschaften gegeben, in denen diese strenge Vergeltung, die Auge um Auge, Zahn um Zahn fordert, von der Gesetzgebung vorgeschrieben war. Wenngleich die moderne Gesellschaft andere Systeme und Formen der Rechtsprechung entwickelt hat, um geschehenes Unrecht wiedergutzumachen, ist das alte Gesetz »Auge um Auge, Zahn um Zahn« im kollektiven und individuellen Unbewußten weiterhin lebendig (Fenichel 1945; Rakker 1968). Diese unbewußte Überzeugung manifestiert sich in Schuldgefühlen, in einer generellen Angst vor Rache sowie in Symptomen wie allgemeiner Angst, Streß, Depression, schlechten Träumen, aber auch in Versprechern und in der Umgangssprache, die für Vergeltungsmaßnahmen Formulierungen wie »eine Rechnung begleichen«, »mit jemandem quitt werden« usw. bereithält.

Gleichgültig aber, wie tief dieses Gesetz im Unbewußten einer Führungskraft vergraben sein mag, kann es den Ausstieg aus dem Berufsleben dennoch entscheidend erschweren. Führer zu sein bedeutet auch, unangenehme Entscheidungen zu treffen, die das Leben und Wohlergehen anderer beeinträchtigen; Führer können es nicht vermeiden, andere Menschen gelegentlich, sei es absichtlich oder zufällig, zu verletzen. In Anbetracht des unbewußten Glaubens an das Talionsgesetz kann es nicht überraschen, daß Führungskräfte häufig eine Paranoia entwickeln. Ein Beispiel ist das »Management-durch-Schuldgefühl«-Syndrom (Levinson 1964) – die Tendenz von Führungskräften, Konflikte wann irgend möglich zu vermeiden oder zu glätten, um nicht den Unwillen anderer zu erregen. Führungskräfte müssen sich darauf einstellen, daß immer irgend jemand »eine alte Rechnung mit ihnen begleichen« will.

Daher stellt die Macht einen Schutzschild für sie dar, denn die Aussicht, auf sie verzichten zu müssen, kann mit der Angst vor der Vergeltung jener verbunden sein, die in der Vergangenheit verletzt wurden und ihren Rachewünschen nun freien Lauf lassen wollen. Noch verhängnisvoller aber ist es, daß diese Angst Führungskräfte veranlassen kann, sich in eine stetig eskalierende Aggression zu verstricken. Ihre paranoide Vergeltungsangst veranlaßt sie, an der Macht festzuhalten und sogar Präventivmaßnahmen zu ergreifen, indem sie ihre Gegner oder mutmaßlichen Gegner durch destruktive Initiativen zu vernichten suchen, noch bevor es überhaupt ein Anzeichen dafür gibt, daß diese auf Rache sinnen.

Der Baukomplex

Die Angst vor der Nichtigkeit und die mit ihr verbundene Depression finden in dem uns allen gemeinsamen Bedürfnis Ausdruck, ein Vermächtnis zu hinterlassen. Führungspersönlichkeiten überlegen sehr häufig, ob sie darauf vertrauen können, daß ihre Nachfolger dem von ihnen geschaffenen Werk Respekt entgegenbringen werden. Man kann sagen, daß viele Führungskräfte an einem »Baukomplex« leiden. Die Angst, daß ihr Vermächtnis zerstört werden könnte, ist für sie mitunter ein Grund, solange wie möglich an der Macht festzuhalten. Auf einer tieferen Ebene formuliert: Etwas zu hinterlassen, das an die eigenen Leistungen erinnert, kann symbolisch bedeuten, den Tod besiegt zu haben. Eine fortdauernde, reale oder über den eigenen Einfluß vermittelte Präsenz kann die persönliche Schwierigkeit eines Führers zum Ausdruck bringen, seine Sterblichkeit und die unausweichliche Notwendigkeit anzuerkennen, letztlich doch alles hinter sich lassen zu müssen.

Angeschlagen durch kaum erträgliche Gefühle und vielleicht erstmals seit vielen Jahren mit einer ungewissen Zukunft konfrontiert, muß sich die Führungskraft, deren Pensionierung bevorsteht, auch von der Vision oder dem Traum verabschieden, der nicht nur eine persönliche Motivation darstellte, sondern zudem als Antriebskraft für die gesamte Organisation diente. Darüber hinaus muß der scheidende Führer unter Umständen mitansehen, daß diese Vision von den nachrückenden neuen Führern systematisch verworfen und als unnützer Teil einer Vergangenheit betrachtet wird, die sie zugunsten einer noch unbekannten Zukunft hinter sich lassen wollen. Sonnenfeld (1986) hat diese Situation als einen Krisenpunkt beschrieben:

Wenn ein neuer Führer und ein neuer Traum auserwählt werden, fallen die Zielvorstellungen des scheidenden Führers in sich zusammen, denn sein Ziel wurde durch die Mission der Gruppe erfüllt ... Topmanager verlieren das persönliche Besitzrecht an ihrem eigenen Traum. Als Gemeinschaftseigentum wird er von der Organisation kritisiert, modifiziert, angenommen und dann schließlich zu den Akten gelegt (ebd., S. 326 f.).

Die Herausforderung für den scheidenden CEO besteht, so Sonnenfeld, darin, »Zukunftschancen für andere zu schaffen, die durch die bloße Existenz des Führers gebremst werden« (ebd., S. 324). Führungskräfte, die zufrieden auf ihre eigene Karriere zurückblicken, können auch diese positive Herausforderung meistern:

Je zentraler der Stellenwert der Arbeit für die eigenen Lebensziele ist, desto schmerzvoller wird der Ruhestand von jemanden empfunden, der mit seiner Karriere nicht zufrieden ist. In einem solchen Fall kann der Ruhestand den erzwungenen Verlust eines Traums symbolisieren. Andererseits kann der Rückblick auf die eigenen Leistungen auch ein Gefühl der Zufriedenheit und Befriedigung vermitteln. Entscheidend ist, ob erreichbare Ziele tatsächlich realisiert wurden (ebd., S. 313 f.).

Wenn diese Aussöhnung und Akzeptanz nicht zustande kommen, stellen sich Neid und Wut nur allzu rasch ein. Die scheidende Führungskraft entwickelt dann unter Umständen »Wut auf die ›selbstsüchtige‹ jüngere Generation, auf die undankbare Gesellschaft und auf den Alterungsprozeß selbst, der ein ganzes Lebenswerk zu untergraben droht« (ebd., S. 328). Neid auf die nachfolgende Generation, der sich als rachsüchtiges Verhalten älterer Führungskräfte gegenüber jüngeren manifestiert, läßt sich im Organsationssetting häufig beobachten. Die Bitter-

66

keit, die sie empfinden, weil die nachrückenden Manager vielleicht in Bereichen erfolgreich sind, in denen sie selbst versagt haben, kann sie veranlassen, diese jüngeren Menschen in Fallen zu locken und ihnen Hindernisse in den Weg zu legen, um ihre Karriere zu blockieren. Hierzu bedienen sie sich häufig einer raffinierten Strategie: Sie geben dem Newcomer scheinbar reichlich Gelegenheit, sich zu beweisen, basteln aber gleichzeitig an Rechtfertigungen, um sein Vorankommen zu erschweren. Das Drama, das mit der Nachfolge im Management häufig verbunden ist, vermag den Ablauf dieses Prozesses überzeugend zu illustrieren, vor allem in jenen Fällen, in denen potentielle »Kronprinzen«, die scheinbar speziell für die Führungsrolle auserwählt worden waren, kläglich scheitern, weil sie den Neid ihrer Bosse erregt haben. Die Nachfolgedramen, die sich um Personen wie Armand Hammer von Occidental Petroleum, Peter Grace von W. R. Grace und William Pale von CBS abgespielt haben, enthielten möglicherweise auch Elemente dieses Generationenneides.

Der Rückzugsprozeß

Statusverlust, Ansehensverlust, Einkommensverlust, körperliche Alterungsprozesse und emotionaler Streß: Der allmähliche Rückzug ins Privatleben scheint mit überwältigend negativen Begleiterscheinungen einherzugehen, die durch die Organisationskultur und den gesellschaftlichen Druck häufig noch verstärkt werden. Es leuchtet ein, daß die Schwierigkeiten, loszulassen, sowohl auf individueller als auch auf Organisationsebene thematisiert werden müssen, aber in dieser Hinsicht verhalten sich Organisationen in aller Regel ausgesprochen nachlässig. Allzu häufig wird das Individuum, dessen Pensionierung unmittelbar bevorsteht, ohne jegliche Unterstützung oder Vorbereitung seitens der Organisation sozusagen ins Wasser geworfen, nach dem Motto: »Schwimm, oder ertrinke«. Und viel zu oft werden diese Pensionäre aufgrund ihrer eigenen Unfähigkeit oder mangelnden Bereitschaft, sich mit der Realität auseinanderzusetzen und ihren Abschied angemessen vorzubereiten, von Bitterkeit, Grollgefühlen und Depressionen überwältigt.

Howard Morton (Pseudonym) gehörte zum Topmanagement einer Unternehmensgruppe, die unter einer Reihe verschiedener Namen firmierte. Die Art und Weise, wie er sein Ausscheiden erlebte, spiegelt zahlreiche der negativen und belastenden Konsequenzen einer mangelnden persönlichen Vorbereitung wider.

Nun ja, natürlich wollte ich nicht gehen. Das tut niemand gerne. All das dumme Geschwätz über die Annehmlichkeiten, die nach der Pensionierung auf dich warten, ist doch nur ein billiger Trost.

Sie besaßen die Unverschämtheit, mir einen vorzeitigen Ruhestand anzubieten, als ich gerade 57 war. Zuerst hielt ich es für einen Witz und konnte es nicht glauben, bis mir dann klar wurde, daß sie es tatsächlich ernst meinten. Nachdem ich deutlich gesagt hatte, was ich davon hielt, haben sie nicht weiter darauf bestanden. Als mein 60. Geburtstag näherrückte, fragten sie, ob ich mir die Sache nicht noch einmal überlegen wolle. Unsere Fachleute für Personalangelegenheiten hatten Gott weiß wieviel Zeit damit verbracht, eine hausinterne Broschüre für angehende Pensionäre zu verfassen, und ich weiß noch, daß sie mir das Ding überreichten, als handle es sich um eine Art Preis. Für mich stand damals fest, daß ich solange wie möglich bleiben würde. Niemand kannte das Geschäft so gut wie ich, und mir schien es, als nähmen sie all das, was ich im Laufe der Jahre getan hatte, nicht mehr zur Kenntnis. Ich meine, ich hatte doch nicht meine ganze Energie in meine Arbeit gesteckt, um das Geschäft dann irgendeinem Business-School-Absolventen mit verrücktem Haarschnitt zu übergeben, bloß weil die Leute aus der Personalabteilung dies für richtig hielten.

Ich habe an den Ruhestand keinen Gedanken verschwendet. In den letzten Jahren reiste ich nicht mehr soviel wie früher, aber das lag daran, daß die Gesellschaft viele Abläufe dezentralisiert hatte und vieles von dem, was bei uns abgewickelt worden war, nun direkt an die regionalen Standorte weitergeleitet wurde. Mit 65 war ich nicht müder als in den vergangenen 15 Jahren vorher. Manchmal hatte ich ein bißchen das Gefühl, ganz alleine dazustehen. Fast alle meine Kollegen waren schon gegangen, und in meiner Abteilung gab es ebenso wie in der übrigen Gesellschaft praktisch nur noch weit jüngere Leute. Sie bildeten Gruppen, und ich hatte nicht viel mit ihnen zu tun. Sehr gut verstanden habe ich mich mit dem ausscheidenden Vorstandsvorsitzenden. Wir waren in den sechziger Jahren zur gleichen Zeit in das Unternehmen eingetreten. Unsere Frauen waren befreundet, und wir trafen uns auch privat. Er blieb bis zu seinem 68. Geburtstag und kam danach noch 15 Monate lang zweimal pro Woche als eine Art Berater. Ich ging davon aus, daß ich es praktisch genauso machen würde; auf jeden Fall war ich nicht der Meinung, daß mit 65 ein für allemal Schluß sein würde. Als mich niemand auf eine Beratertätigkeit ansprach, brachte ich das Thema selbst zur Sprache, und nun ließen sie die Bombe platzten und eröffneten mir, daß die ganze Abteilung abgebaut werden sollte. Sie gaben sich Mühe, es mir schonend mitzuteilen. Der stellvertretende Leiter des Personalwesens sagte, daß die Abteilung nach meinem Ausscheiden ohnehin nicht mehr »lebensfähig« sein würde; die Gesellschaft müsse die Regionalisierungspolitik forcieren und in Übersee weitere Niederlassungen gründen. Ich hatte aber den Eindruck, daß ich ihnen im Weg war. Ich schien der einzige Mensch zu sein, den diese Pläne überraschten. Es war wie ein Dolchstoß.

Ich weiß, daß ich verbittert war. Daß ich zum erstenmal in meinem Leben krank wurde, machte die Sache nicht besser – es war nichts Ernstes, nur Zipperlein und kleine Beschwerden, der Arzt konnte nichts Gravierendes finden, aber ich mußte mich einer Reihe von Tests unterziehen und wurde depressiv. Ich lehnte ihr Angebot ab, zum Abschied eine Feier zu veranstalten; ich empfand es als Heuchelei. Wer feierte was? Heute bedaure ich das ein bißchen, denn so schied ich in schlechtem Einvernehmen aus, nachdem ich 25 Jahre lang für das Unternehmen gearbeitet hatte.

Das alles war vor drei Jahren. Jetzt geht es mir besser. Ich brauche keine Antidepressiva mehr und habe im letzten Jahr zufällig eine echte Leidenschaft fürs Gärtnern in mir entdeckt. Wir haben einen großen Garten, aber ich hatte nie irgend etwas darin gemacht – ich habe nur den Gärtner bezahlt. Im letzten Sommer hatte der Mann einige Wochen lang Probleme mit dem Rücken, und so habe ich mir den Garten angeeignet. Mittlerweile haben wir etwas ganz Besonderes daraus gemacht. Es ist praktisch ein Ganztagsjob. Auch mit meiner Frau verstehe ich mich jetzt besser. Zu Beginn meiner Pensionierung lief es zu Hause gar nicht gut. Sie ist Künstlerin, geht völlig auf in dem, was sie macht, und natürlich droht ihr keine Pensionierung. Ich glaube nicht, daß sie begriff, was ich bei meinem Ausscheiden durchmachte. Ironischerweise hatte sie ihre erste Solo-Ausstellung genau zu dem Zeitpunkt, als ich meinen Abschied nahm. Wir sind gleich alt, und da stand sie, nahm die Gratulationen entgegen und war voller Pläne, während ich einfach beiseite geschoben wurde. Wir haben darüber gesprochen, auch wenn es uns nicht leichtfiel. Im letzten Monat bin ich 68 geworden, und sie hat mir ein Ölgemälde geschenkt, das sie selbst von meiner Lieblingsstelle des Gartens gemalt hat. Ich hatte nichts davon gewußt, es war eine Riesenüberraschung. Irgendwie war es die Krönung.

Howard Morton hat sich mit seiner Situation arrangiert, aber es kostete ihn einen hohen Preis. Zweifellos wurden seine Schwierigkeiten durch seine Persönlichkeit erheblich verstärkt, die Unsensibilität jedoch, mit der das Unternehmen ihn behandelte, spielte ebenfalls eine gravierende Rolle. Die Bemühungen der Firmenleitung, das Ruhestandsthema auf den Tisch zu bringen, waren zwar gut gemeint, gingen aber nicht weit genug und blieben deshalb ineffektiv. Vergleichen wir Howard Mortons Erfahrung mit dem Bericht eines anderen ausscheidenden leitenden Managers, der sich in einer ganz ähnlichen Situation befand. Jerry Taylor (ebenfalls ein Pseudonym) war Generaldirektor eines Speditionsunternehmens, der Tochtergesellschaft eines großen multinationalen Konzerns.

Ich war Anfang Sechzig, als die Firma übernommen wurde und die Muttergesellschaft sich stärker in unsere Geschäfte einzumischen begann. Kurz danach schied der alte Generaldirektor aus, und über Nacht veränderte sich die Atmosphäre. Mir gefielen die Veränderungen immer weniger, und so machte ich ihnen das Angebot, vorzeitig (allerdings nur sechs Monate früher als ohnehin geplant) in den Ruhestand zu treten. Sie akzeptierten meinen Vorschlag, und meine Pension blieb ungeschmälert; das Unternehmen zahlte weiter bis zu meinem 65. Geburtstag, und darüber hinaus bekam ich einen kleinen Bonus.
Ich hatte schon mindestens drei oder vier Jahre früher angefangen, mir über die bevorstehende Pensionierung Gedanken zu machen. Ich wußte, daß ich versuchen mußte, mein Leben nach dem Ausscheiden genauso zu strukturieren, wie ich vorher mein Berufsleben strukturiert hatte. Ich wußte, daß es mich einige Disziplin kosten würde (bis mittags zu schlafen wollte ich mir nicht erlauben), und soweit dies möglich war, plante ich im voraus. Ich wollte mich aktiv in einem Wohltätigkeitsverein engagieren und hatte sämtliche Einzelheiten schon sechs Monate vor meinem Ausscheiden aus der Firma arrangiert. Ich besuchte auch eine Reihe von Kursen für angehende Rentner. Einer wurde von der Gemeinde organisiert, für den anderen habe

ich selbst gezahlt. Die Gesellschaft hatte keinerlei Beratung vorgesehen, auf einer persönlichen Ebene aber empfand ich den Personaldirektor als ausgesprochen hilfreich.

Als der Termin näherrückte, blickte ich dem Ruhestand im allgemeinen mit sehr positiven Gefühlen entgegen. Ich glaube, daß bestimmte Aspekte mich ein wenig ängstlich machten, grundsätzlich aber nahm ich es gelassen, wenn auch nicht absolut enthusiastisch. Die Haltung der Gesellschaft hat mir geholfen; sie waren froh, daß ich an einigen Tagen in der Woche von zu Hause aus für sie arbeitete, und gaben mir nicht das Gefühl, im Weg oder zu alt zu sein. Die Tatsache, daß ich keine Verantwortung mehr trug und keine Entscheidungen mehr treffen konnte, bereitete mir kein allzu großes Kopfzerbrechen. Das größte Problem bestand für mich darin, nichts mehr zu tun haben, und das war der Grund, weshalb ich mich bereits vor dem Ruhestand so intensiv darum kümmerte, mein Leben neu zu strukturieren. Ich war darauf vorbereitet, mit einem niedrigeren Einkommen klarzukommen, und so waren wir ein Jahr, bevor ich aus dem Geschäft ausschied, in ein kleineres Haus gezogen, weil an unserem alten Haus mittlerweile ständig Reparaturen nötig wurden.

Ich kannte den Mann, der meinen Job übernahm, nicht sehr gut, aber doch gut genug, um zu wissen, daß er ein netter Kerl war. Wir hatten vorher nie zusammen gearbeitet, obwohl ich wußte, daß er ein Kandidat für meine Position sein würde. In den letzten Monaten habe ich ihn mitgenommen, wenn ich unterwegs war, habe ihn den Kunden vorgestellt und ihn allmählich auf die Übernahme vorbereitet. Das war kein Problem für mich: Es war völlig normal.

Anfangs habe ich darüber nachgedacht, mir einen anderen Job zu suchen, irgendeine Anstellung. Ich habe mich umgehört und mit ein paar Leuten gesprochen. Da aber all unsere Kinder und Enkelkinder im Ausland leben, wußte ich, daß wir viel auf Reisen sein würden, und damit war eine solche Tätigkeit von vornherein ausgeschlossen. Wir verbringen mindestens vier Monate im Jahr außer Landes. Wenn wir in England sind, beansprucht meine freiwillige Arbeit zwei Vormittage in der Woche, dazu kommen gelegentliche Meetings. Ich arbeite hauptsächlich mit älteren Menschen, arrangiere Ausflüge, fahre sie zu Krankenhausterminen usw. und mache die Buchhaltung für ein Gemeindehospiz. Die meisten unserer Freunde sind ebenfalls im Ruhestand, so daß wir sie öfter treffen. Ich lese mehr und habe mehr Spaß am Lesen, schwimme und wandere viel, und mindestens einmal wöchentlich gehen wir ins Theater oder in ein Konzert. Seit ich in Rente bin, haben wir zwei große Reisen gemacht: Wir waren in Indien, und 18 Monate später sind wir auf Weltreise gegangen. Das haben meine Frau und ich uns schon immer gewünscht. Meine Frau und überhaupt die ganze Familie haben mir sehr geholfen. Sie standen meinem Rückzug ins Privatleben sehr positiv gegenüber, so daß wir uns am Ende alle darauf gefreut haben.

Mittlerweile sind fünf Jahre vergangen, und ich kann ehrlich sagen, daß ich zufrieden bin und ein sehr aktives Leben führe. Ich habe viele Leute kennengelernt, die glauben, daß sie mit der Pensionierung eine Menge verloren haben, aber mir geht es nicht so. Ich habe mich vorher gefragt, ob ich verbittert sein würde, mich ausgeschlossen oder im Stich gelassen fühlen würde. Ich kenne viele Leute, die so empfinden. Würde ich heute wieder zurückgehen? Nun, ein paar Jahre nach meinem Ausscheiden machte meine alte Gesellschaft mir das Angebot, eine Beratertätigkeit in begrenztem Rahmen zu übernehmen. Ich fühlte mich geschmeichelt, es gefiel mir sehr; daß sie mich gefragt hatten, bedeutete mir viel. Aber das Büro ist umgezogen, und wir reisen so viel... Es ist mir nicht allzu schwergefallen, abzulehnen.

Am wichtigsten war letztlich für mich, daß ich einerseits Glück hatte, andererseits aber auch zuversichtlich war: Es war ein Glück, daß es mir leicht fiel, mich überhaupt an die Vorstellung des Ruhestands zu gewöhnen und dann an den Ruhestand selbst; und ich war überzeugt, daß ich es schaffen würde. Und natürlich stand meine Frau mir immer zur Seite und ermutigte mich, das Rentenalter nicht als das Ende von irgend etwas, sondern als eine neue Lebensphase zu sehen.

Nicht jedes Unternehmen hat das Glück, daß seine Angestellten über den Weitblick und die aktive Planungfähigkeit verfügen, die Taylor bewies, und natürlich bringt nicht jeder, der mit der Notwendigkeit des Ausscheidens aus dem Berufsleben konfrontiert ist, die Zeit oder auch die Lust auf, sich so wie er vorzubereiten. Taylor erlebte seinen Ruhestand als Ereignis, und zwar als positives.

In den meisten Unternehmen wird die Ruhestandsplanung weitgehend als persönliche Angelegenheit betrachtet, so daß vom Management praktisch keine Rückmeldung oder Unterstützung zu erwarten ist. In Anbetracht der Folgen, die das Ausscheiden von Führungskräften für die Stimmung in der Gesellschaft nach sich ziehen kann, erweist sich diese Politik als gefährlich kurzsichtig. Es ist aber auch möglich, daß sie eine ebenso kurzsichtige Unternehmensphilosophie widerspiegelt. Aus verschiedenen Gründen neigen Organisationen dazu, ältere Angestellte relativ früh zum Ausscheiden zu veranlassen. Man kann die Politik des vorzeitigen Ruhestands als Möglichkeit verstehen, die Organisation zu verjüngen, als Alternative zu vorübergehenden, krisenbedingten Entlassungen, als Methode, Geld einzusparen (schließlich verursachen ältere Leute in der Regel höhere Kosten), als Alternative zu Entlassungen aufgrund schlechter Leistungen und als Weg, neue Beschäftigungskanäle zu erschließen, um jüngeren Leuten Beförderungschancen zu geben. Andererseits aber können Frühberentungen kritische Personalengpässe entstehen lassen, wenn es an erfahrenen Angestellten fehlt, und dies wiederum kann sich negativ auf die Arbeitsmoral und die Arbeitsleistung auswirken. Organisationen müssen sich mit einer Reihe wichtiger Fragen auseinandersetzen: Wie lassen sich der Wert und die Qualität erfahrener Angestellter beurteilen und maximieren? Wie kann man den emotionalen und psychischen Preis von Ruhestand und Entlassung einschätzen und in vertretbare Bahnen lenken? Und wie lassen sich die psychischen Bedürfnisse von Managern mit einer für das Unternehmen positiven Politik in Einklang bringen? Die Entwicklung von Strategien zur Lösung dieser Fragen kann die mit dem beginnenden Ruhestand verbundenen Belastungen erheblich erleichtern.

Die Ruhestandspolitik sollte Führungskräften die Möglichkeit geben, sich auf die notwendigen Anpassungen rechtzeitig einzustellen. Eine solche Politik besteht in einem stufenweisen Rückzug ins Privatleben, das heißt, daß die betroffenen Personen selbst ihre Arbeitszeit nach und nach reduzieren. Diese Strategie kann insofern auch für die Organisation von Nutzen sein, als sie es erfahrenen Mitarbeitern ermöglicht, ihre Fähigkeiten weiterhin, wenn auch zunehmend reduziert, zur Verfügung zu stellen. Eine solche Beschäftigung älterer Führungskräfte ist mit erheblich weniger Kosten verbunden als die Rekrutierung, Auswahl, Ausbildung und Motivierung jüngerer Leute, die über geringere praktische Erfahrung verfügen. Und ebenso kann ein Unternehmen durch die Umgestaltung von Arbeitsplätzen oder durch eine Zusatzausbildung ältere Angestellte motivieren und auf diese Weise weiterhin von deren Erfahrung profitieren. Die Senkung der Arbeitszeit, ein stufenweiser Anstieg der Betriebsrente, Job-Sharing und Heimarbeit – das heißt, ein allmähliche Ablösungsprozeß – können den Schock, den das abrupte Ausscheiden aus dem Berufsleben unter Umständen bedeutet, lindern. Das Gefühl, nach wie vor gebraucht zu werden, wird die Stimmung der Betroffenen verbessern und es ihnen erleichtern, optimistischer in die Zukunft zu blicken. Unternehmen, die einen individuellen, allmählichen Rückzug fördern, geben ihren Angestellten Gelegenheit, über ihre Arbeit hinauszusehen und beizeiten für die Lebensqualität nach ihrem Ausscheiden Sorge zu tragen.

Wem dieser Plan angesichts der heutigen ökonomischen und sozialen Realität allzu idealistisch erscheint, sollte sich vor Augen führen, daß früher oder später für uns alle der Zeitpunkt kommen wird, ans Aufhören zu denken – mit all dem psychischen Gewicht, das dieser Einsicht innewohnt. Eine intelligente und sensible Organisationspolitik sollte dieser Notwendigkeit Rechnung tragen; die Organisationskultur sollte genügend Raum und Zeit dafür vorsehen. Ebenso wichtig ist es, daß wir uns auf einer persönlichen Ebene die dunkleren Seiten des Machtbesitzes vor Augen halten – die mit ihm verbundene Gefahr, Führungskräfte den Realitäten des außerberuflichen Lebens zu entfremden, ihr Privatleben einzuschränken, ihre eigenen Reaktionen ebenso wie die ihrer Untergebenen zu verzerren und sie zu isolieren, so daß sie sich in höherem Maß auf äußere Erfolgssymbole verlassen als auf eine innere Stabilität. Und schließlich sollte jeder um die Notwendigkeit wissen, sich selbst, wie Sir John Harvey-Jones es formulierte, »treu zu bleiben«.

Viertes Kapitel
Tote Seelen: Emotionales Analphabetentum

> Ich kann weder Vorbildern nachleben, noch
> werde ich jemals ein Vorbild darstellen können
> für wen es auch sei, hingegen mein eignes
> Leben nach mir selber bilden, das werde ich
> ganz gewiß, mag es nun damit gehen wie es
> mag. Damit habe ich ja kein Prinzip zu
> vertreten, sondern etwas viel Wundervolle-
> res, – etwas, das in Einem selber steckt und
> ganz heiß von lauter Leben ist und jauchzt und
> heraus will.
> Lou Andreas-Salomé, *Lebensrückblick*

> Töte mich, ich kann nichts fühlen.
> Dennis Cooper, *Closer*

Im Jahre 1956 veröffentlichte William Whyte sein Werk *The Organization Man*, mittlerweile ein Klassiker, in dem der typische Organisationsmensch als farbloses, dumpfes und phantasieloses Wesen dargestellt wird, das sich nicht traut, Entscheidungen zu treffen – ein Geschöpf also, das vom Unternehmer und Busineß-Konquistadoren nicht nur weit entfernt ist, sondern sein genaues Gegenteil verkörpert. Whyte zufolge entspricht der Organisationsmensch einem Persönlichkeitstyp, dem wir auch an vielen anderen Orten begegnen – in Sinclair Lewis Roman *Babbit* zum Beispiel, dessen Titelheld sein eigenes Leben als »unglaublich mechanisch« empfindet:

Mechanische Geschäfte – ein flotter Verkauf mangelhaft gebauter Häuser. Mechanische Religiosität – eine dürre, starre Kirche, die sich vom wahren Leben des Volkes abschloß und ebenso unmenschlich und ehrbar war wie ein Zylinderhut. Golfspiel und Soupers und Bridge und Gespräche, die alle mechanisch waren. Und ... mechanische Freundschaften – bei denen man sich gegenseitig auf den Rücken schlug und Späße machte und sich niemals getraute, die Feuerprobe eines langen Schweigens zu versuchen ([1922] 1995, S. 305 f.).

Die Bewohner anderer, ähnlicher Einöden bevölkern zudem zahlreiche nicht-fiktive Studien, zu denen auch Erich Fromms Untersuchung über die Ausbreitung der Marketing-Orientierung gehört, einer Verhaltensform, die er als Charakteristikum des modernen Lebens betrachtete. Fromms marketing-orientierte Persönlichkeiten haben ein labiles Identitätsgefühl und sind ungemein oberflächlich und wankelmütig. Es scheint, als bestünde ihre Identität aus der Summe der Rollen, die andere von ihnen erwarten. »Voraussetzung für die Marketing-Orientierung ist innere Leere, das Fehlen jeder spezifischen Qualität, die unauswechselbar wäre, denn jeder bestimmte Charakterzug könnte eines Tages mit den Anforderungen des Marktes in Widerspruch geraten« ([1947] 1980, S. 53)

Eine sehr treffende Beschreibung dieses Gefühls der Depersonalisierung, der Automatisierung und Leere findet sich in Alan Harringtons *Life in a Crystal Palace*. Im »Kristallpalast« (Harringtons ironische Metapher für große Organisationen) ist alles blande und mechanisch. Das Leben verläuft in tödlicher Langeweile; Gespräche sind nicht mehr als eine Möglichkeit, das Schweigen zu vermeiden. Jeder akzeptiert die Organisationspolitik und –maßnahmen automatisch und ohne Einschränkung. Harrington zufolge verwandelt sich der Kristallpalast in ein Unternehmenstheater, in dem die Konformität Regie führt, alle Akteure austauschbar sind und niemand es wagt, Aufmerksamkeit für sich zu beanspruchen.

In *Gewinner um jeden Preis* entwickelt Michael Maccoby eine subtilere Sicht des »Firmenmenschen«, den er als einen unter zahlreichen verschiedenen Persönlichkeitstypen betrachtet. Maccoby ist der Meinung, daß solche Personen für das Funktionieren des großen Unternehmens unverzichtbar seien, da sie die Organisation durch ihre intensive Identifizierung mit deren Zielen und Idealen stärken. Gleichzeitig aber warnt Maccoby vor den Gefahren, die mit einer exzessiven Abhängigkeit solcher Menschen von der Organisation verbunden sind: »Obwohl die Arbeit des Firmenmenschen darauf hinausläuft, eine verantwortungsvolle Haltung gegenüber der Organisation und dem Projekt zu stärken, kann sie auch ein negatives Syndrom der Abhängigkeit bekräftigen: unterwürfige

Kapitulation vor der Organisation und der Autorität, senti-
mentale Idealisierung der Machthabenden, eine Tendenz, das
Ich zu verraten, um Sicherheit, Komfort und Luxus zu gewinnen« ([1976] 1977, S. 94). Mit diesem Thema der Konformität
und Abhängigkeit hat sich auch der Kulturhistoriker Christopher Lasch beschäftigt. Er mißt ihm besonderes Gewicht bei,
weil »die Gesellschaft sich das Ansehen einer totalen Instituti-
on gibt, in der jede Spur individueller Identität verschwindet«
(1978, S. 70).

All diese Beschreibungen umgehen die Frage, ob Whyte mit
seinem Organisationsmenschen einen spezifischen Persönlichkeitstyp identifiziert hat oder ob er diesen Charakter nur als
technisches Hilfsmittel benutzte, um das Organisationsleben
satirisch darzustellen. Die anhaltende Faszination, die Whytes
Buch ausübt, und die Popularität seines Themas lassen vermuten, daß der Autor eine sensible Saite in jenen Personen berührt
hat, die mit dem Organisationsleben vertraut sind. Er mag mit
Stereotypen gearbeitet und die Dinge gelegentlich allzusehr
vereinfacht haben, dennoch ist etwas Wahres an seiner Darstellung, und sein Werk hat gewaltigen Einfluß ausgeübt. Warum
treten diese Konformitäts- und Abhängigkeitsmuster zutage?
Gibt es in den Organisationen selbst etwas, das diese Art von
Verhalten erzeugt? Was machen Organisationen mit Individuen? Werden bestimmte, ansonsten latente Persönlichkeits-
eigenschaften durch bestimmte Organisationstypen aktiviert?
Vielleicht sollte man diese Frage unter einem anderen Blickwinkel betrachten: Fühlen sich Personen mit bestimmten Per-
sönlichkeitseigenschaften zu bestimmten Organisationstypen
hingezogen? Kann man Organisationen vielleicht als Schutz-
räume für Menschen mit bestimmten Persönlichkeitszügen
verstehen?

Whyte hat tiefenpsychologische Spekulationen anderen überlassen. Nun aber ist die Zeit gekommen, da anzuknüpfen, wo
er aufgehört hat. Angesichts der Wichtigkeit der von ihm und
anderen beschriebenen Verhaltensmuster – die sich negativ
auf die Kreativität und Innovationsfähigkeit einer Organisation auswirken – möchte ich Whytes Organisationsmenschen
im Kontext eines in den vergangenen Jahren identifizierten

Zustands betrachten, der als Alexithymie bezeichnet wird. Der Begriff stammt aus dem Griechischen und bedeutet: »keine Worte für Gefühle«.

Die Identifizierung der Alexithymie

Welche Art von Persönlichkeit könnte man als alexithymisch bezeichnen? Haben Sie jemals einen Menschen kennengelernt, der der Beschreibung dieses Managers entspricht?

Jahrelang habe ich mit einem Roboter gearbeitet. Es hätte mich in den Wahnsinn getrieben, ihn als Chef zu haben; er war schon als Kollege schlimm genug. Manchmal wußte ich nicht, ob ich lachen oder weinen sollte. Ich könnte Ihnen jede Menge Beispiele schildern. Er hatte einen Sohn, etwa ein Jahr älter als mein eigener. Der Junge bekam einen Platz in einer Eliteschule. Ich sagte: »Sie müssen sehr stolz auf ihn sein.« Er antwortete: »Man braucht Qualifikationen.« Ein andermal wußte ich, daß er eine Veranstaltung besucht hatte, bei der ein berühmter Geiger – eines meiner Idole – zugegen war. Ich fragte ihn, ob er ihn kennengelernt habe, und er bejahte. Wissen Sie, ich war richtig aufgeregt und fragte ihn: »Wie war er?«, und er entgegnete: »Klein.« Wie gesagt, man wußte nicht, ob man lachen oder weinen sollte.

Der Begriff Alexithymie wurde zu Beginn der siebziger Jahre von Peter Sifneos geprägt, einem Psychiater aus Boston, der mit psychosomatischen Patienten arbeitete. Er benutzte ihn zur Kennzeichnung eines Zustands, in dem Individuen unfähig sind, Gefühle mit Worten zu beschreiben; sie bringen Emotionen statt dessen durch Handlungen zum Ausdruck und vermeiden Konflikte, beschäftigen sich eher mit äußeren Ereignissen als mit Phantasien und Gefühlen und neigen dazu, peinlich genau die Begleitumstände von Ereignissen zu schildern statt zu versuchen, ihre emotionale Reaktion auf diese Ereignisse zu beschreiben. Im weiteren Verlauf seiner Forschung gelangte Sifneos gemeinsam mit seinen Kollegen zu der Überzeugung, daß die Alexithymie eine Art Kommunikationsstörung darstelle (Nemiah und Sifneos 1970; Nemiah 1977, 1978).

Henry Krystal, ein anderer Psychiater, arbeitete mit Patienten, die unter schweren posttraumatischen Störungen litten, und gelangte zu dem gleichen Schluß. Er erkannte, daß alexithymische Individuen »unfähig sind, zwischen verschiedenartigen Gefühlen zu unterscheiden«. Gleichwohl »sind sie sich ihres Defektes bewußt geworden, ähnlich wie der Farbenblinde, und haben gelernt, Hinweise aufzunehmen, aus denen sie dann rückschließen, was sie nicht direkt wahrnehmen können« (1979, S. 17 f.). Krystal beobachtete, daß »emotional farbenblinde« Personen eine übertriebene Realitätsanpassung entwickeln und durchaus erfolgreich arbeiten können. Er schreibt jedoch auch, daß »man auf eine Sterilität und Monotonie der Gedanken und auf eine gravierende Verarmung ihrer Vorstellungskraft trifft, sobald man hinter den oberflächlichen Eindruck ihrer überragenden Funktionsfähigkeit blickt« (ebd., S. 19). Krystal verwies auf eine beeinträchtigte Empathiefähigkeit bei Alexithymikern, die anderen Menschen charakteristischerweise mit kühler Distanziertheit und Gleichgültigkeit begegnen. Den Beziehungen, die sie eingehen, fehlt es an Menschlichkeit; Liebesobjekte können sehr rasch ausgetauscht werden. Krystals Beobachtungen wurden von anderen Forschern bestätigt, die ihr eigenes Gefühl der Dumpfheit, Langeweile und Frustration schilderten, das sie im Umgang mit alexithymischen Menschen befiel (Taylor 1977). Viele andere Forscher und Kliniker aus der Psychiatrie, medizinischen Psychologie und Psychotherapie haben ähnliche Verhaltensmuster identifiziert und bestätigt (Brautigan und von Rad 1977).

Eine bedeutende Klinikerin, die mit alexithymen Persönlichkeiten gearbeitet hat, ist Joyce McDougall. Sie beobachtete ein hohes Maß an sozialer Konformität unter Alexithymikern und beschrieb sie mit Begriffen wie »Pseudonormalität« (1974), »Roboter« (1980 a) und »Normopath« (1978, 1984). Sie vertritt folgenden Standpunkt:

Statt einen Weg zur psychischen Bewältigung verstörender Affekte, unangenehmen Wissens oder unbehaglicher Phantasien zu entwickeln, betreibt das Ich die vollständige Zerstörung der entsprechenden Repräsentationen oder Gefühle, so daß diese nicht registriert werden. Das Ergebnis besteht dann unter Umständen in einer *exzessiven Anpassung an die äußere Realität*, einer roboterähnlichen Anpassung an inneren und äußeren Druck, die die Welt des Imaginären ignoriert.

Diese »Pseudonormalität« stellt einen weitverbreiteten Charakterzug dar und ist möglicherweise als Gefahrensignal zu verstehen, das auf potentielle psychosomatische Symptome verweist. (1974, S. 444; Hervorhebung Kets de Vries)

Den Ursprung dieses Verhaltens sieht McDougall in einem spezifischen mütterlichen Versorgungsstil, der dadurch charakterisiert ist, daß die Mutter das Kind als »Droge« benutzt (1974, 1980 b, 1982 a, 1982 b) und zu dessen emotionalen Bedürfnissen keinen Kontakt findet.

Neuere Forschungen ... heben die Wichtigkeit der ersten Interaktionen von Mutter und Säugling ebenso hervor wie den Umstand, daß jeder Säugling ständig Signale aussendet, die seiner Mutter seine Vorlieben und Abneigungen anzeigen. Wenn eine Mutter innerlich nicht gestört ist, kann sie diese frühen Mitteilungen ihres Säuglings »hören«. Es kann aber auch vorkommen, daß eine Mutter, die schweren Sorgen und Ängsten ausgesetzt ist, das Lächeln, die Gebärden und das Wimmern ihres Kindes nicht mehr wahrzunehmen vermag und es, im Gegenteil, ihren eigenen Wünschen und Bedürfnissen gewaltsam unterwirft. Das läßt dann im Säugling oft ein Gefühl von Frustration und ohnmächtiger Wut entstehen. Aus diesem Gefühl heraus kann er sich mit den ihm zur Verfügung stehenden Mitteln radikal gegen überwältigende Affektstürme und nachfolgende Erschöpfungszustände zu schützen suchen. (McDougall [1989] 1994, S. 30 f.)

Zahlreiche andere Studien (zum Beispiel Krystal 1979, 1982, 1986; Gardos et al. 1984) bestätigen McDougalls Schlußfolgerung, daß die Pathogenese der Alexithymie auf das erste und zweite Lebensjahr datiere. Eine Reihe von Klinikern vermutet, daß solche Mütter (und Väter) ihre eigenen, häufig narzißtischen Konflikte über das Kind lösen, das infolgedessen zum Gefangenen einer, wie man vielleicht sagen könnte, entgleisten symbiotischen Beziehung wird, die seine extreme Abhängigkeit künstlich verlängert. Das Kind wird quasi als Erweiterung der Mutter betrachtet und ist ihrer ständigen Beobachtung ausgeliefert; sein Körper wird behandelt, als sei er das Eigentum eines anderen Menschen. Darüber hinaus wird der Kindsvater aus Angst vor den verschlingenden Eigenschaften, die er an seiner Frau wahrnimmt, eine solche Situation unter Umständen insgeheim noch fördern, um selbst einem ähnlichen

Schicksal zu entgehen. Eine solche Mutter ist weit von der *mère satisfaisante* (einer befriedigenden Mutter) entfernt und ähnelt eher einer *mère calmante* (einer einlullenden Mutter). Das Kind wird infolgedessen niemals lernen, sich ohne den ständigen Kontakt zu ihr wohlzufühlen. Es kann keine *mère satisfaisante* internalisieren, diese Internalisierung aber stellt eine notwendige Voraussetzung für die spätere Fähigkeit des erwachsenen Menschen dar, sein Leben ohne permanente äußere Stimuli gestalten zu können (Fain und Kreisher 1970). Eine derartige Unterdrückung des Kindes läßt sich wahrscheinlich erklären, wenn man sie als Möglichkeit der Mutter begreift, Defekte, die sie an sich selbst wahrnimmt, zu kompensieren.

Da die Mutter bestrebt ist, den Separationsprozeß des Kindes zu verhindern, wird sie jeden seiner Explorationsversuche oder jegliche Art von Eigeninitiative im Keim ersticken. Es liegt auf der Hand, daß eine solche Behandlung gravierende Folgen für die spätere Persönlichkeitsentwicklung mit sich bringt. Alexithymische Persönlichkeiten haben die Fähigkeit, Gefühle differenziert wahrzunehmen und zu verbalisieren, nie angemessen entwickeln können; ihr Unvermögen, Gefühle zu empfinden, behindert wiederum die Konstruktion der hochkomplexen Matrix emotionaler Signale, auf die wir alle uns im täglichen Leben verlassen und ohne die Gefühle als gefährliche, potentiell unkontrollierbare Kräfte erlebt werden. Alexithymiker ignorieren psychische und körperliche Distress-Signale. Ihr Phantasieleben kann bizarre Formen annehmen; sie haben keinen Kontakt mit ihrer psychischen Welt. Darüber hinaus können sie aufgrund der Abhängigkeit, an die sie sich gewöhnt haben, süchtig nach äußeren Stimuli werden, die ihrer Welt Struktur verleihen, da sie selbst unfähig sind, sich ihrer eigenen symbolischen Repräsentationen, ihrer Phantasien oder Träume zu bedienen, um psychische Konflikte durchzuarbeiten. Sie sind darauf angewiesen, daß andere ihnen erklären, wie sie sich selbst fühlen. Es hat den Anschein, als führten diese Individuen die allgemeine menschliche Tendenz zur Spiegelung (die Neigung, in anderen das zu sehen, was wir gerne in uns selbst sehen würden) ad absurdum oder, um McDougalls Worte zu benutzen: Was sie fühlen, »wird in den Personen auftauchen, mit denen sie zu tun haben. Sie sind ihr Spiegel« (1982 a, S. 88). Sie versuchen, »symbolische Objekte, die in ihrer inneren Welt fehlen oder beschädigt sind, durch Objekte in der äußeren Welt zu ersetzen« (1974, S. 449). McDougalls Ansicht zufolge aber sind solche Bemühungen »zum Scheitern verurteilt«, so daß sie »endlose Wiederholungen und eine süchtige Bindung an die Außenwelt und äußere Objekte nach sich ziehen« (ebd.).

Im allgemeinen beschäftigen sich alexithymische Personen vorrangig mit dem Konkreten und Objektiven; die Verwendung von Metaphern, Anspielungen und verborgenen Bedeutungen ist ihnen fremd, und sie brauchen lange, um sie zu verstehen. Sie neigen dazu, die Existenz von Gefühlen zu negieren und zu verleugnen (von Rad 1983). Sie wirken wie psychische Analphabeten – es mangelt ihnen an jeglicher Empathiefähigkeit, sie nehmen sich selbst nicht wahr und flüchten sich zur Bewältigung von Konflikten in Aktivitäten (Neill und Sandifer 1982; Lesser und Lesser 1983; Taylor 1984). McDougall bezeichnet ihr Verhalten als »Aktivitätssucht«[1], das heißt, »sie entwickeln ein Verhältnis zu ihrer Arbeit wie zu einer Droge oder die Neigung, sich einer Vielzahl anderer Aktivitäten zu widmen (die sie manchmal nicht einmal interessieren) mit dem unbewußten Ziel, sich keine Entspannung oder Tagträume zu gönnen. Solche Menschen fühlen sich immer wieder veranlaßt, ›etwas zu tun‹, statt einfach nur zu ›sein‹« ([1989] 1991, S. 111).

Aufgrund ihrer Fähigkeit, Gefühle zu verleugnen, erleben alexithymische Menschen keine intrapsychischen Konflikte, sie werden ihnen nicht bewußt. Ihr körperliches Verhalten wirkt unter Umständen roboterhaft, ein Eindruck, der auf ihre steife Haltung und ihre reduzierte mimische Ausdrucksfähigkeit zurückzuführen ist. Äußere Details scheinen ihnen als Möglichkeit zu dienen, ihre innere Leere zu füllen. Ihnen wurde niemals zugestanden, mit ihren eigenen Gefühlen zu experimentieren. Ihr »wahres Selbst« (Winnicott 1975) durfte infolge ihrer Erziehung nie auftauchen.

Einige Kliniker haben zwischen einer primären und einer sekundären Form der Alexithymie unterschieden. Die primä-

---

1 In der zitierten deutschen Übersetzung »Suchthandeln«. *A. d. Ü.*

re Alexithymie wird als spezifischer Charakterzug betrachtet, dem möglicherweise angeborene, neurophysiologische Defekte zugrunde liegen (nämlich eine fehlende Verbindung zwischen der linken und der rechten Hirnhemisphäre aufgrund einer Commissuratomie – einer fehlenden Transmission der Botschaften vom Viszeralhirn zu den Sprachzentren des Cortex). Für die Entwicklung einer sekundären Alexithymie spielen möglicherweise soziokulturelle Faktoren eine wichtige Rolle. Alexithymische Reaktionen können sich im Anschluß an besonders belastende Ereignisse oder Ereignisabläufe herausbilden oder auch in extremen Situationen. 1946, gegen Ende seines ersten Gefängnisjahres in Spandau, beschrieb Albert Speer die zunehmende emotionale Abgestumpftheit, die er in sich wahrnahm:

Heute mittag merkte ich plötzlich ganz deutlich, daß durch die Gewöhnung an das Gefangenendasein die Empfindungsfähigkeit abstumpft. Nur das macht es aber möglich, die Bedrückungen der Lage zu bestehen. Paradox könnte man formulieren: Die Einbuße an Empfindungsfähigkeit erhöht die Leidensfähigkeit.

… Ich muß mich zu intellektueller Tätigkeit zwingen. Da es nach dem Abschluß des Prozesses keine Herausforderungen dieser Art mehr gibt, bleibt mir nur der engste und banalste Bereich. Ich konzentriere mich auf den Tisch in meiner Zelle, auf den Hocker, auf die Jahresringe im Eichenholz der Tür. Versuche, diese Dinge so präzise wie möglich zu erfassen und für mich zu beschreiben. Eine erste Übung in – ja, in was? Sicher nicht in Schriftstellerei; eine Erprobung der Registrierfähigkeit. (Speer 1975, S. 18)

Speer praktizierte diese Strategie der genauen, detaillierten Beobachtung während seiner gesamten zwanzigjährigen Haftzeit; 12 Jahre später schreibt er, daß er lange Zeit damit verbrachte, einige Falkenfedern zu untersuchen, die er im Gefängnisgarten gefunden hatte (ebd., S. 480). Ähnliche Manifestationen der emotionalen Lähmung wurden von Opfern der Konzentrationslager und von Veteranen des Vietnamkrieges beschrieben (Freiberger 1977; Shipko, Alvarez und Norrello 1983; Krystal, Giller und Cicchetti 1986).

All diese Untersuchungen zeigen, daß die Alexithymie als Kommunikationsstörung weit verbreitet ist. Aber ebenso wie bei anderen klinischen Syndromen auch schwanken die Angaben über das tatsächlich Ausmaß ihrer Verbreitung unter der Gesamtbevölkerung. So legt eine Untersuchung, die unter Studenten durchgeführt wurde, nahe, daß 8,2% der Männer und 1,8% der Frauen als alexithymisch zu betrachten seien (Blanchard, Arena und Pallmeyer 1981), wobei allerdings die Validität und Reliabilität der in dieser speziellen Studie angewandten Untersuchungsverfahren fragwürdig erscheinen. Wie hoch der Anteil der Alexithymiker an der Gesamtbevölkerung aber auch sein mag – was die Ätiologie der Alexithymie betrifft, so herrscht nach wie vor beträchtliche Verwirrung. Handelt es sich um eine Charaktereigenschaft oder um eine situationsspezifische Form des Coping-Verhaltens? Ist sie der Preis, der für emotionale Belastungs- und Streßzustände zu zahlen ist? Stellt sie möglicherweise sowohl eine Charaktereigenschaft als auch eine Reaktion auf einen bestimmten Zustand dar (von Rad 1984; Ahrens und Deffner 1986)? Bislang gibt es auf diese Fragen noch keine eindeutige Antwort.

Gleichwohl verweist die Tatsache, daß sich die Alexithymie so häufig beobachten läßt, auf ein charakteristisches – individuelles oder gesellschaftliches – Problem im Umgang mit Gefühlen. Die Existenz eines Phänomens wie der Alexithymie unterstreicht, welch große Bedeutung der Fähigkeit, Gefühle zu empfinden, für das Leben des Menschen zukommt. Es hat den Anschein, als sei sie ebenso wichtig wie die Fähigkeit, zu sehen, zu hören oder zu riechen.

Alexithymie ist kein Alles-oder-nichts-Phänomen, im Gegenteil: Jeder von uns scheint in mehr oder minder hohem Maß für sie anfällig zu sein. Es handelt sich offenbar um eine Dimension, die von der jeweiligen Position abhängig ist, die ein Individuum auf einer Skala des kognitiv-affektiven Erlebens und Ausdrucks einnimmt (Martin, Phil und Dobkin 1984). Unsere alexithymischen Tendenzen könnten insgeheim auch unsere Wahrnehmungen und Handlungen beeinflussen, und insoweit ist die Ähnlichkeit der alexithymischen Persönlichkeit mit Whytes Organisationsmenschen verblüffend.

Die alexithymische Prädisposition des »Organisationsmenschen«

Betrachten wir die Antworten aus dem folgenden Interview, das ein Psychologe (A) mit einem Firmenmanager (B) durchführte:

A: Was machen Sie?
B: Ich arbeite in einer Abteilung für Datenverarbeitung.
A: Können Sie mir etwas über Ihre Tätigkeit sagen?
B: Ich mag die Firma. Mir gefällt mein Büro. Es ist ziemlich groß ... in einer Ecke gelegen. Ich habe dort viel Sonne.
A: Was können Sie über die Leute sagen, mit denen Sie zusammenarbeiten?
B: Nicht viel ... Es fällt mir schwer zu beschreiben, was ich ihnen gegenüber empfinde.
A: Wie schätzen Sie Ihre Aussichten auf einen Job mit größerer Verantwortung ein?
B: Ich weiß nicht. Einer meiner Kollegen, der für mich gearbeitet hat, ist kürzlich zum Abteilungsleiter befördert worden.
A: Haben Sie sich darüber geärgert? Schließlich hatte er für Sie gearbeitet.
B: Nein, das ist nun mal der Lauf der Dinge.
A: Wie ist Ihre Beziehung zu Ihrer Frau?
B: In Ordnung. Wir sind seit fünfzehn Jahren verheiratet.
A: Hat es schon einmal Probleme zwischen Ihnen gegeben?
B: Sie hatte einmal ein Verhältnis mit einem anderen Mann.
A: Wie war das für Sie? Hat es Sie verletzt?
B: Ich habe nicht sehr viel gefühlt. Als sie es mir erzählte, habe ich gesagt, es sei in Ordnung ... Ich finde es verrückt, dieses ganzes Gerede über Gefühle. Wichtig ist, daß man seinen Lebensunterhalt verdient.
A: Was für eine Beziehung haben Sie heute zu Ihrer Frau?
B: Sie schreit mich manchmal grundlos an.
A: Haben Sie nicht herausfinden können, weshalb Sie so wütend wird?
B: Nein.
A: Haben Sie Kinder?
B: Ja.
A: Können Sie mir etwas über sie sagen?
B: Ich habe einen Sohn und eine Tochter. Sie sind beide sehr tüchtig.

A: Wie fühlen Sie sich?

B: Ich habe seit drei Jahren Magenschmerzen. Es ist schlimmer geworden, aber ich habe festgestellt, daß es weniger schmerzt, wenn ich eine ganz bestimmte Haltung einnehme. Ich bin damit klargekommen, bis das Geschwür aufbrach. Jetzt nehme ich Tabletten und halte Diät.

A: Was machen sie normalerweise, wenn Sie zu Hause sind?

B: Ich sehe fern.

A: Welche Sendung haben Sie als letzte gesehen?

B: Ich kann mich nicht mehr erinnern. Ich vergesse die Handlung sofort wieder.

A: Träumen Sie?

B: Nein.

A: Haben Sie Phantasien oder Tagträume?

B: Nicht daß ich wüßte.

A: Weinen Sie gelegentlich?

B: Nein.

A: Gibt es Dinge, über die Sie richtig wütend werden können?

B: Nein.

A: Macht es Sie ängstlich, hier zu sein?

B: Mein Chef meinte, das könnte passieren.

A: Welche Gedanken gehen Ihnen jetzt durch den Kopf?

B: Ich weiß nicht ... Gar keine. Was wollen Sie von mir hören? Es fällt mir schwer zu sagen, wie ich mich fühle ... Ich bin kein Freund von vielen Worten.

Vor vielen Jahren schrieb ein scharfsinniger Beobachter des Organisationslebens über einige seiner typischen Eigenschaften:

»Seine [des Fachbeamten] Verwaltung ist *Berufs*arbeit kraft *sachlicher Amtspflicht*; ihr Ideal ist, ›sine ira et studio‹, ohne allen Einfluß persönlicher Motive oder gefühlsmäßiger Einflüsse, frei von Willkür und Unberechenbarkeiten, insbesondere ›ohne Ansehen der Person‹ streng formalistisch nach rationalen Regeln und – wo diese versagen – nach ›sachlichen‹ Zweckmäßigkeitsgesichtspunkten zu verfügen.« (Weber [6]1985, S. 476)

Max Webers Beschreibung des Bürokraten entspricht den hölzernen, gefühls- und phantasielosen Antworten und Verhaltensweisen des alexithymischen Angestellten aus dem obigen Interview. Seine Reaktionen auf die Fragen des Interviewers zeigen, daß er Gefühlen im Grunde keinen Raum lassen kann und, nach ihnen befragt, lieber äußere Vorgänge schildert. Sein Verhalten wirkt wie das vieler Alexithymiker beinahe überangepaßt. Hinter seinem exzellenten Funktionieren, das auf den ersten Blick beeindruckend erscheint, entdecken wir die Sterilität seiner Vorstellungskraft und die Monotonie seiner Gedanken.

Große Organisationen können für Alexithymiker außerordentlich attraktiv sein, weil sie ideale Möglichkeiten bieten, mit der Organsationskultur zu verschmelzen. Viele Organisationen bieten solchen Persönlichkeiten eine Umwelt, die Verhalten legitimiert, das in einem anderen Kontext befremdlich erschiene. Sie kommen der alexithymischen Disposition daher insofern entgegen, als sie eine gewisse Struktur vermitteln. Diese Struktur erleichtert es, alexithymisches Verhalten zu verschleiern, und dient dem alexithymischen Charakter als »containende« Umwelt (Bion 1961). Wenn wir annehmen, daß eine sekundäre Alexithymie im oben beschriebenen Sinne existiert, können wir zudem auch erkennen, daß bestimmte Organisationstypen eben jene abstumpfende Qualität besitzen, die latente alexithymische Tendenzen in ihren Angestellten zu aktivieren vermag.

Die meisten von uns haben in Managementkreisen alexithymische Individuen kennengelernt: Höfliche Leute in Anzügen, die immer das Richtige sagen und deren Gesellschaft nach einer Weile furchtbar langweilig wird; aalglatte Wesen, die niemanden an sich heranlassen und kaum verhehlen können, daß sie sich für andere im Grunde gar nicht interessieren; Menschen, die konsequent auf Nummer Sicher gehen und sich infolgedessen in einer Atmosphäre der Mittelmäßigkeit einrichten – mittelmäßige Ideen, mittelmäßige Leistungen und mittelmäßige Ergebnisse. Wenngleich solche Personen häufig den Eindruck vermitteln, als seien sie mit ihrem Verhalten durchaus zufrieden, legen ihre Streßsymptome (die sie häufig lange Zeit überhaupt nicht registrieren) doch einen anderen Schluß nahe. Ein Beispiel ist der oben beschriebene Fall des alexithymischen Managers mit dem lange verleugneten, perforierten Magengeschwür. Alexithymisches Verhalten hat nicht nur für den Betroffenen negative Auswirkungen; es kann auch die Organisation und die Menschen, die mit Alexithymikern zusammenarbeiten müssen, sehr negativ beeinflussen. Alexithymiker sind häufig außerordentlich erfolgreich, vor allem in großen Organisationen, die Sicherheitsdenken, Opportunismus, Berechenbarkeit und eine relative Unauffälligkeit belohnen. Viele Organisationen ziehen Berechenbarkeit einem exzentrischen und innovativen Verhalten vor, weil bei solchen Menschen nicht die Gefahr besteht, daß ihnen kostenspielige Fehler unterlaufen. Die Einstellung solcher Personen aber hat nicht nur zur Folge, daß andere Angestellte mit falschen Rollenmodellen konfrontiert werden, sondern fördert auch die Mittelmäßigkeit, in der es für herausragende Leistungen keinen Platz gibt.

Zwei Organisationstypen scheinen alexithymisches Verhalten zu kultivieren, nämlich der zwanghafte und der depressive. Ich habe diese Archetypen (die ich hier der Übersichtlichkeit halber sehr vereinfacht darstelle) bereits in früheren Beiträgen beschrieben (Kets de Vries und Miller 1985, 1986, 1988). Die zwanghafte Organisation ist bürokratisch und tendiert zu einer Konzentration nach innen. Ihre Hierarchie ist in der Regel starr, so daß der persönliche Status durch den Rang im Unternehmen bestimmt wird. Die Führung beherrscht die Organisation von oben nach unten und verlangt strikte Anpassung an Regeln und vorgegebene Verfahren. Gefordert ist das sklavische Festhalten an programmierten, standardisierten und routinemäßigen Abläufen. Für gewöhnlich liegt der Strategie ein eng definiertes und genau festgelegtes Leitmotiv zugrunde, das andere Faktoren ausschließt. Formale Codes, ritualisierte Evaluierungsverfahren und Risikovermeidung lassen jede Veränderung extrem schwierig erscheinen. Konzerne mit einer starken Unternehmenskultur wie etwa IBM, Philips, Fiat und General Motors, die sehr regel- und regulationsorientiert sind, geben einige der Charakteristika dieses Organisationstypus zu erkennen. Bei diesen spezifischen Beispielen aber scheinen sich die positiven Aspekte der Organisation gegenüber den negativen zu behaupten.

Die depressive Organisation ist in vielerlei Hinsicht ähnlich beschaffen, befindet sich aber in einem schlechteren Zustand.

Sie läßt sich häufig ohne jegliche Orientierung treiben und bleibt nicht selten auf antiquierte, sogenannte reife Märkte begrenzt. Ihr Überleben ist von protektionistischen Maßnahmen abhängig; charakterisiert ist sie durch extremen Konservatismus, unklar definierte Zielsetzungen und Strategien und mangelnde Planung. Die Struktur dieser Organisationen ist bürokratisch, ritualistisch und unflexibel. Führung im eigentlichen Sinn, Motivation und Initiative fehlen, die Haltung ist durch Passivität und Negativität geprägt. Kommunikation und Marktanalyse sind kaum entwickelt, so daß die Marktentwicklungen nicht zur Kenntnis genommen werden. Das Organisationsklima ist unpersönlich, Angst vor Entscheidungen und erheblicher Widerstand gegen Veränderungen bestimmen die Atmosphäre. Nach dem Tod ihres Gründers durchlief die Disney Corporation eine Phase, in der sie sich in einem ähnlichen Zustand befand. Viele Staatsbetriebe fallen in diese Kategorie, können aber aufgrund staatlicher Protektion häufig erstaunlich lange in der beschriebenen Weise operieren.

Beide Organisationstypen, der zwanghafte und der depressive, bieten Personen mit einer alexithymischen Disposition ideale Möglichkeiten, gewissermaßen unterzutauchen, denn die Äußerung von Affekten oder Gefühlen wird in derartigen Unternehmen nicht als Selbstverständlichkeit betrachtet. Aufgrund des einvernehmenden Charakters dieser Art Unternehmenskultur sollte man ihren Einfluß auf das Individuum niemals unterschätzen. Auch wenn andere Organisationen ähnliche Auswirkungen auf ihre Angestellten zeitigen mögen, haben sie doch nie jene abstumpfende Eigenschaft, der man in bestimmten zwanghaften und depressiven Organisationen begegnet.

Einschränkend ist zu erwähnen, daß viele Organisationen, vor allem auf dem Dienstleistungssektor, große Anstrengungen unternehmen, um die Gefühle ihres Personals zu managen. Wir alle haben uns an die bedeutungslosen und für institutionalisiertes Verhalten symptomatischen Floskeln von Flugbegleitern, Bankbeamten und Telefonistinnen gewöhnt – »Schönen Tag noch«, »Wir bedanken uns für Ihren Anruf im Grand Hotel«. Die Fähigkeit, die Gefühle und das Verhalten von Angestellten zu manipulieren, wird häufig als Wettbewerbsvorteil verstanden. Fluglinien wie Delta oder Cathay Pacific und Entertainment-Unternehmen wie Disney World haben einen weiten Weg in dieser Richtung zurückgelegt. Disney World beispielsweise rühmt sich seiner Kundenfreundlichkeit, die Beziehungen zu den Kunden aber werden von Inspektoren kontrolliert, die sicherstellen, daß die Kommunikation nicht zusammenbricht. Jeder Angestellte muß sich einer regelrechten Indoktrination unterziehen, und ausgefeilte Handbücher schreiben vor, in welcher Situation er wie zu reagieren hat. Solche Gesellschaften benötigen Angestellte, die ungeachtet ihrer augenblicklichen Stimmung zum richtigen Zeitpunkt das richtige Gefühl zum Ausdruck bringen. Es gibt Personen, die sich dieser Art von Manipulation widersetzen, um sich ein Minimum an Authentizität zu bewahren und den Kontakt zu ihren eigenen Gefühlen nicht zu verlieren; andere sind suggestibler und für eine solche emotionale Kontrolle anfälliger. Die Spannung, die sich zwischen Authentizität und Konformität entwickelt, kann beträchtliche Auswirkungen auf das emotionale und psychische Wohlbefinden haben.

Wie kommen Personen ohne alexithymische Eigenschaften langfristig in Organisationen zurecht, die emotionale Manipulation als Teil ihrer zentralen Philosophie betrachten? Die Soziologin Arnie Russell Hochschild gibt in ihrem Buch *Das gekaufte Herz* ([1983] 1990) zu bedenken, daß »der oder die Arbeitende ... von einem Aspekt des Selbst entfernt oder entfremdet werden [kann], der für die Arbeit *benutzt* wird – egal ob es sich um seinen/ihren Körper oder um die Psyche handelt« (S. 32). Sie glaubt, daß Menschen, die sich mit ihrem Job identifizieren und die damit verbundene Entwicklung eines falschen Selbst (Winnicott 1975) nicht wahrnehmen, Gefahr laufen, sich psychisch vollkommen zu erschöpfen. Sogar Menschen ohne alexithymische Eigenschaften können emotional abstumpfen, wenn sie in Organisationen arbeiten, die ein intensives Gefühlsmanagement betreiben. Sie können die Fähigkeit verlieren, ihr eigenes Selbst von der Rolle zu trennen, die sie dem Wunsch der Organisation gemäß erfüllen sollen, und sind dann nicht länger imstande, zwischen ihren eigenen Gefühlen und denen, die ihnen vorgeschrieben sind, zu unterscheiden – mit anderen Worten: Sie entwickeln sich zu Pseudo-Alexithymikern.

Individuelle Stile

Alexithymisches Verhalten an der Spitze einer Organisation kann gravierende Konsequenzen nach sich ziehen. Der distanzierte CEO ist ein solches Beispiel. Aber wir müssen uns gar nicht bis an die Spitze heraufarbeiten, um diese Art von Verhalten beobachten zu können. Bestimmte Jobs kommen der alexithymischen Disposition geradezu entgegen. Zwei Persönlichkeitstypen, die ich als »Systempersönlichkeit« beziehungsweise als »sozialen Sensor« beschrieben habe, weisen ein Verhalten auf, das sich auch bei schizoiden Personen beobachten läßt (Kets de Vries 1980 b).

Der distanzierte CEO

Der Umgang mit Gefühlen kann Spitzenmanagern erhebliche Schwierigkeiten bereiten. Um sich vor emotionaler Verstrikkung zu schützen, entwickeln solche Menschen einen distanzierten Stil. Aber ihre emotionale Isolation kann für die Organisation gravierende Konsequenzen mit sich bringen. Abgesehen davon, daß der CEO in der Lage sein sollte, Richtungen aufzuzeigen und Orientierung zu vermitteln, muß er auch als Container für die Gefühle seiner Untergebenen dienen. Insofern ist eine gute Führungskraft eine Art Sozialarbeiter. Hervorragende Führungspersönlichkeiten werden der Gesellschaft Tag für Tag auf den Puls fühlen, denn wenn sie wissen und verstehen, was ihre Untergebenen beschäftigt, fällt es ihnen leicht, diese zu motivieren. Eine Unfähigkeit oder mangelnde Bereitschaft, auf die Abhängigkeitsbedürfnisse Untergebener einzugehen, kann Verwirrung, Groll und Aggressivität erzeugen (Kets de Vries und Miller 1985, 1986, 1988). Unter Umständen entwickelt sich dann eine hochpolitisierte Organisationskultur, in der die Angestellten ihre aktuellen Aufgaben vernachlässigen und sich statt dessen ganz darauf konzentrieren, ihr eigenes Revier zu sichern, indem sie einander bekämpfen und den freien Informationsfluß sabotieren. Es überrascht nicht, daß eine derartige Organisationskultur nach innen konzentriert, selbstzentriert, ist. Für gewöhnlich ist auch eine inkonsequente Strategiepolitik zu beobachten, eine Art »Sich-Durchwurschteln«, da die Orientierung der Organisation davon abhängt, welche Clique es gerade geschafft hat, den CEO für sich einzunehmen.

In einer Organisation, die ich kennenlernte, wurde der CEO als »Yeti« charakterisiert, der »hoch oben in den Bergen lebt und sich gelegentlich an kalten Orten sehen läßt«. Jener Mann war ein extremer Einzelgänger, der sich im Dialog äußerst unbehaglich fühlte und befangen, steif und humorlos wirkte. Sein persönlicher Stil hätte im großen und ganzen keine Bedeutung gehabt, wenn er nur ihn selbst beeinträchtigt hätte, bedauerlicherweise aber leitete dieser CEO eine große Organisation. Seine Distanz vom Unternehmensalltag hatte schwerwiegende Konsequenzen für die Kultur und Politik der Gesellschaft. Da die Vorstandsmitglieder nicht wußten, was von ihnen erwartet wurde, zogen sie sich in ihre eigenen Reviere zurück und begannen, private Imperien zu errichten. Die Folgen waren mangelnde Kooperation, Suboptimierung, eine Eskalation innerer Konflikte sowie eine inkonsequente Strategie – Faktoren, die sich bis hin zur untersten Ebene äußerst nachteilig auswirkten.

Die Systempersönlichkeit

Für viele Personen, die aufgrund ihrer alexithymischen Disposition unter einer Kommunikationsstörung leiden, hat sich die technische Revolution als große Erleichterung erwiesen. Probleme, die in Beziehungen zu anderen Menschen auftreten könnten, werden durch die erfolgreiche Interaktion mit einer Maschine kaschiert. Die Systempersönlichkeit operiert automatenähnlich, sie klammert sich an feste Abläufe und vermeidet zwischenmenschliche Beziehungen. Ihre Richtung wird durch den Terminal eines Computers vorgegeben, der auch all die Stimulation zu liefern scheint, die ein solcher Mensch benötigt. Systemorientierte Organisationen stellen für diese Alexithymiker die haltende Umwelt par excellence dar, denn hier können sie sich in Jobs flüchten, die gegenstandsorientiert sind, so daß sie ihre Aufmerksamkeit ganz auf abstrakte Vorgänge, Aufgaben, Ideen und unbelebte Objekte konzentrieren können. Ihre Bindung an Maschinen dient ihnen als Möglichkeit, die Sterilität ihrer inneren Welt zu bewältigen. Das oben wiedergegebene Interview zwischen dem Psychologen und dem Manager illustriert den psychischen Zustand einer solchen Persönlichkeit. Wenngleich viele Alexithymiker unter diesen Umständen hervorragend funktionieren, bedeutet ihr häufig gedankenloses und unflexibles Festhalten an Routineabläufen doch zugleich, daß es ihnen an Neugierde und Initiative mangelt. Und wahrscheinlich ist auch ihre Anpassungsfähigkeit beeinträchtigt, so daß sie auf Veränderungen in ihrer Umwelt nicht angemessen reagieren können – ein Defizit, das für eine Organisation verheerende Folgen nach sich ziehen kann.

Der soziale Sensor

Es ist schwierig, die Atmosphäre zu beschreiben, die er verbreitete. Er wirkte wie der Erwachsene, der das Licht im Kinderzimmer anknipst, und all die Spielsachen, die sich von Zauberkraft getrieben durch den Raum bewegten, bleiben plötzlich stehen und verwandeln sich in Spielsachen zurück. Dieser Effekt ließ sich sehr gut bei Leuten beobachten, die neu in der Abteilung waren. Zuerst fand ihn jeder Neuling bezaubernd, aber nach einer Weile stellten sich Unbehagen und Verwunderung ein. Wenn man ihn näher kennenlernte, war es ungefähr so, als würde man im Sand ein Loch graben. Man hofft die ganze Zeit, etwas zu finden, aber je tiefer man gräbt, desto feuchter wird der Sand, und schließlich brechen die Wände ein, und die ganze Arbeit war umsonst. Er machte den Eindruck, als würde er sich sehr für die Leute interessieren, stellte ihnen ständig Fragen und lachte immer. Irgendwann wurde einem klar, daß er sich sein Gegenüber mit diesen Fragen auf Distanz hielt, und er lachte sicherheitshalber grundsätzlich über alles, für den Fall, daß es amüsant wäre, denn im Grunde besaß er gar keinen Sinn für Humor.

Diese Interviewbemerkungen einer Führungskraft geben Aufschluß über die Atmosphäre, die der soziale Sensor erzeugt. Er ist in vielerlei Hinsicht ein Chamäleon, das Signale aus der äußeren Welt rasch aufnimmt und sein Verhalten entsprechend anpaßt. Wie nicht anders zu erwarten, können sich soziale Sensoren sehr gut in den Dienstleistungsbereich einfügen, wo vorgeschriebene Gefühle die Norm sind. Trotz all ihrer Bemühungen aber und ungeachtet dieser oberflächlichen Anpassungsfähigkeit mangelt es ihren Aktivitäten an Überzeugungskraft. Sie können zwar anfänglich den Eindruck völliger Normalität und hervorragender Anpassungsfähigkeit vermitteln, darunter aber deckt man rasch eine verzweifelte Leere und einen Mangel an wirklicher Wärme auf. Ihr einziges unveränderliches Merkmal ist ihre Wandelbarkeit, die zu Pseudoaufrichtigkeit und Pseudoauthentizität führt. Ihre Überangepaßtheit und Unterwürfigkeit dienen nur einem einzigen Ziel, nämlich der Vermeidung von Gefühlen. Was auf den ersten Blick als Anpassungsfähigkeit erscheint, ist in Wahrheit eine Unsensibilität für die Gefühle und Reaktionen anderer Menschen. Hinter der Maske der Offenheit und Freimütigkeit verbirgt sich die Leere ihrer inneren Welt, die ihre Kreativität und ihre Einsicht hemmt.

Jane Lowell (Name geändert) war Chefstewardeß bei einer Fluggesellschaft und hatte viele Jahre lang geradezu vorbildlich gearbeitet – energisch, tatkräftig, extrem effektiv, so daß sich andere ein Beispiel an ihr nehmen konnten. Es war ihr immer leicht gefallen, sich auf die Signale von Passagieren und Kollegen einzustimmen. Seit einiger Zeit aber schien irgend etwas mit diesem Abstimmungsmechanismus nicht mehr in Ordnung zu sein, denn sie zeigte während der Arbeit unangemessene Verhaltensweisen. Es gab Beschwerden, weil sie sich verspätete, auf Kunden nicht einging und dabei beobachtet wurde, wie sie in die Luft starrte. Als man sie mit diesen Vorwürfen konfrontierte, erklärte Lowell, sie habe vor einiger Zeit erhebliche körperliche Probleme gehabt, da sich die Allergien und Magen-Darm-Störungen, unter denen sie bereits ihr ganzes Leben lang litt, verschlimmert hätten. Das Human-Resource-Department der Fluggesellschaft hatte den Eindruck, daß hinter Janes Problemen mehr steckte als ein schlechter körperlicher Gesundheitszustand, und empfahl ihr deshalb, einen Therapeuten aufzusuchen.

Im Laufe ihrer Gespräche mit dem Therapeuten erkannte Lowell allmählich, daß ihr Körper sich ihrem habituellen Verhalten nicht länger fügte und daß ihr emotionales Erleben nach und nach durch die mit ihrer schlechten körperlichen Verfassung verbundenen Empfindungen verdrängt worden war. Die lebhaften, rebellischen Körpersensationen vermittelten ihr eher das Gefühl, lebendig zu sein, als die ihr vorgeschriebenen emotionalen Interaktionen während der Arbeit. Der Therapeut half Lowell, sich der Schwierigkeiten bewußt zu werden, die ihr die Wahrnehmung ihrer eigenen Gefühle bereitete. In vielerlei Hinsicht war die Arbeit bei der Fluggesellschaft für sie ideal gewesen, weil sie gut auf das Management ihrer Gefühle ansprach und sich für eigene Empfindungen nicht verantwortlich fühlen mußte. Das Manual der Fluglinie und die Ausbildungskurse hatten sie detailliert darüber informiert, wie sie in bestimmten Situationen zu reagieren hatte. Der Preis aber, den sie für dieses Sicherheitsgefühl zahlen mußte, war hoch. Lowell erkannte, daß ihre innere Verwirrung in bezug auf ihre eigenen Gefühle im Laufe der Zeit immer kritischer geworden war. Eine aufgelöste Verlobung und die Unfähigkeit, neue Beziehungen zu entwickeln, waren die Folge gewesen.

Sie begann zu untersuchen, inwiefern ihre Mutter zur Entstehung der Probleme beigetragen hatte, mit denen sie nun fertig werden mußte. Ihr Vater hatte die Mutter kurz nach Lowells Geburt verlassen, und die Mutter hatte all ihre Energie auf das Baby konzentriert. Als Kind wurde Lowell kaum psychischer Raum zugestanden. Es war ihrer Mutter offenbar immer gelungen, die Gefühle, Gedanken und Phantasien ihrer Tochter zu kontrollieren – genauso, wie es später die Fluggesellschaft tat. Die Verschlechterung ihrer körperlichen Gesundheit war Lowells einzige – wenn auch primitive und nonverbale – Möglichkeit der Selbstbehauptung, die ihr das Gefühl vermittelte, lebendig zu sein. Auch ihr anorektisches Verhalten während ihrer Adoleszenz wurde nun verständlicher: Ihre Weigerung zu essen war eine perverser Versuch gewesen, ihre eigene Identität zu verankern.

Mit Hilfe des Therapeuten lernte Lowell allmählich, ihre eigenen Gefühle wahrzunehmen. Wie ein Kind, das Gegenstände zu benennen lernt, lernte sie herauszufinden, welches Gefühl zu welcher Situation gehörte. Als sie sich zutraute, allein zurechtzukommen, beschloß sie, bei der Fluggesellschaft zu kündigen, da es ihr ratsam erschien, eine Arbeit anzunehmen, bei der sie keinem Gefühlsmanagement ausgesetzt sein würde. Sie wollte es nicht riskieren, daß ihre grundlegenden Verhaltensmuster erneut reaktiviert würden.

Die Suche nach Lösungen

Die Tatsache, daß manche Führungskräfte eine alexithymische Disposition oder Anfälligkeit besitzen, bedeutet nicht, daß sich an der Situation nichts ändern ließe. Allerdings ist es nicht einfach, den Teufelskreis der Emotionslosigkeit zu durchbrechen, und eine rasche Lösung gibt es bedauerlicherweise nicht. Wenn Veränderung erwünscht ist und der Wunsch besteht, das Organisationsleben zu aktivieren, sind hartnäckige Anstrengungen vonnöten.

Was die institutionelle Ebene betrifft, so kann die Organisation strukturelle Arrangements entwickeln, die Experimentierfreudigkeit und Engagement fördern. Um ein solches Verhalten zu unterstützen, sind auch kreative Einstellungs-, Weiterbildungs- und Entwicklungsverfahren erforderlich, die verhindern helfen, daß die Organisation irgendwann von Klonen bevölkert sein wird. Organisationssysteme und Organisationskultur sollten genügend Raum für Flexibilität lassen, um kontinuierliche Anpassungs- und Entwicklungsprozesse zu ermöglichen.

Auf der individuellen Ebene kommt Rollenmodellen eine außerordentlich wichtige Bedeutung zu. Die größten Busineß-Heroen sind jene, die wagemutige Aktionen in Angriff nahmen – Jack Welch, Richard Branson, Carlo de Benedetti, Steven Jobs, Ross Perot –, Personen also, die »Glut in den Adern« haben und sich nicht davor fürchten, ihre Gefühle spontan auszudrücken. Allzu häufig aber sind der »Manager« und der

»Mann im grauen Flanellanzug« ein und dasselbe. Spontane Emotionen machen angst, weil sie als störend erlebt werden, und im allgemeinen ist exzentrisches Verhalten dem Aufstieg in die Chefetage nicht unbedingt dienlich. Individuen müssen sehen können, daß in ihrer Organisation Raum ist für kühne Schachzüge, für Phantasiesprünge, Leidenschaft und Vision. Hier fällt sowohl der einzelnen Führungskraft als auch der Organisation eine Verantwortung zu. Das Individuum muß die Initiative in die Hand nehmen und Präventivmaßnahmen entwickeln. In dieser Hinsicht geht Whyte sogar noch weiter, wenn er für eine unverhohlen konkurrierende Haltung plädiert:

Der Mann der Organisation steckt nicht in den Krallen ungeheurer sozialer Kräfte, gegen die er nichts tun kann; er hat die Wahl, und mit Verstand und Voraussicht kann er die Zukunft des entpersönlichten Kollektivs abwenden, das uns zu dräuen scheint. ...
Er muß »Die Organisation« *bekämpfen*. Nicht dumm oder selbstsüchtig, denn die Fehler individueller Selbstsucht sind nicht höher zu verehren als die Fehler der Zusammenarbeit. Aber er muß kämpfen, denn man verlangt andauernd und mit großer Macht seine Waffenstreckung, und je mehr er gelernt hat, das Leben in der Organisation zu lieben, desto schwieriger wird es ihm, diesem Verlangen zu widerstehen oder es auch nur zu erkennen. Es ist schlecht und nimmt ihm seinen Mut, wenn man ihm den Traum vorhält, es müsse im Idealfalle keinen Konflikt zwischen ihm und der Gesellschaft geben. Diesen Konflikt gibt es immer; es muß ihn immer geben. (Whyte [1956] 1958, S. 403 f.)

Wir müssen nicht so weit gehen, die Revolution zu predigen. Um aber effektive Organisationen zu schaffen, muß man Managern dabei zu helfen versuchen, ihre Gefühle zuzulassen und Gebrauch von ihrer Fähigkeit zur Selbstbeobachtung zu machen. Die Neigung vieler Führungskräfte, sich ohne abwägendes Nachdenken in die Aktion zu flüchten, muß sorgfältig beobachtet werden. Führungskräfte müssen die Fähigkeit zu spielen entdecken oder wiederentdecken, sie müssen lernen, von ihrem Humor zu profitieren und sich konstruktiven Phantasien hinzugeben. Solche Fähigkeiten bilden die Grundlage für Visionen und für eine echte Anpassungsfähigkeit. Führungskräfte sollten in der Lage sein, sich mit ihren Gefühlen auseinanderzusetzen, statt Gefangene einer fiktiven emotionalen Balance zu bleiben, die sie zum Teil mit geschaffen haben. Sie sollten ihre Energien nicht darauf verwenden, ihr wahres Selbst zu verstecken, sondern sich im Handeln als authentisch erweisen. Sie sollten versuchen, infantile Fixierungen und Ziele zu überwinden. Damit ihnen dies gelingen kann, müssen imaginatives Erleben und Phantasieproduktion gefördert werden, selbst wenn ein solches Phantasieren paradoxerweise gelegentlich unter Anleitung stattfinden muß. Diese Aufgabe ist nicht nur das Spezialgebiet von Therapeuten und Beratern. Organisationsleiter können in erheblichem Maße zur Förderung solcher Praktiken beitragen. Aber sie können – und dies ist noch wichtiger – auch zeigen, daß die Äußerung von Gefühlen akzeptabel ist, indem sie selbst Gefühle zum Ausdruck bringen. Schließlich ist es die Passion, die dem Organisationsleben seine Bedeutung verleiht. Organisationsleiter sollten darüber hinaus die Mannigfaltigkeit des emotionalen Ausdrucks fördern und nicht nur an vorgeschriebenen Routineabläufen festhalten. Natürlich ist ein vertrauensvolles Klima innerhalb der Organisation eine wesentliche Voraussetzung dafür, daß diese Praktiken funktionieren. Führungskräfte müssen spüren, daß die Äußerung von Gefühlen im geschäftlichen Kontext keine negativen Folgen für ihre Karriere nach sich zieht, daß es Raum gibt für konträres Denken, für kritische Auseinandersetzung und für Phantasie. Sie sollten sich stets an die Worte des Dichters W. B. Yeats erinnern: »Logik und Vernunft töten uns; die Phantasie läßt uns leben.«

Fünftes Kapitel
Der Hochmut und der Narr:
Humor als Gegengewicht zur Macht

> Das ist nun der wunderliche Vorzug meiner
> blöden Gefolgschaft, daß man von ihnen nicht
> nur die Wahrheit, sondern sogar offenbare
> Beschimpfungen mit Vergnügen annimmt. Es
> geht so weit, daß das gleiche Wort, das im
> Munde eines Weisen zu einem todwürdigen
> Verbrechen würde, im Munde des Narren
> unglaubliches Vergnügen hervorruft.
> Erasmus von Rotterdam, *Lob der Torheit*

> Glauben Sie, daß die Dinge, deretwegen
> Menschen sich lächerlich machen, weniger
> wahr und wirklich sind als die Dinge, deretwe-
> gen sie sich vernünftig benehmen?
> George B. Shaw, *Candida*

In Aischylos' Tragödie *Die Perser* beklagt der Schatten des Dareios, Vater des persischen Königs Xerxes, die vernichtende Niederlage der Perser bei Salamis:

Aufgefunden all den Meinen scheint der Quell des Grames jetzt,
Aber nicht mein Sohn erkennt es, jugendlichen Stolzes voll,
Der den heilgen Hellespontos einem Knecht gleich kettenhaft
Wähnte zu umfahn, den mächtgen Bosporos, des Gottes Strom,
Der den Weg des Meeres umschuf und, mit der Fesseln Eisenlast
Ihn umgürtend, weite Straße seinem weiten Heere schuf,
Der, ein Mensch, die Götter alle glaubte, bösen Wahns betört,
Und Poseidon selbst zu zwingen. War's denn möglich, trieb ihn blind
Nicht des Wahnsinns Geist? (S. 31)

Als ein Sturm Xerxes' ersten Versuch vereitelte, mit seiner Armee den Hellespont zu überqueren, ließ er das Meer peitschen, um es zu bestrafen. Aber wie Aischylos berichtet, hatten die Götter schon lange zuvor beschlossen, daß die Perser einzig auf dem Lande zu Ruhm gelangen würden. Xerxes' Auflehnung gegen den Willen der Götter – ein Akt der Hybris – endete tragisch. Am 29. September 479 v. Chr. endete eine Seeschlacht, die Xerxes gegen die Griechen angezettelt hatte, mit einer verheerenden persischen Niederlage. General Mardonios, Xerxes' Schwager, blieb mit seiner Armee in Thessalien zurück. Sämtliche Nachschubwege waren abgeschnitten. In einer späteren Schlacht wurde er getötet, und daraufhin zog sich die Besatzungsarmee zurück.

Nicht immer hat der Hochmut derart dramatische Konsequenzen – er läuft nicht in jedem Fall auf eine kosmische Konfrontation mit den Göttern hinaus. Für eine Organisation aber können die übertriebene Sicherheit einer Führungskraft, exzessiver Stolz und Arroganz häufig ähnlich verheerende Folgen nach sich ziehen. Am 23. April 1991 hielt Gerald Ratner, der Vorstandsvorsitzende der größten britischen Juwelierkette, eine Rede auf der Jahresversammlung des Institute of Directors in London, in der er sich auf eher amüsante Weise vor allem mit der Notwendigkeit beschäftigte, ein Unternehmen während einer Rezessionsphase sorgfältig zu hegen und zu pflegen. Er führte den kontinuierlichen Erfolg seiner Firma zum Teil auf diese Methode zurück; als weitere wichtige Faktoren nannte er aggressives Marketing, rücksichtsloses Unterlaufen des Wettbewerbs und genaueste Beobachtung der Gewinnspanne. Unglücklicherweise verlieh er seiner Argumentation mit ein paar Witzen über die Qualität der Juwelen und anderen Geschenkartikel, die Ratner verkaufte, Nachdruck. Er sagte: »Wir ... verkaufen Sherrykaraffen aus geschliffenem Glas und sechs Gläser mit einem silbernen Tablett, auf dem Ihr Butler Ihre Drinks servieren kann, alles für £4.95. Die Leute fragen: ›Wie können Sie das so billig verkaufen?‹ Ich sage: ›Weil es absoluter Ramsch ist.‹« Ratner hatte solche Witze in der Vergangenheit schon oft gemacht, und sie waren bei seinen Zuhörern immer gut angekommen, weil niemand irgendwelche Illusionen hinsichtlich des Preis-Leistungs-Verhältnisses seiner Produktreihe hegte. Noch tragischer aber war es, daß die britische Presse ausführlich über die Veranstaltung und die dort gehaltenen Reden berichtete. Viele Finanzanalysten, die Ratners Aktien empfohlen hatten, waren mit der Karikatur, die der Vorstandsvorsitzende von der Gruppe zeichnete, ganz und gar nicht einverstanden. Ihre Reaktion aber war noch nichts im Vergleich zu dem Skandal und wütenden Tumult, der am nächsten Tag in den britischen Medien – vor allem in der Regenbogenpresse – losbrach.

Während der folgenden Wochen versuchten Ratners Manager überall im Land, die negativen Folgen der unklugen Äußerungen ihres Vorstandsvorsitzenden zu begrenzen, indem sie in der Werbung in ihren Filialen gezielt mit seinen Worten spielten. Schließlich war schamlose Gewöhnlichkeit einmal der Schlüssel zu Ratners Erfolg gewesen. Der Vorstandsvorsitzende hatte nichts gesagt, was seine Kunden nicht ohnehin ganz genau wußten; Geschmacklosigkeit war ein Charakteristikum der Produktreihen wie auch der Werbetechniken der Gruppe. Jeder hätte erkennen können, daß der persönliche Stil des Vorstandsvorsitzenden mit dem Image seiner Läden nichts gemein hatte. Ratner besaß ein Stadthaus in Mayfair, eine Haus am Themseufer außerhalb Londons, er fuhr einen Mercedes-Benz und ließ sich in einem Bentley chauffieren. Seine Kleidung stammte aus der Savile Row; er trug eine Uhr von Cartier – aber weder einen Ehering noch anderen Schmuck. Die Kunden, die sich von den Sonderangeboten angezogen fühlten, die sämtliche Ratner-Filialen auf jeder englischen Einkaufsstraße in schreiend bunten Farben in ihren Schaufenstern anpriesen, hätten gegen den auffallenden Kontrast zwischen den Geschmacksvorstellungen des Unternehmens und denen seines Chefs wahrscheinlich gar nichts einzuwenden gehabt, selbst wenn sie ihn bewußt wahrgenommen hätten. Ratner gab ihnen das, was sie haben wollten – billigen und netten Schmuck zu ungemein niedrigen Preisen. Was den Zorn der Kunden erregte – und sie in Scharen aus seinen Läden trieb –, war die Tatsache, daß er mit seiner Verachtung für seine Produkte indirekt auch Verachtung für seine Kunden zum Ausdruck brachte. Gerald Ratners Absicht, die Lacher auf seine Seite zu ziehen, indem er Produkte verspottete, auf denen der Erfolg seines Unternehmens beruhte, hatte verheerende Folgen. Niemand war bereit, sich einen Vorstandsvorsitzenden anzusehen, der den Clown spielte oder seine Kunden zum Narren hielt.

Ratners Rede war Ausdruck seiner Hybris, seines übertriebenen, hochmütigen Selbstvertrauens. Er selbst kannte den Schlüssel zu seinem Erfolgsstreben: »Ob wir die Prognosen der City schlagen oder nicht, macht für meine Finanzen keinen großen Unterschied, wohl aber für mein Ego und für meinen Stolz. Alles dreht sich um das eine Wort: Ego« (zitiert nach Bowditch 1992, S. 23). Seine Selbstsucht, seine Extravaganz und sein Humor – ausnahmslos wesentliche Voraussetzungen seines Erfolgs – hatten ihn allzu weit gehen lassen. In Verbindung mit einer verschärften Rezession und einer Reihe teurer Aufkäufe zwang er die Ratner-Gruppe mit seiner taktlosen Rede in die Knie. In den neun Monaten zwischen April 1991 und Januar 1992 sank der Wert der Gruppe von £460 Millionen auf £54 Millionen. In den sechs Monaten bis August 1992 machte die Gruppe insgesamt £30,7 Millionen Verlust. Ratner hatte mittlerweile auf den Vorstandsvorsitz verzichtet und das Amt des Hauptgeschäftsführers übernommen. Im Oktober 1992 aber waren die Berichterstatter nach wie vor einstimmig der Meinung, daß sich die Gruppe nur würde erholen können, wenn Ratner auf jede leitende Position in dem Unternehmen verzichtete. Wütende Aktionäre wollten »sein Blut« sehen und bezeichneten sein Gehalt von mehr als £500.000 als »obszön«. Am 25. November 1992 schließlich schied Ratner mit den Worten aus dem Unternehmen aus: »Die nach wie vor negative Presse über meine Person hat mich davon überzeugt, daß diese Entscheidung im Interesse der Gruppe und der Menschen ist, die für sie arbeiten« (zitiert nach Waller 1992, S. 21). Die Londoner *Times* verkündete seinen Rücktritt mit der Schlagzeile: »Geralds kleiner Scherz war überhaupt nicht witzig« (ebd.). Mehr als 18 Monate waren seit seiner Rede vor dem Institute of Directors vergangen, und noch immer wurde sie als Ursache für den dramatischen Niedergang seines Unternehmens und seines persönlichen Scheiterns zitiert.

Der Hochmut ist ein Thema, das im Zusammenhang mit Führungsfragen immer wieder auftaucht, und zwar aus dem naheliegenden Grund, daß Machtbesitz häufig mit Arroganz und übertriebenem Stolz einhergeht. In Anbetracht der ungleichen Beziehung zwischen Führungspersonen und ihren Untergebenen halten viele Führungskräfte es für selbstverständlich, Regeln zu übertreten, die für normale Sterbliche Gültigkeit besitzen. Das Problem besteht darin, sie auf die Gefahrensignale der Hybris aufmerksam zu machen, denn dies ist die einzige Möglichkeit zu verhindern, daß sie nur das sehen, was sie sehen wollen – ein Prozeß, dem die Idealisierung durch ihre Gefolgschaft Vorschub leistet. Ist eine ausgleichende Kraft denkbar, die den in der Beziehung zwischen Führer und Untergebenen wirksamen regressiven Kräften entgegenarbeiten könnte? Und falls es sich so verhält: Wie ließe sich eine solche Kraft im Organisationssetting aktivieren?

Im folgenden möchte ich zeigen, daß eine moderne Interpretation einer alten Rolle, nämlich der des Narren, ein effektives Instrumentarium zur Auseinandersetzung mit diesen Fragen darstellt. Traditionellerweise spielte der Weise/der Narr die Rolle eines Mittlers zwischen Führern und Anhängern, indem er hintergründige (über das unmittelbar Sichtbare hinausgehende) Informationen ausgab und die eigentliche Bedeutung zur Debatte stehender Vorgänge bewußt oder unbewußt aufdeckte (Geertz 1973, 1983; Kets de Vries und Miller 1987). Wenn wir die Rollen in Organisationen unter diesem Blickwinkel betrachten, können wir erkennen, daß Ratner den Fehler beging, aus seiner Rolle zu fallen, denn ob sie ihm behagte oder nicht: Ihm war die Rolle des Weisen zugeteilt, und er hätte der Versuchung, den Clown zu spielen, widerstehen müssen. Vermutlich war er der einzige Mann in ganz England, der Ratners Produkte *nicht* ungestraft als »absoluten Ramsch« bezeichnen konnte. Erasmus' Aphorismus (den ich zu Beginn dieses Kapitels zitiert habe) ist keineswegs nur ein Bonmot. Sein *Lob der Torheit* untersucht die traditionelle Beziehung zwischen dem Narren und dem Führer sowie die spezifische Bedeutung, die dieser Beziehung dabei zukommt, die Folgen des Hochmuts zu begrenzen.

Die Gefahren des Hochmuts

Der Hochmut ist die vorhersehbare Folge eines unkontrollierten Narzißmus. Der Narzißmus, eine entscheidende Antriebskraft für das Verlangen nach Führerschaft und Macht, nimmt häufig sehr ausgeprägte Formen an, sobald das Individuum sein Ziel erreicht hat. Dann haben wir es, wie Freud feststellte, mit einem Führer zu tun, der »niemanden außer sich« liebt und »von Herrennatur ..., absolut narzißtisch, aber selbstsicher und selbständig« ist (1921c, S. 137). Solche Führer, die sich mühelos in ihre eigene Welt zurückziehen können, sind unter Umständen kurzsichtig, überaus eingenommen von ihrer persönlichen Meinung und nicht bereit, andere um Rat zu bitten oder Rat anzunehmen. In vielen Fällen schaffen sie sich ihre eigene Realität und bleiben absolut blind für die möglichen negativen Konsequenzen dieses Verhaltens. Wie bereits erwähnt, kann eine solche Situation durch die nicht immer rationale Beziehung zwischen einem Führer und seinen Anhängern noch verschlimmert werden. Gelegentlich kommt es zu einer gemeinsamen Regression, die ein Verhalten erzeugt, das den Umständen nicht angemessen ist. Diesen Regressionsprozessen, in deren Verlauf die reale Persönlichkeit und die Realität verloren gehen, liegen offenbar Übertragungsmuster zugrunde, die bewirken, daß ein Führer durch sein Gefolge idealisiert und gespiegelt wird.

Nur wenige Individuen können sich der Realität stellen, ohne in jene primitiven Abwehrprozesse zurückzufallen, die den Hochmut wecken. Normalerweise werden die Menschen Opfer einer Folie à deux oder auch des Gruppendenkens (Kets des Vries 1989; Janis und Mann 1977), so daß sie irrationale Entscheidungen treffen. Ebenso wie in der therapeutischen Situation sind sie unter Umständen auf Hilfe angewiesen, um die Realitätsverzerrungen identifizieren zu können.

Die Rolle des Narren

In der Geschichte war es der Narr, der eine solche stabilisierende Rolle gegenüber dem Führer, gewöhnlich einem Kaiser oder König, einnahm. Ich verwende den Begriff natürlich nicht im Sinne eines dummen und nicht urteilsfähigen Menschen, ganz im Gegenteil: Ich bezeichne mit ihm die Funktion des Narren, als Künder der Wahrheit Veränderung zu bewirken. Diese Beziehung bindet den Führer und den Narren unauflöslich in einem gemeinsamen Schicksal aneinander. Der Narr schafft eine bestimmte emotionale Atmosphäre und erinnert den Führer mit Hilfe verschiedenartiger Methoden an die Vergänglichkeit der Macht. Er wird zum Hüter der Realität und verhindert in paradoxer Weise närrische Handlungen. Es ist interessant, daß der französische Satiriker Rabelais dem berühmten Narren am Hofe Franz I., Triboulet, den Namen Morosophe gab (Lever 1983, S. 181), einen Namen, der auf einer hintergründigen Wortverbindung beruht: das griechische *moros* bedeutet Narr, während *sophos* mit klug oder schlau zu übersetzen ist.

Der Narr ist als sozialer Typ weithin anerkannt. Wir alle sind Narren begegnet und haben gelegentlich selbst den Narren gespielt. Darüber hinaus kennen wir den Narren aus der Anthropologie, aus den Mythen, der Volkskunst, der Literatur und aus dem Drama unter vielen verschiedenen Namen – Spaßvogel, Jester, Hanswurst, Komiker, Harlekin, Pierrot usw. Eingehende anthropologische Beschreibungen des ritualisierten Narren finden sich in Studien über afrikanische, asiatische, ozeanische, nordamerikanische, mittel- und südamerikanische Gesellschaften (Steward 1931; Bunzel 1932; Charles 1945; Radin 1956; Makarius 1969, 1970, 1973). Der Narr verfügt über unheimlich anmutende Fähigkeiten der Einsicht und Voraussicht. Er (in der Regel ist der Narr männlichen Geschlechts) ist sowohl Underdog als auch kultischer Held, ein Spiegel der Menschen, ein Spaßvogel, der Ordnung aus dem Chaos hervorbringt, indem er das Unerklärliche mit dem Vertrauten verbindet. Jung beschreibt den »Trickster« als »ein ›kosmisches‹ Urwesen göttlich-tierischer Natur, dem Menschen einerseits überlegen vermöge seiner übermenschlichen Eigenschaften,

andererseits unterlegen vermöge seiner Unvernunft und Unbe-
wußtheit« (1954, S. 282). Wenn wir die Rollen miteinander vergleichen, welche diese mythische Gestalt in den verschiedenen
Kulturen spielt, sehen wir, daß der Trickster zum Symbol der
Conditio humana wird, indem er die menschlichen Triebe, Bedürfnisse und Schwächen parodiert, Gerissenheit mit Dummheit vereint und komisch und angsterregend zugleich ist. Die
anthropologische Forschung legt nahe, daß wir auf die Gestalt
des Narren unsere eigenen Schwächen, Ideale und Ängste projizieren können, so daß er in zahlreichen Gesellschaften eine
wichtige Rolle spielt. Welsford geht so weit, den Narren als
Erzieher zu bezeichnen, da »er die latente Narrheit seines Publikums zutage fördert« (1935, S. 28). Indem er ein negatives
Beispiel vorlebt, unterstützt der Narr wahre Werte und ge-
rechtfertigtes Handeln.

Ganz abgesehen von den ethnographischen Erscheinungsfor-
men des Narren wurde die Rolle in den Berufen des Clowns,
des Buffoons und Hofnarren institutionalisiert (Swain 1932;
Welsford 1935; Klapp 1972; Lever 1983). Der Spaßvogel nimmt
insoweit eine privilegierte Stellung ein, als er unter dem Deck-
mantel des Wahnsinns oder der Dummheit (beides verweist auf
Harmlosigkeit) das ansonsten Unsagbare aussprechen kann. Er
bedient sich sämtlicher Strategien, um seine Botschaft zu über-
mitteln, einschließlich der Taktlosigkeit, Übertreibung, Zer-
streutheit, Heimlichtuerei, Steifheit und Scharlatanerie (Bergson 1928). Man hat ihn als lebende Karikatur bezeichnet (Kris
1938). Wenn man sie zum König in Beziehung setzt, so sind die
traditionellen Requisiten des Narren, die Schellenkappe und
sein Narrenzepter, zweifellos als eine nicht allzu subtile Ver-
spottung der königlichen Insignien Krone und Zepter zu erkennen. Vor allem aber versteht es der Narr, seinen Humor
einzusetzen, der ihm sowohl als Waffe wie auch als Schutzschild dient:

Jaques: Ist das nicht ein seltner Bursch, mein Fürst? Er versteht sich
auf alles so gut, und ist doch ein Narr.
Herzog: Er braucht seine Torheit wie ein Stellpferd, um seinen Witz
dahinter abzuschießen.
(Shakespeare, *Wie es Euch gefällt*, V, 4)

Die vielleicht berühmteste Illustration der mit der Narrenrolle verbundenen Transformationsfunktion liefert der Narr
in Shakespeares Tragödie *König Lear*. Obwohl dem Anschein
nach ein schwachsinniger Junge, ist er doch der einzige Mensch
in der näheren Umgebung des Königs, der klug und mutig
genug ist, die Wahrheit zu erkennen und auszusprechen. Wenn
wir die Narrenfiguren im Drama betrachten, ist es wichtig, sich
vor Augen zu führen, welch hilfreiche Funktion eine derart
ambivalente Gestalt für den Dramatiker erfüllt, der den Narren
nach Belieben einsetzen kann, um die emotionale Dynamik der
Handlung zu erläutern. Der Narr im *König Lear* ist eine vielschichtige und einzigartige Gestalt, deren dramatischer Funktion eine wichtige Bedeutung zukommt. So erklärt Muir: »Er
dient dem Publikum weniger zur Erheiterung denn als Sicherheitsventil. Lears Verhalten ist, mit kritischen Augen betrachtet, absurd; und die Darstellung des Wahnsinns erregt tenden-
ziell eher Gelächter als Anteilnahme. Aus diesem Grund
kommt der Narr ins Spiel, der das Lachen des Publikums auf
sich zieht und Lears Erhabenheit auf diese Weise wahren hilft«
(1952, S. XIV).

Ich möchte hier die Auffassung vertreten, daß die Macht des
Führers auf die Torheit des Narren angewiesen ist. Ihre gemeinsame Interaktion hält sie beide – und die Organisation –
im psychischen Gleichgewicht. Daß unmöglich beide Rollen
von ein und derselben Person gespielt werden können, demonstriert Ratners verheerender Faux pas. Selber König, versuchte
Ratner – wenn auch nur kurz –, in die Rolle des Narren zu
schlüpfen. Damit zog er das Gelächter auf sich, er zerstörte
seine eigene Erhabenheit (oder seinen Führerstatus) und die
Glaubwürdigkeit seiner Organisation. Die Dualität der Beziehung zwischen König und Narr betont den janusgesichtigen
Charakter der Macht. Der Weise/der Narr ist häufig die einzige
Person, die den König vor dem Hochmut bewahren kann. Im
Kontext der eher allgemeinen Führerpathologie kommt dem
Narren eine wichtige Rolle zu. Indem er die Torheit von Entscheidungen aufzeigt, die auf einen verengten Blickwinkel zurückzuführen sind, kann der Narr dem Führer helfen, an einer
soliden Realitätsgrundlage festzuhalten.

Die Funktion des Humors

Es ist keine Übertreibung zu behaupten, daß der Humor in einer Organisation von grenzenlosem Nutzen ist und gewaltig zu ihrer Gesundheit und Vitalität beiträgt. Humor ist eine Form der Metakommunikation (Bateson 1953), das heißt, durch ihn wird mehr kommuniziert als das, was direkt zur Sprache kommt. Der Humor bietet die Möglichkeit, Konflikte auf ruhige Weise zu bearbeiten, und verhindert so einen plötzlichen Ausbruch von Spannungen. Er kann sich als formidable Waffe gegen jene erweisen, die sich unter anderen Umständen weigern würden, die Wahrheit zu erkennen oder zu akzeptieren. Humor macht bescheiden; er hilft uns, die Dinge im rechten Verhältnis zu sehen, und verhindert, daß wir uns selbst zu wichtig nehmen. Er fördert die Einsicht und ermöglicht auf diese Weise Veränderung. Darüber hinaus kann er als eine Art Sicherheitsventil dienen, indem er die potentiell destruktiven Aspekte der Führung unter Kontrolle hält.

Der Humor ist hervorragend geeignet, den Hochmut ins Licht zu rücken. Zudem stellt er eine Möglichkeit dar, Tabuthemen indirekt anzusprechen. Durch Humor läßt sich eine angespannte Situation in eine angenehme verwandeln. Gemeinsames Lachen fördert die Gruppenkohäsion und intensiviert die Herzlichkeit (Roy 1960; Duncan 1982). Der Humor verringert die Distanz zwischen Führer und Untergebenen. Und darüber hinaus kann man ihn auch als ein Zeichen psychischer Gesundheit verstehen:

Wenn ich einen Patienten sehe, über den ich mir wirklich Sorgen mache, weil ich mich frage, ob er insgeheim sehr paranoid ist, empfinde ich es immer als Beruhigung, wenn ich merke, daß er in der Lage ist, Humor zu zeigen, und über genügend Selbstsicherheit verfügt, um die Relativität des Selbst und die Anerkennung anderer Selbste zuzulassen (Kohut 1985, S. 239).

Dem Psychiater George E. Vaillant zufolge, ist Humor »eine der wirklich eleganten Methoden im Repertoire der menschlichen Abwehrmechanismen. Kaum jemand würde leugnen, daß die Fähigkeit, Humor zu entwickeln, ebenso wie die Fähigkeit zu hoffen eines der hilfreichsten Heilmittel gegen die aus Pandoras Büchse entwichenen Plagen darstellt« (1977, S. 116).

Mit dem gezielten Einsatz ihres Humors können Narren das tun, was normalerweise undenkbar ist, sie können sich auf verbotenes Territorium begeben und sowohl den Führer als auch sein Gefolge satirisch darstellen. Sie schaffen ein Ventil für die elementarsten antisozialen Gefühle und bringen, indem sie absurde Situationen herstellen, die Befürchtungen und Ängste anderer zum Ausdruck. Ihre Adressaten oder Zuhörer empfinden ein Gefühl der Befriedigung, weil ihre unbewußten Wünsche durch den Narren stellvertretend erfüllt werden. Die Selbstentwertung, die mit der Verletzung der Tabus verbunden ist, läßt ihre Handlungen weniger bedrohlich und eher akzeptabel erscheinen. Es ist schwierig, Narren für ihre Handlungen verantwortlich zu machen, da sie über eine schützende Immunität zu verfügen scheinen. Einer Aussage, die im Scherz getan wird, kommt weniger Gewicht zu als in der üblichen Kommunikation. Infolgedessen kann der Narr, um eine Botschaft zu vermitteln, größere Risiken eingehen.

Das Verhalten und die Aktivitäten der Narren legen nahe, daß sie bewußt oder unbewußt um die Macht des sozial Schwachen wissen. Sie wissen, daß humorvolle Selbstentwertung das Wohlbehagen anderer stärkt. Die Verschrobenheiten und Ungelenkheiten der Narren ermöglichen es uns, die eigenen Minderwertigkeitsgefühle auf ihnen abzuladen und uns auf diese Weise im Vergleich zu solchen Außenseitern rechtschaffen zu fühlen. Aber trotz des einzigartigen Potentials als Waffe und Schutz zugleich, das ihrem Humor innewohnt, sind Narren nicht unangreifbar. Sie laufen fortwährend Gefahr, zum Sündenbock zu werden, eine unheilvolle oder böse Macht zu repräsentieren, die es zu vernichten gilt. Diese Gefahr stellt seit alters her das Berufsrisiko des Narren dar.

Der Anthropologe A. R. Radcliffe-Brown betrachtet humorvolle Beziehungen als Möglichkeit, potentielle Konflikte in der Gesellschaft zu bewältigen: »Die humorvolle Beziehung ist eine merkwürdige Kombination von Freundlichkeit und Antagonismus. Das Verhalten ist so beschaffen, daß es in einem anderen sozialen Kontext Feindseligkeit ausdrücken und wekken würde, aber es ist nicht ernst gemeint und muß nicht ernst genommen werden. Feindseligkeit wird nur vorgetäuscht, während die Freundlichkeit echt ist. Anders formuliert, die Beziehung ist charakterisiert durch eine legitimierte Respektlosigkeit« (1952, S. 90). Zu einer ähnlichen Schlußfolgerung gelangte Freud (1905 d). Er stellte fest, daß der Humor als gesellschaftlich akzeptierte Methode dient, angsterregende Wünsche aggressiven und sexuellen Charakters auszudrücken. Insbesondere erlaubt der Humor die Äußerung von aggressiven und rachsüchtigen Gefühlen, die in einer anderen Form nicht toleriert würden (Levine 1961). Das Lachen kann aber auch andere Gefühle maskieren, zum Beispiel Traurigkeit, Verzweiflung, Furcht, Reue, Triumph und Haß.

Freud schrieb auch: »Der Humor ist nicht resigniert, er ist trotzig« (1927 d, S. 385). Humoristische Äußerungen dienen häufig dazu, sich an Autoritätspersonen schadlos zu halten. Der Narr ist ein Anarchist, der die Verletzung von Regeln und Normen mit Hilfe des Humors weniger angreifbar macht (Goffman 1967). Gleichwohl handelt es sich um eine gezähmte, eine verdeckte Rebellion, eine Form des gewaltfreien Widerstandes (Bergler 1937). Aufgrund seiner rebellischen Ursprünge kann der Humor paradoxerweise als Sicherheitsventil dienen, als Instrument zur sozialen Kontrolle und Regulation (Levine 1961; Berlyne 1964). Man kann das Verhalten der Narren auch unter dem Blickwinkel betrachten, daß sie die Grenzen des Erlaubten aufzeigen, obwohl sie die etablierte Ordnung lächerlich machen. Der Bruch mit der alltäglichen Konvention, den ihr Verhalten impliziert, ist nur vorübergehend. So schreiben die Sozialwissenschaftler Howard Pollio und John Edgerly in ihrer Untersuchung über den Humor: »In dieser Rolle des Anti-Moralisten fungiert der Narr als Kontrollmechanismus – er verleiht dem, was er verletzt, Nachdruck, indem er hervorhebt, was hinter ihm steht. Einen Nicht-Narren als *Narren* zu bezeichnen heißt, sozialen Druck auf jenes Individuum ausüben, um es zur Anpassung an eine soziale Norm zu bewegen« (1976, S. 216, Hervorhebung Kets de Vries).

Der Narr in der Organisation

Wenn wir annehmen, daß der Narr eine unentbehrliche Rolle
für das gesunde Funktionieren des sozialen Lebens spielt, müssen wir uns fragen, ob jene Rolle auch in das Organisationsleben integriert werden kann, das ja einen verdichteten Mi-
krokosmos der menschlichen Gesellschaft darstellt. Im Organisationsleben gibt es eine Vielzahl von Möglichkeiten, um
Sicherheitsvorkehrungen und Ausgleichskräfte zum Schutz
vor einem Machtmißbrauch zu schaffen. Diese Sicherheitsvorkehrungen lassen sich in Form von Regeln und Regulationen in
die Infrastruktur der Organisation einbauen. Darüber hinaus
kann die Macht unter einer Reihe interner und externer Instanzen verteilt werden. Trotz der verschiedenen strukturellen Si-
cherheitsmaßnahmen aber, die vielleicht durchgeführt werden,
sind die meisten Organisationen alles andere als demokratisch.
Viele wichtige Entscheidungen werden im geheimen von nur
wenigen Personen getroffen. Deshalb sind Organisationen auf
Unterstützung angewiesen, um einen internen Machtmißbrauch verhindern zu können und Vorkehrungen gegen Ent-
scheidungsprozesse zu schaffen, die den Realitätsbezug verloren haben. Genau hier kann ein couragiertes Individuum, das
bereit ist, den Führer in Frage zu stellen und ihm einen anderen,
durch die Verzerrungen der Jasagerei unbeeinträchtigten Blickwinkel aufzuzeigen, eine Rolle übernehmen. Ich möchte diesen
Menschen als den Organisationsnarren bezeichnen; der Schutz
dieser Person aber müßte subtiler beschaffen sein als die traditionellen Vorkehrungen, die der Narr durch seine Kappe,
durch Narrenschellen und Narrenzepter traf, und zudem gestaltet sich die Integration eines »modernen Narren« in das
Organisationsleben problematischer.

Ebenso wie der Weise/der Narr als Künder der Wahrheit mit
dem Feuer spielte, wenn er dem König unangenehme Wahrheiten sagte, ist es auch riskant, geheime Machenschaften innerhalb einer Organisation ans Licht zu befördern (Malone 1980).
In Organisationen ist es, wie man weiß, trotz bester Absichten
immer schwierig, offene Kommunikation zu praktizieren. Zumeist wirkt die Struktur des Unternehmens einem solchen Pro-

zeß entgegen, so daß dem Grundsatz der Offenheit letztlich nur Lippendienste geleistet werden. Zahlreiche Manager und Führungskräfte arbeiten in einer elitären Isolation und sind damit mehr als zufrieden; sie verwenden einen Großteil ihrer Energie darauf, die Autonomie ihres Territoriums zu schützen. Ein solches Verhalten läßt in der Organisation eine Atmosphäre der Vorsicht und Risikovermeidung entstehen. Selbst wenn offene Kommunikation aufrichtig gefördert wird – was relativ selten vorkommt –, kann die menschliche Natur sich diesem Ideal gegenüber überraschend widerstandsfähig erweisen. Die halbe Welt wartet darauf, daß die andere Hälfte ihr sagt, was sie zu tun hat. Je größer die Organisation, desto größer das Problem.

Es ist eine Binsenweisheit, daß Macht – die Fähigkeit, gewaltigen Schaden anzurichten oder Gutes zu tun – eine Suspension moralischer Werte bewirkt. In Geschäftsbeziehungen – zwischen Individuen innerhalb einer Organisation oder auch zwischen einer Organisation und ihren Geschäftspartnern – wird das Vertrauen häufig durch Macht verdrängt. Und ohne Vertrauen sammeln sich Probleme, die nicht bearbeitet werden, kontinuierlich an. Wenn sie dann explosionsartig an die Oberfläche treten, erweisen sie sich als emotional hochgradig besetztes Material.

Eine Manifestation dieses Effekts ist das Ausplaudern von Geheimnissen.

Als mir klar wurde, was lief, war ich außer mir. Es war nicht illegal, es war nicht kriminell, es war … unverantwortlich. Jeden Tag schrieben die Zeitungen über Kürzungen der Mittel [für den öffentlichen Dienst], beinahe jeden Tag bekam ich mahnende Tips zur Kostenersparnis, und hier wurden die Ressourcen miserabel verwaltet und so offenkundig verschleudert, daß es einfach nicht zu glauben war. Ich ging zu meinen Vorgesetzten, aber es war, als redete ich gegen eine Mauer. Deshalb wandte ich mich an die Presse. Ich hatte nicht viel zu verlieren, es war ohnehin klar, daß ich vorzeitig in den Ruhestand treten würde, aber ich habe es trotzdem anonym gemacht. Die Hölle brach los, irgendwie kriegten sie heraus, wer ich war, Presse und Fernsehen belagerten mein Haus, und die Atmosphäre auf der Arbeit war unerträglich. Und letztlich ist nichts passiert. In der Presse war es nur ein Strohfeuer, nichts weiter. In dem bürokratischen Wirrwarr der

Ämter ging alles unter. [Ein Angestellter des öffentlichen Dienstes in Großbritannien]

Das Anschwärzen hat in jedem Fall sowohl für den einzelnen als auch für die Organisation verheerende Konsequenzen. Wenn die Kommunikationskanäle innerhalb der Organisation blockiert sind oder wenn sich ein einzelner isoliert fühlt und glaubt, keinen Rückhalt zu haben, erscheint es ihm natürlich verlockend, sich an äußere Instanzen wie etwa die Medien zu wenden, um seinem Groll Luft zu machen. Für eine Einzelperson ist es praktisch unmöglich, den negativen Folgen und der Feindseligkeit zu entrinnen, die sie von allen Seiten zu spüren bekommt, vor allem weil eine Organisation, die sich in dieser Weise bloßgestellt sieht, kaum geneigt sein wird, den Rückhalt und Schutz zu liefern, den der Ausplauderer benötigt – und dessen Mangel wahrscheinlich eine der entscheidenden Ursachen für sein Handeln gewesen ist. Die schmerzliche Ironie besteht darin, daß die persönliche Integrität und Vertrauenswürdigkeit der Ausplauderer, die sie ursprünglich zu ihren Handlungen veranlaßten, in Frage gestellt werden, und häufig endet alles damit, daß sie selbst für genau die Mißstände, die sie ans Licht gebracht haben, verantwortlich gemacht werden – eine klassische Reaktion: Der Überbringer schlechter Nachrichten wird getötet. Ausplauderer sind Narren, die ohne die Schutzkleidung des Narren arbeiten.

Freud hatte bereits in den frühen Tagen seiner Forschungsarbeit mit Fragen des Vertrauens und der Kommunikation zu ringen und erläuterte sie in seiner Arbeit über »wilde« Psychoanalyse. Er war der Ansicht, daß die Mitteilung über unbewußtes Material an eine andere Person nicht eher Sinn habe,

als bis zwei Bedingungen erfüllt sind. Erstens bis der Kranke durch Vorbereitung selbst in die Nähe des von ihm Verdrängten gekommen ist, und zweitens, bis er sich so weit an den Arzt attachiert hat (*Übertragung*), daß ihm die Gefühlsbeziehung zum Arzt die neuerliche Flucht unmöglich macht.

Erst durch die Erfüllung dieser Bedingungen wird es möglich, die Widerstände, welche zur Verdrängung und zum Nichtwissen geführt haben, zu erkennen und ihrer Herr zu werden. Ein psychoanalytischer Eingriff setzt also durchaus einen längeren Kontakt mit dem

113

Kranken voraus, und Versuche, den Kranken durch die brüske Mitteilung seiner vom Arzt erratenen Geheimnisse beim ersten Besuch in der Sprechstunde zu überrumpeln, sind technisch verwerflich ... (1910 k, S. 124)

Wie Freud erläutert, muß zwischen den beiden Parteien zuerst ein Arbeitsbündnis geschaffen werden, damit emotional besetztes Material auftauchen kann. Die Herstellung dieses Bündnisses aber setzt ein gewisses Maß an Vertrauen voraus. Freud erkannte, daß die Aufgabe, eine derartige Beziehung zu entwickeln, sehr viel Feingefühl und Takt erfordert. Einsichten sind zum rechten Zeitpunkt und im sorgfältig abgewogenen Maße zu vermitteln (Kets de Vries und Miller 1984). Wenn diese Kontrolle nicht gewährleistet ist, dann kann die Situation aus dem Ruder laufen, so daß sich der Künder der Wahrheit in den Zauberlehrling verwandelt, dem es nicht gelingt, der einmal freigesetzten Flut wieder Einhalt zu gebieten. Der Weise/der Narr muß erkennen, daß ein Führer (oder der Mensch generell) konflikthaftes Material nur in begrenztem Maße zu ertragen vermag. Hier kommt der Narr in der Regel nicht in den Genuß des Vorteils, von dem der Psychotherapeut profitiert, der in einem Setting mit häufigen, verbindlich vereinbarten Begegnungen arbeitet und sich auf eine solide Bindung stützen kann. In einer Organisation kommen Begegnungen häufig willkürlich und zufällig zustande.

Glücklicherweise trägt der Humor, wie bereits erwähnt, in erheblichem Maße zur Spannungsminderung bei, wenn ein sensibles Thema angesprochen werden muß: Humor erleichtert die Aufnahme einer unbequemen Information. Er nimmt Widerständen die Spitze und erhöht die Bereitwilligkeit der Menschen, sich anzuhören, was zu tun ist, damit die Organisation auf Kurs bleibt. Ein treffendes Beispiel für die Rolle, die ein Weiser/ein Narr in einer spezifischen Form des Organisationslebens spielte, findet sich in Jaroslav Hašeks berühmtem Roman *Der brave Soldat Schwejk*. Der Autor beschreibt die Mißgeschicke eines scheinbar schwachsinnigen Helden und zeichnet zugleich eine Satire des im Niedergang begriffenen österreichisch-ungarischen Kaiserreichs und seiner Kriegsmaschinerie. In gewissem Sinn steht Schwejk für jeden, der sich in den

Fallstricken der Bürokratie gefangen fühlt. Hinter seiner scheinbaren Narrheit verbergen sich Witz und Weisheit. Er ist ein genauer Beobachter der Menschen, und seine tiefschürfenden Kommentare ermöglichen es anderen, die Absurdität ihrer Handlungen zu erkennen. Schwejk ist ein exzellentes Beispiel für den Weisen/den Narren. Durch doppelsinniges Reden und die wörtliche Erfüllung von Anordnungen demonstriert er die Torheit zahlreicher Regeln und Vorschriften. Sein Verhalten und seine Handlungen zwingen uns, noch einmal über die Beweggründe unseres eigenen Verhaltens nachzudenken. Er ist das perfekte Heilmittel gegen den Hochmut.

Aber würde Schwejk je einen Platz in einer Businessorganisation finden, und wenn ja, wie lange könnte er sich halten? Diese letzte Frage ist die entscheidende. Der Organisationsnarr geht auf jeden Fall Risiken ein, da er sich mit hochsensiblem Material beschäftigt. Die Wahrheit zu sagen kann die eigene Karriere gefährden, und das Ausplaudern nimmt gewöhnlich ein böses Ende für denjenigen, der den Prozeß in Gang setzt. Aus diesen Gründen ist es für einen Insider schwierig, sich diese Rolle zu eigen zu machen. Dennoch findet man Narren in Organisationen, und sie können, was die Beeinflussung der Leitung betrifft, überaus erfolgreich sein. Gelegentlich übernimmt ein bewährtes Mitglied der Chefetage diese Rolle, die sich auf natürliche Weise als Funktion seines Jobs entwickelt. In manchen Organisationen gibt es institutionalisierte Positionen wie beispielsweise interne Berater oder (nach skandinavischem Vorbild) eine Art Ombudsmann oder auch ein Vorstandsmitglied ohne Geschäftsbereich. Wenn er über eine gewisse Dramatisierungsfähigkeit verfügt, kann gelegentlich auch ein leitender Manager mit geringerer Machtbefugnis zum Sprachrohr werden. Mitunter ist es sogar günstiger, wenn diese Rolle von einer weniger hochrangigen Person übernommen wird – von einem Jedermann oder Schwejk.

Betrachten wir ein Beispiel. In einem Unternehmen der Automobilindustrie wurde die Rolle des Narren vom Produktionsleiter gespielt. Er hatte in der Herstellung angefangen, war als Selfmademan bis an die Spitze des Unternehmens aufgestiegen und kannte die internen Organisationsabläufe aus erster

Hand. Er war in seinem Job außerordentlich erfolgreich und genoß aufgrund seiner pragmatischen Einstellung hohen Respekt. In Anbetracht seines persönlichen Werdegangs und der Marktabhängigkeit des Unternehmens hatte er alles erreicht, was er erreichen konnte. Seine Position schien ihn jedoch nicht zu belasten, sondern gefiel ihm offensichtlich. Da er für andere Führungskräfte keine Gefahr darstellte – Machtspiele waren ganz und gar nicht seine Sache –, suchten sie häufig seinen Rat. Obwohl es in dem Unternehmen einen Direktor für Human Resources gab, spielte unser Mann bei Personalfragen eine wichtige inoffizielle Rolle.

Als der CEO ausschied, wurde von dem Konzern, zu dem das Unternehmen gehörte, ein Nachfolger ernannt. Der neue CEO kannte weder das Unternehmen noch den Industriezweig, da er bislang in einer anderen Branche gearbeitet hatte. Im Umgang mit Untergebenen verhielt er sich schroff und abweisend; wenn das, was sie ihm berichteten, nicht genau seinen Vorstellungen entsprach, unterbrach er sie mit sarkastischen Bemerkungen und brachte sie zum Schweigen. Die betriebliche Atmosphäre wurde angespannt und verschlechterte sich noch mehr, als zwei langgediente Direktoren nach erbitterten Diskussionen während einer Vorstandssitzung entlassen wurden. Die übrigen Vorstandsmitglieder wußten nicht mehr, wie sie sich dem neuen CEO gegenüber verhalten sollten. Seine schwierige Art nahm ihnen den Mut und die Lust, zu widersprechen, selbst wenn sie den Eindruck hatten, daß seine Entscheidungen nicht zum Besten des Unternehmens waren.

In dieser Situation begann der Produktionsleiter eine zunehmend exponierte Rolle während der Vorstandssitzungen zu spielen. In humorvoller Weise – ohne sich aggressiv oder abwertend zu verhalten – schaffte er es, die emotional aufgeheizte Atmosphäre zu lockern und gleichzeitig dem CEO den Gruppenkonsens zu vermitteln, den niemand unverblümt auszudrücken wagte. Sein zurückhaltender und humorvoller Stil übte auf den CEO eine beruhigende Wirkung aus, da dessen Verhalten offenbar zum Teil auf eine Unsicherheit in dem neuen Job zurückzuführen war. Unter dem Einfluß des Vizepräsidenten entwickelten sich die Vorstandssitzungen nach und nach zu einem offenen Austausch, und im Laufe der Zeit faßten auch die übrigen Vorstandsmitglieder Mut, ihre eigene Meinung unverhohlen zu äußern. Als sich der CEO später erneut feindselig zu verhalten begann, gelang es dem Vizepräsidenten rasch, die Situation zu neutralisieren, so daß die Offenheit des Austauschs gewahrt blieb.

Im allgemeinen aber ist es einfacher, wenn ein Außenstehender eine solche Rolle spielt. Sie wird zum Beispiel häufig von einem Berater übernommen, auch wenn dies normalerweise nicht die Funktion ist, derentwegen man seine Dienste üblicherweise in Anspruch nimmt. In vielen Fällen ist beiden Parteien nicht bewußt, *daß* der Berater diese Rolle spielt und daß die Organisation einen soliden Realitätsbezug erhält, *weil* er sie spielt. (Gelegentlich erkennen ältere Führungskräfte, wie wichtig ein Unternehmensnarr sein kann. Ich habe Sitzungen erlebt, auf denen kurze satirische Sketche sehr erfolgreich dazu eingesetzt wurden, dem Topmanagement schwierige Botschaften zu vermitteln. Ähnliche Rollenspiele habe ich in an anderer Stelle des Unternehmens in einer strukturierten oder spontanen Weise beobachten können. Im allgemeinen wenden sich solche Aktivitäten weniger an die oberste Führung als vielmehr an das mittlere Management, und entsprechend begrenzt ist ihre Effektivität.)

Recht häufig erkennen Berater, daß das eigentliche Problem einer Organisation nicht das ist, was ihnen ursprünglich als die zentrale Schwierigkeit beschrieben wurde. Zwischen den Wünschen, die Klienten äußern, und ihren tatsächlichen Bedürfnissen klafft unter Umständen eine gewaltige Lücke. Da Führungskräfte oft nicht bereit sind, die realen Probleme anzusprechen und zu bearbeiten, ist der Berater dafür verantwortlich, die Symptome zu durchdringen und schwierige, an den Problemen mitbeteiligte Faktoren zutage zu fördern. Wenn Berater die Narrenrolle mit Taktgefühl und Diskretion spielen, können sie als wichtige Katalysatoren der Einsicht und Veränderung dienen.

Im allgemeinen hat eine »wilde Psychoanalyse« weniger dramatische Konsequenzen, wenn der Berater und nicht ein Insider den Narren spielt. Das Schlimmste, was im Falle eines allzu stark verunsichernden Feedbacks passieren kann, ist eine vorzeitige Beendigung der Beratung. Die Rolle des von außen kommenden Ratgebers und die des Narren scheinen in vielerlei Hinsicht füreinander bestimmt zu sein. Indem nämlich der Berater den Unwissenden spielt und absichtlich naive Fragen stellt, kann er das Verständnis eines spezifischen Organisationsproblems fördern und zum verändernden Agens werden. Humor kann hierbei von unschätzbarem Wert sein, vor allem wenn der Berater Vorschläge formuliert und Empfehlungen gibt.

Eine Organisation engagierte einen Berater, um die Arbeitsprozesse in der Abteilung für Design zu rationalisieren. Seine Empfehlungen erwiesen sich als ungemein effektiv und führten zu einem rasanten Aktivitätsanstieg in der gesamten Organisation. Aufgrund dieses Erfolgs bat man den Berater, auch bei der Entwicklung und Etablierung eines neuen Systems zur Leistungsbewertung mitzuhelfen. Der normalerweise eher distanzierte und zurückgezogene CEO, den seine Mitarbeiter für schwierig hielten, schätzte die Arbeit des Beraters sehr und begann, ihn ins Vertrauen zu ziehen. Da er mit dem Ablauf der Vorstandssitzungen nicht recht zufrieden war, bat er den Berater, an einigen dieser Sitzungen teilzunehmen und ihm dann zu empfehlen, wie sich der Ablauf von Entscheidungsprozessen verbessern ließe. Der Berater erkannte rasch, daß die Unbeholfenheit des CEO selbst den freien Informationsfluß behinderte und kreative Ideen hemmte; sein Ungeschick war für die peinlich zähen und umständlichen Diskussionen während der Sitzungen verantwortlich. Es war klar, daß sich ohne Veränderungen keine höhere Produktivität erzielen lassen würde. Nachdem er an mehreren Vorstandssitzungen teilgenommen hatte, begann der Berater, pseudonaive Fragen in bezug auf die zur Diskussion stehenden Themen zu stellen. Sein Humor entspannte die Atmosphäre, und seine Interventionen brachen das Eis, während sie zugleich wichtige Aspekte betonten. Nach und nach wurden sämtliche Vorstandsmitglieder entspannter, und die Diskussionen gestalteten sich weit kreativer als zuvor – man hörte einander zu und baute auf den Ideen der anderen auf.

Ebenso wie vieles andere im Organisationsleben aber ist die erfolgreiche Entwicklung einer solchen Beziehung und Kultur in hohem Maße auf eine aufgeklärte Unternehmensleitung angewiesen. Wenn der Chef entschlossen ist, für durchlässige Kommunikationsprozesse zu sorgen, und die Fallgruben erkennt, die mit einem Vertrauensverlust verbunden sind, werden die Probleme erheblich gelindert. Ein Mann, der diese Überlegungen zum Prinzip seines Führungsstils erhoben hat, ist der französische Finanzier, Unternehmer und Politiker Bernard Tapie. In seiner Autobiographie *Gewinnen auf der ganzen Linie* schreibt er:

Selbst der intelligenteste, selbst der gerissenste Boß umgibt sich oft mit Mitarbeitern, die ihm gegenüber allmählich ihren Widerspruchsgeist und ihre Eigenständigkeit verlieren können. ... Die halten geflissentlich den Mund, auch wenn sie genau wissen, daß sich der Boß völlig verrennt, weil sie nicht den Mut finden, es ihm zu sagen. ... Auch ein sehr fähiger Chef kann, ohne es selbst zu merken, eine Kultur der Verantwortungslosigkeit herbeiführen. Für mich sind Diskussion und kreative Konflikte eine unabdingbare Grundlage für den Erfolg. Deshalb habe ich, parallel zu meinem Team, ein Netz von Freunden, die ich regelmäßig konsultiere: Journalisten, Geschäftsleute, Menschen, die ganz anders sind als ich, die nicht von mir abhängen, die mir ungehindert widersprechen können, so oft und so lange sie wollen. Und das ist wesentlich: wenn Sie sich nicht mit Leuten umgeben können, die Ihnen, wenn's sein muß, gründlich die Meinung sagen, dann sind Sie kein fähiger Chef. ...
Wer die richtige Wahl seiner Mitarbeiter treffen will, mit denen er »auf der ganzen Linie gewinnen« kann, muß sich selbst kennen, muß Widerspruch zulassen, muß sich der Bereiche bewußt sein, in denen er stark, und derer, in denen er schwach ist. ([1986] 1987, S. 107 f.)

Diese verschiedenen Beispiele illustrieren, wie der Weise/der Narr – ob personifiziert als Individuum oder institutionalisiert als Team – als Gegengewicht zu der Person, die an der Macht ist, agieren kann. So entsteht eine Konstellation aus Vorstandsmitgliedern, die Organisationspathologien höchst erfolgreich vermeiden helfen kann (Hodgson, Levinson und Zaleznik 1965). Mit Humor und offener Kommunikation spielen der »Narr« und der »König« ein tiefgründiges Spiel, in dessen Mittelpunkt fundamentale Fragen des Menschseins stehen – Kontrolle, Rivalität, Passivität und Aktivität. Wenn der Humor kontrolliert bleibt, so daß er nicht zerstörerisch oder überaggressiv wird, kann er die Gruppenkohärenz und eine Atmosphäre des Vertrauens fördern. Er stellt eine Möglichkeit dar, destruktive Phantasien durchzuarbeiten, und kann eine beruhigende Wirkung ausüben, die letztlich dazu beiträgt, eine Organisation erneut an die Belange der Realität heranzuführen.

Bedauerlicherweise konzentrieren sich unsere Untersuchungen über Organisationen in aller Regel auf die Führungskräfte, so daß wir unsere Aufmerksamkeit nur selten auf die Rolle der Geführten richten. Beide aber gehören unauflöslich zusammen: Führer brauchen ein Gefolge, der König braucht seinen Narren, und vice versa. Wir dürfen nicht vergessen, daß die Dinge ungeachtet der Rationalität, die das Organisationsleben zu bestimmen scheint, in Wahrheit häufig ganz anders aussehen. Realitätsbezogenheit und Wunschdenken sind nur durch einen schmalen Grat voneinander getrennt. Wenn die Grenze verschwimmt, können die Konsequenzen für die Leistungsfähigkeit der Organisation verheerend sein. In ebendieser Situation kann der Narr eine entscheidende Rolle übernehmen. George Bernard Shaw hat einmal gesagt, daß »jeder Despot einen ungetreuen Untertan haben muß, damit er geistig gesund bleibt«. Das ist die Funktion des Narren. Derjenige, der den Narren spielt, kann die Organisation »auf Kurs« halten, so daß sie ihren Realitätsbezug wahrt und vor allem die destruktiven Kräfte des Hochmuts unter Kontrolle hält.

Sechstes Kapitel
Das Hochstapler-Syndrom

Schwer zu sagen, worin diese Art und Weise
genau bestand, allenfalls können wir andeuten,
daß sie etwas von einem Zauber an sich hatte,
einem wohltätigen Zauber, nicht unähnlich
dem Verhalten, das man gewissen Geschöpfen
in der Natur andichtet (oder auch zu Recht
nachsagt), die, wie es heißt, die Macht haben,
andere dergestalt zu bezaubern, daß diese tun
müssen, was jene wollen – die Macht, ein
anderes Geschöpf gewissermaßen mit Blicken
zu bannen, und zwar gegen jedes Sträuben, ja,
sogar gegen den entschiedenen Protest des
Opfers.
Herman Melville, *Maskeraden oder Vertrauen
gegen Vertrauen*

Ich weiß natürlich, daß das Tragen feiner
Wäsche nicht unbedingt schmutzige Füße
voraussetzt. Immerhin, gepflegter Stil und
Seidenhemden haben miteinander gemein, daß
sie nur allzu oft einen häßlichen Ausschlag
verbergen.
Albert Camus, *Der Fall*

Seit Menschengedenken haben Hochstapler die Öffentlichkeit fasziniert. Von Personen, die ein Leben als Betrüger
führten oder betrügerische Machenschaften in großem Stil betrieben, ging zu allen Zeiten eine fatale Faszination aus. Eine
Ursache ihrer Popularität ist vielleicht das Element des Wieder-
erkennens – es hat oft den Anschein, als zeigten uns die Hochstapler Aspekte unserer selbst, die wir unter normalen Umständen nicht gerne sehen. Und gemessen an den Unterschieden
zwischen der Art und Weise, wie wir unser öffentliches und
unser privates Selbst präsentieren, sind wir zu einem gewissen

Grad alle Betrüger – wir alle spielen Rollen (Goffman 1971). Das Zurschaustellen einer Fassade und die Irreführung unseres Publikums ist ein Kernbestandteil unseres täglichen Lebens. Dies erklärt aber noch nicht die Leichtigkeit, mit der echte Hochstapler ihr Publikum zum Narren halten können. Häufig nämlich ist dieses Publikum nur allzu geneigt, sich etwas vormachen zu lassen.

Der Begriff *Hochstapler* hat zwei Konnotationen, die oft gleichzeitig zum Tragen kommen. Ein Hochstapler kann jemand sein, der andere täuscht, der betrügt oder schwindelt. Er kann auch jemand sein, der sich eine falsche Identität zulegt und sich für jemand anderen ausgibt. Gelegentlich sind beide Rollen miteinander verbunden, dann nämlich, wenn jemand eine falsche Identität annimmt, um andere zu betrügen. Wir kennen jedoch auch Personen, die sich als jemand anderer ausgeben, ohne daß auf Anhieb ersichtlich wäre, inwieweit sie davon profitieren. Für gewöhnlich allerdings zieht der Hochstapler aus seinem Treiben Nutzen; gleichwohl sollte man den finanziellen Gewinn selbst in diesen Fällen eher als Mittel zum Zweck betrachten denn als eigentlichen Grund seines Verhaltens. Der psychischen Gratifikation der Hochstapelei scheint häufig eine weit größere Bedeutung zuzukommen als den materiellen Vorteilen.

Unter der Vielzahl möglicher Beispiele gibt es vielleicht keines, das von größerer Unerschrockenheit und Kühnheit zeugt als die Karriere des Ferdinand Waldo Demara alias »The Great Impostor« (Crichton 1959). Wenn wir seine Lebensgeschichte lesen, können wir nur staunen über die Leichtigkeit, mit der dieser Mann eine verblüffende Vielfalt von Identitäten verkörperte. Demara schaffte es, sich als Trappistenmönch auszugeben, als Doktor der Psychologie und Dekan des philosophischen Fachbereichs an einem kleinen College in Pennsylvania, als Student der Rechte, als diplomierter Zoologe, als Krebsforscher und Lehrer an einem College in Maine, als Chirurg bei der Royal Canadian Navy (in dieser Eigenschaft nahm er auf See tatsächlich chirurgische Eingriffe vor, und zwar mit Erfolg), als stellvertretender Direktor eines Gefängnisses in Texas und als Lehrer.

Ein denkwürdiges Beispiel für die Hochstapelei im Geschäftsleben liefert Anthony De Angelis, dessen Manipulationen mit Millionen nicht existenter Salatöl-Gallonen zwei Finanzmaklerhäuser der Wall Street in den Bankrott trieben, eine Tochtergesellschaft der American Express Company ruinierten und die Terminwarenpreise auf den Rohstoffmärkten in New York und Chicago ins Bodenlose stürzen ließen (Miller 1965). Auch wenn der finanzielle Profit zweifellos eine entscheidende Antriebskraft darstellte, baute De Angelis doch eine bemerkenswerte Scheinwelt auf, um sein Bedürfnis nach Anerkennung zu befriedigen. Er trickste Dutzende der gewieftesten Banker, Broker und Geschäftsleute aus. Aber solange er seinen Schwindel trieb, hielt niemand inne, um sich zu fragen, wie er bei den unglaublich niedrigen Preisen, zu denen er sein Salatöl verkaufte, überhaupt Gewinne machen konnte. Statt dessen ließen seine Finanziers es zu, daß er ihnen um den Bart ging und sie überredete, ihm weitere Summen für den nächsten Deal zu leihen. Der durch die Gier beflügelte Wunsch, ihm zu glauben, veranlaßte selbst die klügsten Geschäftsleute, Realität und Zweifel hintanzusetzen. Schließlich besaßen die Geldgeber Papiere für erstaunliche Mengen an Salatöl, mehr als den Regierungsberichten zufolge überhaupt auf Lager sein konnten. Aber noch immer war niemand alarmiert. Erst nach acht Jahren platzte die Seifenblase, und die Behörden entdeckten, daß De Angelis Salatöltanks leer waren.

Es gibt sogar eine recht seltene psychiatrische Klassifizierung der Hochstapelei, nämlich das Münchhausen-Syndrom, so genannt nach dem fiktiven deutschen Soldaten und Abenteurer Baron von Münchhausen, um den sich zahlreiche Geschichten ranken (Lehmann 1975; Swanson 1981). Das Münchhausen-Syndrom ist charakterisiert durch die wiederholte Produktion klinisch überzeugender Symptome sowie durch eine gefälschte medizinische und soziale Geschichte. Personen mit diesem Syndrom haben das Bedürfnis nach medizinischer, insbesondere chirurgischer Behandlung einer nicht-psychiatrischen körperlichen Krankheit.

Wenn wir die Lebensgeschichten von Menschen wie Demara und De Angelis rückblickend betrachten, scheint es oft unbe-

greiflich, daß überhaupt irgend jemand auf ihre Tricks herein-
fallen konnte. Solange aber das Vertrauensspiel angesagt ist,
scheint der Hochstapler wie der Rattenfänger von Hameln eine
magische Faszination auszustrahlen, so daß die Menschen nur
allzu gern bereit sind, ihm zu folgen. Hochstapler sind offensichtlich in der Lage, Strebungen in uns zu beleben, die normalerweise nicht aktiv werden, uns aber derart mitreißen können, daß sie uns für die Realität blind machen. Darüber hinaus
könnte sich die Hochstapelei als ein Phänomen erweisen, das
weiter verbreitet ist, als wir glauben. Die klinische Forschung
legt nahe, daß es sich um eine Eigenschaft handelt, die von dem
Gefühl, ein Betrüger zu sein, bis hin zu realen betrügerischen
Aktivitäten reichen kann. Es ist zweifellos schwierig, sich ein
Drama oder einen Roman vorzustellen, in dem die Handlung
nicht in sehr hohem Maße durch Betrug oder Aufdeckung trü-
gerischer Machenschaften motiviert ist – und es ist keine Übertreibung zu sagen, daß sich ein Großteil der täglichen Nachrichten mit diesen Dingen beschäftigt.

Wodurch also wird jemand zum Hochstapler? Was wollen
Hochstapler? Wie sehen ihre Motive aus? Warum sind sie so
faszinierend? Warum sind sie so selbstdestruktiv (letztlich
nämlich werden sie nahezu immer entlarvt)? Tragen wir alle
etwas von einem Hochstapler in uns? Wie sind die spezifischen
Probleme beschaffen, die im Organisationsleben durch hoch-
staplerisches Verhalten entstehen?

Die Psychodynamik der Hochstapelei

Die erste bekannte klinische Arbeit über einen Hochstapler
stammt von Karl Abraham (1925). Als Militärarzt wurde Abraham von einem Militärgerichtshof gebeten, einen Wehrdienst-
pflichtigen, der vor dem Kriegsgericht stand, psychiatrisch zu
begutachten. In seiner Fallgeschichte schrieb er, wie sehr ihn
die Fähigkeit des Angeklagten beeindruckte, das Vertrauen anderer (einschließlich seiner Gefängniswärter) zu gewinnen, um
diese Gutgläubigkeit unmittelbar danach zu enttäuschen, indem er sie betrog. Besonders beeindruckte Abraham, daß der

junge Mann »ein Virtuose auf dem Gebiet der phantastischen Erzählungen zu sein schien« und eine »unbändige Großmannssucht« an den Tag legte (ebd., S. 149). Abraham gelangte zu folgender Erklärung: »N., der sich in seiner Kindheit ungeliebt fühlte, mußte unter einer inneren Nötigung sich allen Menschen ›liebenswürdig‹, das heißt *ihrer Liebe würdig* zeigen, um bald danach sich und ihnen zu beweisen, daß er dieses Gefühls *unwürdig* sei« (ebd., S. 154). Abraham betonte auch die Sehnsucht dieses Soldaten nach reichen Eltern, ein Symptom des Phänomens, das wir in der klinischen Literatur als »Familienroman« bezeichnen – die Fortführung der relativ häufig (und vor allem nach Strafen) auftretenden Kindheitsphantasie, daß die eigenen Eltern gar nicht die wirklichen Eltern seien und man in Wahrheit aus einer adeligen oder königlichen Familie stamme. Unter diesem Blickwinkel erscheinen die eigenen realen Eltern als Betrüger. Die Phantasie, daß es irgendwo andere, bessere, verständnisvollere Eltern gebe, bleibt lebendig. Dieses Gefühl wird ausgelöst durch die Unfähigkeit der Eltern, dem Bedürfnis des Kindes nach Anerkennung und Selbständigkeit gerecht zu werden. Man kann die den Familienroman konstituierenden Phantasien als Formen einer kompensatorischen narzißtischen Selbsterhöhung betrachten, als Versuch, das Selbstwertgefühl zu regulieren (Kaplan 1974). Diese Phantasien tragen zur Entwicklung eines »persönlichen Mythos« (Kris 1975) bei, einer Kombination von frühen Erinnerungen und Phantasien, welche die Funktion eines Organisators späterer Erfahrungen erfüllt. Abraham erläuterte auch die ausgeprägten selbstbestrafenden Tendenzen im Verhalten jenes Wehrpflichtigen, der »niemals besondere Geschicklichkeit darin zeigte, dem Arm der Gerechtigkeit zu entgehen« (ebd., S. 147).

Helene Deutsch (1955) gelangte in ihrer Arbeit über Hochstapler zu dem Schluß, daß sie die Identität anderer nicht deshalb annehmen, weil sie »selbst nichts zu leisten vermögen, sondern weil sie sich hinter einem fremden Namen verstecken müssen, um eine mehr oder weniger realitätsangemessene Phantasie verwirklichen zu können« (ebd., S. 332). Sie vertrat die Auffassung, daß »das Ich des Hochstaplers, das in seinem eigenen, echten Namen Ausdruck findet, entwertet und schuldbeladen« sei (ebd.). Kein Wunder, daß sich ein solcher Mensch gezwungen fühlt, unter einem anderen, wohlklingenden Namen zu agieren, der seiner Vorstellung von dem, was er gerne wäre, besser entspricht. Aus ihrem Fallbeispiel schloß Deutsch, daß das ungewöhnliche Verhalten des Hochstaplers auf das emotionale »Überfüttern« des Kindes durch eine Mutter zurückzuführen sei, die es mit ihren Zuneigungsbekundungen geradezu erstickt. Das Verhalten des Vaters kann die Situation noch verschlimmern, wenn er das Kind unter Druck setzt und mit seinen eigenen, unerfüllt gebliebenen Wünschen belastet. Deutsch setzte sich auch mit Personen auseinander, die sich als Hochstapler fühlen, nachdem sie Erfolge errungen haben. So schrieb sie über ihren Patienten, daß er »um so größere Angst entwickelte, je erfolgreicher er in der Realität funktionierte. ... Er fühlte sich in seiner neuen Rolle als Mann, der einer ehrlichen Arbeit nachging, wie ein Hochstapler« (ebd., S. 333).

Greenacre (1958 a, 1958 b) postulierte für die Hochstapelei drei grundlegende Symptomgruppen: »Erstens den beherrschenden und dynamisch aktiven Familienroman; zweitens die intensive und umgrenzte Störung des Identitätsgefühles, eine Art Infarkt des Realitätssinnes; drittens eine Mißbildung des Über-Ichs, die sowohl das Gewissen als auch die Ideale betrifft« (1958 a, S. 96). Sie erläuterte das offenkundige Bedürfnis nach Selbstbetrug, das sie an Hochstaplern beobachtete, da sie von einer ausgeprägten Diskrepanz ihrer Fähigkeiten beeindruckt war: »Geschicklichkeit und Überzeugungsfähigkeit gehen Hand in Hand mit äußerster Dummheit und Unbeholfenheit« (ebd., S. 97). Greenacre erkannte, daß der Hochstapler auf die Reaktion seines Publikums angewiesen ist, um ein realistisches Selbstgefühl entwickeln zu können. Sie führte die Genese dieses Verhaltens auf eine spezifische Familiensituation zurück: Die Eltern haben ein schlechtes Verhältnis zueinander, während das Kind mit extremen Besitzansprüchen seitens der Mutter konfrontiert und als Teil ihrer exhibitionistischen Zuschaustellung benutzt wird. Gleichzeitig entwertet die Mutter den Vater, den sie als enttäuschenden Versager betrachtet.

Greenacre war der Ansicht, daß die ödipale Situation in diesen
Fällen in hohem Maße unausgewogen sei, so daß das Kind (im
Falle eines männlichen Hochstaplers) den Familienvater über-
flüssig zu machen scheint. Auf diese Weise wird es vorzeitig in
eine erwachsene Rolle hineingezwungen. Um diese Position zu
wahren und sich die Bewunderung der Erwachsenen weiterhin zu sichern, kann ein Kind ein erstaunliches Verstellungsta-
lent an den Tag legen, und zwar insbesondere die Fähigkeit,
erwachsenes Verhalten zu imitieren. Leider besteht der Preis,
der für eine derartige Entwicklung zu zahlen ist, häufig im
Mangel an einem zufriedenstellend ausgeprägten, getrennten
Selbst und einem nur unzulänglichen Identitäts- und Realitäts-
gefühl.

Hochstapler erhalten dieses Talent zur Verstellung bis ins
Erwachsenenalter hinein lebendig und lernen, sich sehr geschickt auf ihr Publikum abzustimmen, um eine Atmosphäre
des Scheins zu erzeugen und grandioser zu erscheinen, als sie es
in Wirklichkeit sind. Auch der Familienroman nimmt nun eine
erwachsene Form an; Selbsterhöhungsphantasien spielen im
Leben des Hochstaplers weiterhin eine wichtige Rolle. Zudem
trägt sein Verhalten Züge eines Phänomens, das man gelegentlich als Pseudologia phantastica bezeichnet (Fenichel 1945;
Deutsch 1965 b) – die ausgefeilten Lügen, mit denen der Hochstapler sein Publikum beeindruckt, fungieren gewissermaßen
als Deckerinnerungen, die tatsächlich vorgefallene Ereignisse
gleichzeitig offenbaren und verbergen. In seinem hingebungs-
vollen Eifer ist der Hochstapler unter Umständen selber von
ihrer Wahrheit überzeugt. Zwischen der Pseudologia phantastica und dem pathologischen Lügen einerseits und normalen
Tagtraumphantasien andererseits besteht insofern ein wichtiger Unterschied, als der Hochstapler die Realitätsprüfung so
lange suspendiert, daß er seine Phantasien ausleben kann, um
zumindest sein Publikum zu überzeugen. Auch die Fabrika-
tion einer neuen »Wahrheit« ist eine Möglichkeit, schmerz-
volles psychisches Material zu verdecken und gleichzeitig an
einem Körnchen Wahrheit festzuhalten (Weinshel 1979; Spence
1982; Blum 1983). In dieser Hinsicht stellen Lügen eine Form
des Selbstschutzes dar, denn sie ermöglichen es dem Hoch-

stapler, bedrohliche innere Konflikte unter Kontrolle zu halten.

Es ist kein großer Schritt von dieser Situation bis zu dem Verlust der Fähigkeit, zwischen Phantasie und Realität zu unterscheiden – dem Stadium, in dem der Hochstapler selber an die Mythen zu glauben beginnt, die er über seine eigene Biographie erfunden hat. Dies ist wahrscheinlich mit der Tatsache zu erklären, daß Hochstapler sich oft besser fühlen, wenn sie die Identität eines anderen annehmen. Sie scheinen ihre eigene Identität abzulehnen und zu entwerten, auch wenn sie sich ihrer realen Begabungen und Talente bewußt sind, die ihnen oft sogar zur Entwicklung ihres hochstaplerischen Verhaltens dienen. Viele Hochstapler sind sprachgewandt und machen sich ihre Wortgewalt und die Fähigkeit, zuzuhören, zunutze. Ebenso wie viele Romanschriftsteller wissen sie, wie man Illusionen fabriziert und überzeugend gestaltet. Langer (1953) beschreibt das Publikum der mittelalterlichen Troubadoure, das sich an deren Berichten und Schilderungen ergötzte und nach immer prächtigeren Ausgestaltungen und Details verlangte, so daß die Sänger gewissermaßen dreidimensionale Gemälde schufen. Mit Hilfe ihrer empathischen Responsivität und ihrer Sensibilität gegenüber den Signalen, die ihr Publikum aussendet, gelingt es auch den Hochstaplern, die Bedürfnisse ihrer Zuhörer in ihren eigenen Mythos einzuarbeiten und auf diese Weise einen Illusionsteppich zu weben, der im Laufe seiner Entstehung immer glaubwürdiger wird.

Ein Mensch, in dem sich Identitätskrise, Sprachgewalt und die Fähigkeit, Mythen zu erschaffen, in kreativer, aber auch tragischer Weise vereinten, war der im 18. Jahrhundert lebende englische Dichter Thomas Chatterton. Chatterton kam nach dem Tod seines Vaters, der Schuldirektor in Bristol gewesen war, zur Welt und wurde von seiner Mutter und seiner Schwester erzogen. Frühreif und hochbegabt, verfaßte er bereits im Alter von 16 Jahren die Gedichte, die seinen Ruhm begründeten. Er gab sie jedoch als mittelalterliche Werke aus, die er in einer alten Truhe gefunden zu haben behauptete, und produzierte zudem weitere angeblich alte Dokumente, um seinen Fund glaubwürdiger erscheinen zu lassen. Als der Betrug aufflog, flüchtete Chatterton nach London, wo er arm und im Elend lebte, bis er sich mit 17 Jahren umbrachte. Wovon handelten Chattertons Gedichte?

Chatterton erfand in seinen Schriften einen Familienroman, in dem er sogar das mittelalterliche Bristol prächtig ausschmückte und in eine Metropole des 15. Jahrhunderts verwandelte, deren kulturelles Zentrum eben jene Kirche war, in der Generationen von Chattertons als Küster gedient hatten. Er scheint sein Werk in einem Zug verfaßt zu haben und schrieb es in einem vorgeblich mittelalterlichen Englisch, das er in Wahrheit selbst erfunden hatte. Einen Kaufmann und Bürgermeister der Stadt verwandelte er in die idealisierte Gestalt eines Philanthropen, Kriegers und Menschenfreundes, eines frommen weltlichen Mannes, der ein beispielhaftes religiöses Leben führte und einen Priester und Dichter, Rowley, beauftragte, die Stadtchronik zum Ruhme Bristols niederzuschreiben. Das Material legt den Schluß nahe, daß sich hinter Rowley eine zur Vollkommenheit stilisierte Projektion Chattertons selbst verbirgt, während der fromme Kaufmann, Canynge, für seinen Vater steht. (Olinick 1988, S. 674)

Man darf sagen, daß der Verfasser fiktiver Literatur ständig eine Art harmloser Hochstapelei betreibt, die seitens seines Publikums die Bereitwilligkeit voraussetzt, an seine Erfindungen zu glauben. Chatterton trieb diese wechselseitige, konsensualisierte Täuschung zu weit, er verletzte die moralische Grenze zwischen Fiktion und Betrug, um einen Aspekt seines eigenen, verletzten Narzißmus zu befriedigen. Nachdem er seine Kindheit ohne eine Vaterfigur verlebt hatte und möglicherweise durch die Erwartungen seiner Mutter und Schwester in eine Rolle hineingezwungen wurde, der er nicht gewachsen war, konnte er sich seiner eigenen Identität nicht sicher fühlen. Er entwertete und verbarg seine Begabung und ersann einen privaten Roman, dem eine außergewöhnliche Wirkung beschieden war. Sein Ruhm und seine Verse haben seine Enttarnung und die Demütigung, der man ihn aussetzte, überlebt; sein tragischer Tod ist für andere Dichter und Künstler zu einer Quelle der Inspiration geworden. Abgesehen aber von der Anziehungskraft, die seine Dichtung auf die romantische Phantasie ausübte, wurde auch Chattertons Genie von vielen erkannt. William Wordsworth charakterisierte ihn als »wundersamen Jungen«, während John Keats ihn zum »makellosesten Schriftsteller der englischen Sprache« erklärte.

Hochstapler nehmen offenbar symbolisch die Rolle der archaischen, immer sorgenden Mutter an, die ozeanische Sehnsüchte befriedigt und ein fast vergessenes, aber nie wirklich überwundenes Verlangen nach uneingeschränkter Aufmerksamkeit stillt. Für seine Zuschauer repräsentiert der Hochstapler jemanden, der all ihre Bedürfnisse versteht, ihre tiefsten Wünsche auszudrücken vermag und sich ihrer annehmen wird. Auf den Hochstapler wiederum wirkt die Gier seines Publikums als konstanter Stimulus. Sobald er erfolgreich in dessen Phantasiewelt eingedrungen ist, werden grenzenlose Forderungen an ihn herangetragen. Auf diese Weise gehen Hochstapler und Publikum ein unbewußtes Bündnis aufgrund gegenseitiger Interessen ein, oder, wie der Schauspieler W. C. Fields einst sagte: »Einen ehrlichen Menschen kann man nicht betrügen.« Das Publikum ist zufrieden, weil seine Erwartung, daß seine Wünsche in Erfüllung gehen werden, ständig genährt wird, während der Hochstapler das Publikum braucht, um seiner inneren Leere entgegenzuwirken und sich eines Identitätsgefühls zu vergewissern. Natürlich ist das Publikum vor allem in Krisen- und Umbruchzeiten empfänglich, wenn die Hochstapelei in großem Stile betrieben werden kann, weil ein offen anerkanntes oder stillschweigendes Bedürfnis nach einem Erlöser besteht. Ein herausragendes Beispiel für die Hochstapelei in Zeiten gesellschaftlicher Umbrüche kennen wir aus dem politischen Kontext.

Eines der Geheimnisse seiner Gewalt über eine große Zuhörerschaft war sein instinktives Einfühlen in die Stimmung der Masse, seine feine Witterung für ihre verborgenen Leidenschaften, Ressentiments und Sehnsüchte. ... Einer seiner unerbittlichsten Kritiker, Otto Strasser, schrieb: »Wie eine empfindliche Membrane hat dieser Mann es mit einer Intuition, die durch keine rationalen Fähigkeiten ersetzt werden könnte, verstanden, sich zum Sprecher der geheimsten Wünsche, der peinlichsten Instinkte, der Leiden und inneren Unruhe eines Volkes zu machen ... Wie oft bin ich gefragt worden, worin denn die außergewöhnliche Rednergabe Hitlers bestehe. Ich kann es nicht anders erklären als durch jene wunderbare Intuition, die ihm die unfehlbare

Diagnose von der Unzufriedenheit vermittelt, unter der seine Zuhörer leiden. ... [Er] betritt einen Saal. Er prüft die Atmosphäre ... einige Minuten lang tastet er, sucht er, paßt er sich an ... Dann plötzlich bricht er los. Seine Rede schnellt wie ein Pfeil von der Sehne des Bogens, er trifft jeden einzelnen an seiner verwundbaren Stelle, er legt das Unterbewußtsein der Masse frei. Er sagt, was das Herz seiner Zuhörer zu hören wünscht.« (Zitiert nach Bullock 1962, S. 355 f.)

Das siebte Kapitel von Alan Bullocks meisterlicher Biographie Adolf Hitlers, aus dem dieses Zitat stammt, ist eine Studie über die Täuschung einer gesamten Nation durch einen Diktator. In diesem Kapitel untersucht Bullock die beinahe unglaubliche Leichtigkeit, mit der es Hitler »in den Jahren 1938 bis 1941, auf der Höhe seines Ruhmes, gelungen war, einen großen Teil des deutschen Volkes zu überzeugen, daß es einen Herrscher von mehr als menschlichen Fähigkeiten gefunden habe, ein Genie, das von der Vorsehung bestimmt war, das Volk ins verheißene Land zu führen« (ebd., S. 391). Den Schlüssel zu Hitlers Erfolg – und schließlich zu seiner Vernichtung – sieht Bullock in »seiner außergewöhnlichen Fähigkeit der Selbstdramatisierung« (ebd., S. 358): »Hitler war tatsächlich ein vollendeter Schauspieler. Er besaß die Fähigkeit des Schauspielers und Redners, in seiner Rolle ganz aufzugehen und das, was er im Augenblick sagte, selber für Wahrheit zu halten« (ebd., S. 359). Der Biograph zeichnet hier das Porträt eines Mannes, dem es gelang, seine Phantasien über Herrschaft und Gewalt, den Heldenkult und den Kult der Rasseneinheit, die Unterordnung des Individuums und die Vorrechtstellung des Staates auf einer Weltbühne in Szene zu setzen, um eine Spur nie dagewesenen Schreckens hinter sich zurückzulassen:

... in dem Adlernest, das er sich auf dem 2000 m hohen Kehlstein oberhalb des Berghofs hatte bauen lassen ..., pflegte er seine phantastischen Pläne für ein großes Reich zu entwickeln, das das »eurasische Kernland« der Geopolitiker umfaßte. Auch seine Pläne zur Aufzucht einer neuen Elite nach dem biologischen Ausleseverfahren und sein Gedanke, bei der Gründung seines neuen Reiches ganze Nationen der Sklaverei zu unterwerfen, kamen hier zum Ausdruck. Solche Träumereien faszinierten Hitler schon seit der Zeit, da er »Mein Kampf« schrieb. Ende der zwanziger Jahre und zu Beginn der dreißiger konnte man sie noch leicht als Produkt einer verworrenen und überhitzten Phantasie abtun ... Doch noch während der Jahre 1941/42 waren dies die Hauptthemen bei Hitlers Tischgesprächen, und zu diesem Zeitpunkt ... hatte Hitler gezeigt, daß er diese Phantasien auf schreckliche Weise verwirklichen konnte. Der Einmarsch in Rußland, die Einsatzkommandos der SS, die Ausrottung der Juden, die Behandlung der Polen und Russen, der »slawischen Untermenschen« – auch das waren Früchte der Hitlerschen Einbildungskraft. (Ebd., S. 356 f.)

Der verheerende Erfolg von Hitlers Hochstaplertum läßt sich zu einem hohen Grad auf die zynische Manipulation zurückführen, die er an dem Bild, das er von sich präsentierte, vornahm, sowie auf den Umstand, daß er von diesem selbstgeschaffenen Mythos in wachsendem Maße überzeugt war. Je länger der Zweite Weltkrieg andauerte, desto stärker erlag er dem Größenwahn. Er hatte sich als Deutschlands Erlöser dargestellt, als Instrument der Vorsehung, als Verkörperer einer welthistorischen Rolle, den Zwängen, die normale Menschen fesseln, enthoben, und allmählich begann er, seine Unfehlbarkeit für real zu halten:

Als er zu glauben begann, das von ihm geschaffene Bild wirke aus eigener Kraft Wunder – statt es als Antrieb zu benutzen –, da ließen ihn seine Gaben und seine Intuition im Stich. Es war eine Ironie des Schicksals, daß sein Versagen derselben Quelle entsprang, der er seinen Erfolg verdankte, nämlich der Fähigkeit der Selbstdramatisierung, der Fähigkeit, von sich selber überzeugt zu sein. ... Wenn je ein Mensch an seinem selbstgeschaffenen Bild zugrunde ging, dann war es Adolf Hitler. (Ebd., S. 367).

Auf einer tieferen Ebene betrachtet, war Hitler mitnichten der ersehnte Erlöser; vielmehr war er seinem Volk gegenüber von intensiver Aggression erfüllt. Daß er sein Publikum zum Narren hielt, es mit Lügen täuschte und betrog, kann man als aggressives Verhalten begreifen, als eine Form der Rache. Rache an wem? An seinen erfolglosen und gewalttätigen Eltern? Rache für den Betrug, der seiner Meinung nach zu Deutschlands Kapitulation geführt hatte, zum Ende des Ersten Weltkriegs und damit zum Untergang des Reiches? Skrupellos opferte er im Zweiten Weltkrieg Millionen von Menschenleben, um die deutsche Expansion voranzutreiben; und im letzten Kriegsjahr schließlich war er ebenso bereit, Deutschland selbst zu opfern, statt die Macht aus den Händen zu geben und seine Niederlage einzugestehen. Albert Speer, Reichsminister für Rüstung und Kriegsproduktion, erinnert sich, wie Hitler reagierte, als er ihm sagte, daß der Krieg seiner Überzeugung nach verloren sei: »In eisigem Ton fügte er, nach kurzem Innehalten, hinzu: ›Wenn der Krieg verlorengeht, wird auch das Volk verloren sein. Es ist nicht notwendig, auf die Grundlagen, die das deutsche Volk zu seinem primitivsten Weiterleben braucht, Rücksicht zu nehmen. Im Gegenteil ist es besser, selbst diese Dinge zu zerstören. Denn das Volk hat sich als das schwächere erwiesen, und dem stärkeren Ostvolk gehört ausschließlich die Zukunft. Was nach diesem Kampf übrigbleibt, sind ohnehin nur die Minderwertigen, denn die Guten sind gefallen« (Speer 1996, S. 445 f.).

Zwei Tage später verlieh Hitler seiner Haltung noch einmal Nachdruck, indem er gegenüber den näherrückenden alliierten Truppen die Politik der »verbrannten Erde« anordnete:

»Alle militärischen Verkehrs-, Nachrichten-, Industrie- und Versorgungsanlagen, sowie Sachwerte innerhalb des Reichsgebietes« sollten danach zerstört werden: es war das Todesurteil für das deutsche Volk. …
Die Folgen wären unvorstellbar gewesen: auf unabsehbare Zeit kein Strom, kein Gas, kein sauberes Wasser; keine Kohle, kein Verkehr. Alle Bahnanlagen, Kanäle, Schleusen, Docks, Schiffe, Lokomotiven zerstört. Selbst wo die Industrie nicht zerstört worden wäre, hätte sie aus Mangel an Strom, Gas und Wasser nicht produzieren können; keine Vorratshäuser, kein Telefonverkehr – kurz: ein ins Mittelalter zurückversetztes Land. (Ebd., S. 448)

Am Ende seines Lebens war Hitler bereit, das Land zu verwüsten, dem er soviel Zeit und Energie gewidmet hatte, um es seiner Vorstellung gemäß zum technisch und architektonisch großartigsten, militärisch mächtigsten und kulturell beeindruckendsten der Welt zu machen. Die zynische, betrügerische und brutal ausbeuterische Haltung, die sich hinter seiner Hochstapelei verbarg, trat am Ende – und zu spät – offen zutage.

Dennoch zog dieser unheilvollste aller Rattenfänger seine Gefolgsleute bis zum Schluß fast ungeschmälert in seinen

Bann. Diese Faszination zwang Speer, der bereits in Ungnade
gefallen und entlassen war, sein Leben aufs Spiel zu setzen, um
nach Berlin zurückzukehren und dem Führer ein letztes Lebe-
wohl zu sagen:

Der übermächtige Wunsch, ihn noch einmal zu sehen, war ein Zeichen
für den Zwiespalt meiner Gefühle. Denn mit der Vernunft war ich
davon überzeugt, daß es dringend notwendig, wenn auch schon viel
zu spät war, daß Hitlers Leben endete. Allem, was ich in den vergangenen Monaten gegen ihn unternommen hatte, lag die Absicht zugrunde, den von Hitler betriebenen Untergang des Volkes zu verhindern. (Ebd., S. 479)

»Mit Ungeduld«, so Speer, erwartete er nun Hitlers Tod:

... aber gerade hier macht sich erneut die gefühlsmäßige Bindung an
Hitler bemerkbar [...]; mich erfüllte ein immer stärker werdendes
Mitleid mit dem Gestürzten. Vielleicht haben viele aus Hitlers Gefolgschaft in diesen letzten Tagen ähnlich empfunden. Pflichterfül-
lung, Eid, Treuebindungen, Dankesgefühle standen einer Verbitterung über das persönliche Leid und das nationale Unglück gegenüber – beides verursacht durch eine Person: Hitler. (Ebd., S. 480)

Es vergingen noch viele Jahre, bis Speer die Ambivalenz seiner
persönlichen Gefühle zu bewältigen vermochte und in der Lage
war, das volle Ausmaß des Betrugs zu erkennen, den Hitler am
deutschen Volk verübt hatte – Jahre der Introspektion, zu der er
während seiner zwanzigjährigen Haft im Spandauer Gefängnis
fand:

24. August 1960 ... Nachgrübelnd in Spandau habe ich erst allmählich
vollends begriffen, daß ich nicht einem wohlmeinenden Massentribu-
nen, nicht dem Neubegründer deutscher Größe und auch nicht dem
gescheiterten Eroberer eines europäischen Großreiches gedient habe,
sondern einem krankhaften Hasser. Das Volk, das ihn liebte, die deutsche Größe, die er im Munde führte, das Reich, dessen Vision er
beschwor – das alles bedeutete ihm im letzten nichts. Ich erinnere
mich noch der Bestürzung, mit der ich den Schlußsatz seines Testa-
ments las, der uns alle inmitten eines apokalyptischen Untergangs auf
einen erbärmlichen Judenhaß festlegen wollte. (1975, S. 531)

Formen des Hochstaplertums

Natürlich nimmt die Hochstapelei nicht immer tragische und betrügerische Formen derart extremen Ausmaßes an. Das klinische Material läßt, wie bereits erwähnt, vermuten, daß es sich bei der Hochstapelei um ein Persönlichkeitsmerkmal handelt, das sich in vielfältiger Weise manifestiert und von Gefühlen der Inkompetenz und Falschheit bis hin zu vorsätzlicher Täuschung rangiert. Entsprechend unterschiedlich sind die Folgen, die diese Manifestationen für das Organisationsleben, mit dem wir uns hier vorrangig beschäftigen, zeitigen können.

Das subjektive Gefühl der Hochstapelei

Verschiedentlich wurde der Versuch unternommen, den »echten« gegen den »neurotischen« Hochstapler abzugrenzen (Greenacre 1958 a, 1958 b; Aarons 1959; Gediman 1985). Echte Hochstapler sind Menschen, deren Identität weniger auf realen Fertigkeiten und Leistungen beruht als vielmehr auf betrügerischem Verhalten. Bei neurotischen Hochstaplern handelt es sich um jene Individuen, die sich zwar als Betrüger und Hochstapler fühlen, aber tatsächlich erfolgreich sind. Diese Menschen haben ständig den Eindruck, ihre ganze Umgebung getäuscht zu haben und längst nicht so kompetent und intelligent zu sein, wie andere glauben. Sie führen ihren Erfolg auf glückliche Zufälle zurück, auf kompensatorische harte Arbeit oder auf oberflächliche Faktoren wie Attraktivität und Liebenswürdigkeit. Manche von ihnen arbeiten unglaublich hart und sind immer übertrieben gut vorbereitet. Sie können jedoch selbst nicht anerkennen, daß sie intellektuelle Begabungen und Fähigkeiten besitzen, sondern leben in der ständigen Angst, als Hochstapler entlarvt zu werden – in der Angst, daß sie die Erwartungen anderer Menschen nicht rechtfertigen können und eine Katastrophe die Folge sein wird.

Betrachten wir ein Beispiel: Eine bekannte weibliche Topmanagerin aus Holland, einem Land, das nicht unbedingt dafür bekannt ist, Frauen in Spitzenpositionen aufsteigen zu lassen, schilderte mir ihre Erfahrungen mit ihrer Karriere und ihrem Familienleben:

Als ich beschloß, zur Universität zu gehen und Wirtschaftswissenschaften zu studieren, betrachteten es die meisten Leute als eine vorübergehende Laune. Sie gingen davon aus, daß ich höchstens ein paar Jahre studieren würde, auf jeden Fall aber hielten sie es für eine gute Möglichkeit, um einen Mann zu finden. Ich habe tatsächlich einen Mann gefunden, aber ich habe auch mein Studium abgeschlossen. Zu studieren und sich gleichzeitig um ein Baby zu kümmern, war damals eine Ungeheuerlichkeit, und ich habe einiges zu hören bekommen ... Wirklich aufgebracht aber reagierten viele auf meine Entscheidung, zu arbeiten. Wie konnte ich als Mutter arbeiten gehen? Wie konnte ich das vor mir selbst rechtfertigen? Ich glaube, die meisten Leute hielten mich für absolut verantwortungslos.

Ich war starkem Druck ausgesetzt, und natürlich mußte ich auch mit meinen eigenen Erinnerungen an die Rolle meiner Mutter während meiner Kindheit und Jugend zu Rande kommen. Meine Mutter war eine typische Hausfrau. Ich würde eine schlechte Mutter sein, wenn ich nicht zu Hause bliebe, sondern statt dessen meinem Beruf nachginge. Glücklicherweise ist es heute in Holland eher üblich, daß Frauen Karriere machen und gleichzeitig eine Familie haben. Damals aber übte man großen Druck auf mich aus, um mich zur Kündigung zu veranlassen.

Trotz meines beruflichen Erfolgs und trotz meines, wie ich glaube, harmonischen Familienlebens hege ich nach wie vor Zweifel daran, ob es richtig war, beides haben zu wollen. Das Symptom drückt sich so aus, daß ich mich – trotz aller Bemühungen, dagegen anzugehen – ständig schuldig fühle. Ich habe immer mit dem Gefühl gelebt, in Wahrheit überhaupt nichts wirklich gut zu machen. Für Männer ist es vielleicht schwierig zu begreifen, wovon ich spreche.

Margaret Mahler beschreibt eine der psychologischen Aufgaben der Kindheit folgendermaßen: »Der primäre Narzißmus des Kindes, sein Glaube an die eigene Allmacht und die der Eltern, muß allmählich aufgegeben werden, d. h., an seine Stelle muß das selbständige Funktionieren treten« (Mahler, Pine und Bergman [1975] 1980, S. 281). Menschen, die sich wie ein Hochstapler fühlen, haben häufig Schwierigkeiten, diesen Prozeß der Separation/Individuation zum Abschluß zu bringen. Sie fühlen sich niemals wirklich selbständig; ihnen fehlt ein kohärentes Selbstgefühl. Die eigenen Leistungen und Fähigkeiten werden als Betrug erlebt, so daß sie Schuldgefühle, Angst und Streß hervorrufen. Solche Menschen betrachten sich selbst als Betrüger (Clance und Imes 1978; Clance 1985). Sie reagieren außerordentlich sensibel auf Zurückweisungen, haben Angst vor sozialem Versagen und leiden unter residualen Abhängigkeitsbedürfnissen. Sie glauben, alles absolut perfekt machen zu müssen. Es scheint, als hätten sie die übertriebenen Erwartungen ihrer Eltern in sich aufgenommen, ohne sie wirklich verinnerlicht zu haben. Sie leiden häufig unter Angst, mangelndem Selbstvertrauen und Depressionen.

Was Frauen betrifft, die sich als Hochstaplerinnen fühlen, so postulieren Clance und Imes (1978) zwei verschiedene Typen, deren jeweilige Ausprägung von der Familiengeschichte abhängig ist. Ihrer Studie zufolge geht der erste Typ aus einer Familie hervor, in der ein Geschwister zum »schlauen Kind« erklärt wird, während das Mädchen, das später unter dem Gefühl der Hochstapelei leiden wird, als »sensibles Kind« betrachtet wird, das besonderes Geschick im sozialen Umgang beweist. Ungeachtet seiner Leistungen schreibt die Familie dem »schlauen« Geschwister weiterhin größere Begabungen und Fähigkeiten zu, auch wenn dessen schulische Leistungen in Wirklichkeit häufig weit schlechter sind als die des »sensiblen Mädchens«. Diese Zuschreibung hat zur Folge, daß das »Sensibelchen« an seinen tatsächlichen Fähigkeiten zweifelt und sich fragt, ob seine Familie allen äußeren Anhaltspunkten zum Trotz nicht doch im Recht sein könnten.

In der zweiten Situation schreiben die Eltern dem Mädchen, das sich später als Hochstaplerin fühlt, Überlegenheit auf allen Gebieten – Intelligenz, Persönlichkeit, äußere Erscheinung – zu. Die Frühreife, die das Mädchen angeblich schon als Kleinkind bewies, wird zum Thema zahlreicher, häufig zum besten gegebener Anekdoten. In Wahrheit aber bereiten ihr zum Beispiel die schulischen Anforderungen Schwierigkeiten, so daß die kritiklosen Lobpreisungen ihrer Eltern sie veranlassen, an deren Wahrnehmung und folglich an ihrer eigenen zu zweifeln.

Wenngleich man behaupten könnte, daß die Zuschreibung von Kompetenz bestimmten Geschlechtsstereotypien unterworfen ist – Frauen wird von der Gesellschaft weniger Kompentenz zugeschrieben als Männern, und es gibt Frauen, denen der Gedanke Sorge bereitet, daß ihr Erfolg nachteilige Folgen für ihre Beziehung zu Männern und ihre Kompetenz als Mutter haben könnte –, ist die Frage berechtigt, ob das Gefühl, ein Hochstapler zu sein, auf Frauen beschränkt ist. Vielleicht leiden Männer unter ähnlichen Empfindungen, die zudem häufig auch mit einem unbewußten Schuldgefühl zusammenhängen, es weiter gebracht zu haben als der eigene Vater. Dieses Schuldgefühl kann Angst wecken – Angst vor dem väterlichen Neid (Schafer 1984). In solchen Fällen hat es den Anschein, als sei das ödipale Drama nie zu einer erfolgreichen Auflösung gelangt. Diese infantilen Ängste – die unter Umständen durchaus einen auf verschleierten Botschaften beruhenden Wahrheitskern enthalten – können bis ins Erwachsenenalter hinein aktiv bleiben (Kets de Vries 1989) und an Intensität zunehmen, da Erfolg häufig mit einem Lebensstil verbunden ist, der sich von dem der Herkunftsfamilie gravierend unterscheidet; dies weckt realistische Ängste vor Trennung, Entfremdung und Ablehnung. Was jedoch die Geschlechtsspezifität der Hochstapelei betrifft, so ist ein wichtiger Aspekt zu erwähnen, nämlich die Sexualität. Während es für Männer nahezu unmöglich ist, einen Orgasmus vorzutäuschen, bereitet diese Form der Hochstapelei Frauen keine Schwierigkeit. Frauen, die Probleme haben, einen Orgasmus zu bekommen oder ihn aus diesen oder jenen Gründen vortäuschen, könnten sich in anderen Lebensbereichen als Hochstaplerinnen fühlen.

Ebenso wie echte Hochstapler entwickeln auch Menschen, die sich als Hochstapler fühlen, unter Umständen eine ganz bestimmte Überlebensstrategie: Um bei anderen Gefallen und Zustimmung zu finden, verhalten sie sich unaufrichtig, sie kultivieren Kriechertum oder intellektuelle Schmeichelei und schaffen es aufgrund ihres Charmes, der gefürchteten sozialen Ablehnung zu entrinnen. Und ebenso wie beim echten Hochstapler kann diese trügerische Fassade wegen der allzu großen Belastung, die ihre Aufrechterhaltung mit sich bringt, einstürzen. Solche Menschen empfinden sich nicht nur als Schwindler, sondern inszenieren darüber hinaus selbstschädigende Handlungen, um gewissermaßen einen »Sieg durch die Niederlage« (Reik 1941) zu erringen und sich ihre Überzeugung, ein Hochstapler zu sein, durch ihre eigenes dummes Verhalten zu bestätigen. Dieses Verhalten folgt unter Umständen einem in der Vergangenheit geprägten Muster der Suche nach Aufmerksamkeit. Insbesondere Frauen entwickeln den sogenannten »Cinderella-Komplex« (Dowling 1981): Die charakteristische Selbstschädigung gibt einen tief verwurzelten Wunsch zu erkennen, von anderen umsorgt oder der Verantwortung, für sich selbst sorgen zu müssen, enthoben zu werden. Der Preis, den das Warten auf den Prinzen kostet, kann jedoch sehr hoch sein.

Allgemein betrachtet, kann das Gefühl, zu täuschen und hochzustapeln, für das Individuum wie auch für die Organisation gravierende Konsequenzen mit sich bringen. Der Teufelskreis, den dieses Gefühl heraufbeschwört – überkompensatorische harte Arbeit, zögerliche Haltung (Angst, aktiv zu werden), Zweifel und Schuldgefühl – ist mitunter extrem schwer zu unterbrechen. Solche Gefühle manifestieren sich dann in einer funktionellen Paralyse oder in gravierend selbstschädigenden Verhaltensweisen, und entsprechend weitreichend können die Konsequenzen im Organisationskontext sein.

Das Hochstapler-Dasein

An früherer Stelle habe ich bereits erklärt, daß wir alle Hochstapler sind – wir alle bewegen uns auf einer Bühne. Unser Rollenspiel wird bekannt, wenn wir im öffentlichen Rahmen beispielsweise einer Organisation agieren (Goffman 1971). Vor allem Unternehmer besitzen zahlreiche Eigenschaften, die wir auch beim Hochstapler finden – schließlich versucht der Unternehmer ebenso wie der Hochstapler, seine Phantasie in die Realität umzusetzen. In ihrem intensiven Bedürfnis, eine Vision zu verfolgen und andere von ihren Ideen zu überzeugen, nehmen solche Menschen gelegentlich auch Zuflucht zur Tatsachenverdrehung. Nichtsdestoweniger ist der Enthusiasmus, den sie wecken, indem sie ihre Träume – so unrealistisch oder unklar diese sein mögen – verkaufen, wichtig, weil sie durch ihn zu Katalysatoren für Veränderung und, falls sie Erfolg haben, zu Trägern wirtschaftlicher Weiterentwicklung werden.

Mitunter jedoch erweist sich der Traum als Trug. Eines der dramatischsten Beispiele für Hochstapelei im Geschäftsleben ist der Fall von Refaat El-Sayed, des früheren Präsidenten der schwedischen Firma Fermenta, einem Marktführer im Bereich der Biotechnologie. El-Sayed verblüffte das schwedische Finanz- und Industrieestablishment, die Medien und die gesamte Öffentlichkeit. Er wurde zum Volkshelden aufgrund seines unprätentiösen Lebensstils und seiner offenkundigen Gleichgültigkeit gegenüber den Verlockungen des Reichtums, die er selbst dann noch demonstrierte, als er bereits zum reichsten Mann Schwedens geworden war. Er ließ sich in seinem kleinen Apartment in einem Stockholmer Vorort bei Coca-Cola und Pizza fotografieren; er spielte Fußball in einer Amateurmannschaft. Er war die Inspirationsquelle und der Stolz der zahlreichen Einwanderer Schwedens. Vom schwedischen Fernsehen wurde er 1985 zum »Schweden des Jahres« gewählt. Was jedoch anfangs wie ein Sturm im Wasserglas aussah – die Enthüllung nämlich, daß er entgegen seiner eigenen Behauptung niemals promoviert hatte –, wuchs sich zum Riesenskandal aus, als immer mehr Ungereimtheiten in seinem Leben aufgedeckt wurden. Die Fermenta-Aktien, einst Börsenliebling, fielen zum Schaden vieler Privatinvestoren und schwedischer Institutionen innerhalb eines einzigen Jahres um 90 Prozent (Wittebort 1987; Sundquist 1987). Es lohnt sich, El-Sayeds Karriere etwas genauer zu betrachten, um sich den vollen Umfang der Hochstapelei auf dieser Ebene und ihre entsprechend weitreichenden Konsequenzen wirklich vor Augen führen zu können.

Über El-Sayeds frühe Tage ist nur wenig bekannt, und er selbst hat zur weiteren Klärung nicht sonderlich viel beigetragen. Es scheint, als sei er 1946 als jüngstes von fünf Kindern in Ägypten geboren. Sein Vater war Lehrer, seine Mutter stammte aus der Tschechoslowakei und starb ein Jahr nach seiner Geburt. El-Sayed zufolge fielen zwei seiner Brüder im Krieg gegen Israel. Sein Vater heiratete erneut; aus dieser Ehe gingen neun weitere Kinder hervor. Als Teenager nahm El-Sayed zweimal an einem Jugendcamp in der Tschechoslowakei teil. Im Jahre

1966 verließ er Ägypten und ging nach Schweden, um ein Universitätsstudium aufzunehmen. Während dieser Zeit besuchte er einige Male die Sowjetunion, wo er ebenfalls an Sommercamps teilnahm. 1972 heiratete er eine schwedische Sozialarbeiterin.

Wie auch immer die Mischung aus Fakten und Phantasie in El-Sayeds Darstellung seines frühen Lebens beschaffen sein mag – eines steht fest: Sein Leben verlief unruhig und turbulent. Er war noch sehr klein, als er seine Mutter verlor, deren Tod zweifellos gravierende Folgen für die ganze Familie hatte; ihr kultureller Hintergrund, der sich von der Umgebung, in der El-Sayed dann aufwuchs, sosehr unterschied, hat zweifellos seine Neugierde geweckt. Verstärkt wurden die verworrenen Verhältnisse durch die Existenz einer Stiefmutter und weiterer Geschwister. Über die Rolle, die diese verschiedenen weiblichen Figuren in El-Sayeds Leben spielten, können wir nur Spekulationen anstellen. Über seinen Vater wissen wir wenig, El-Sayed selbst aber berichtete, daß sein Großvater väterlicherseits auf seine eigenen Ideen und Wertmaßstäbe großen Einfluß ausgeübt habe.

Wenn wir El-Sayeds Darstellung glauben wollen, so wurde er bereits sehr früh gezwungen, Selbständigkeit zu entwickeln und sich wie ein kleiner Erwachsener zu benehmen. Daraus könnten wir schließen, daß eine altersadäquate Entwicklung gestört wurde. Er lernte schon früh, sich als Überlebenden zu sehen, die Initiative zu ergreifen und sich auf sich selbst zu verlassen. Er hat berichtet, daß er sich bereits als Kind seiner Fähigkeit bewußt war, die Aufmerksamkeit anderer zu wecken, seine Umwelt in Bann zu schlagen und eine Führungsrolle einzunehmen.

Auch wenn wir die Familiendynamik nie genau kennen werden, dürfen wir doch den Schluß ziehen, daß El-Sayeds Aufenthalte in der Tschechoslowakei und in Rußland sowie seine Emigration nach Schweden für ihn einen Versuch darstellten zu begreifen, wer er wirklich war, das heißt einen Versuch, sein unsicheres persönliches und kulturelles Identitätsgefühl zu stabilisieren. Sein späteres Verhalten zeigt jedoch, daß seine Verwirrtheit vermutlich weiter Bestand hatte und daß es ihm schwerfiel, zwischen Wirklichkeit und Phantasie zu unterscheiden. Der Wunsch, an neue Wahrheiten zu glauben, die er erfand, um eine schmerzhafte Realität zu kaschieren und die Tatsachen seinen Wünschen gemäß umzugestalten, gewann möglicherweise eine solche Intensität, daß er seinen Wirklichkeitssinn trübte. Es ist denkbar, daß der Kampf um das psychische Überleben, dem er sich so früh bereits stellen mußte, für ihn zu einem Lebensthema wurde.

Zu Beginn seiner Busineß-Karriere bewies El-Sayed große unternehmerische Ambitionen. Er arbeitete als Berater im Bereich der Mikrobiologie und besaß mehrere Patente. 1973 gründete er eine Gesellschaft mit dem Namen Micro-Chem; er baute sich Kontakte auf, die ihm später von Vorteil sein sollten. Im Jahre 1981 weckte eine Penicillin-Fabrik sein Interesse, eine Tochtergesellschaft des schwedischen Pharmazieunternehmens Astra. Diese Fabrik, Fermenta, machte Verluste, und Astra wollte verkaufen. Dank einer ungemein raffinierten Darstellung seiner Finanzen – in Wahrheit besaß er überhaupt kein Geld – und einer Reihe fingierter Steuermanöver sicherte sich El-Sayed die Kontrolle über Fermenta, und zwar zum Preis von einer schwedischen Krone. Zu diesem Zeitpunkt stellte Fermenta das Rohmaterial her, das zur Produktion von Penicillin benötigt wird. Dieser Industriezweig lag aufgrund weltweiter Überproduktion praktisch darnieder. Ursprünglich hatte El-Sayed beabsichtigt, die Fabrik umzustrukturieren und Impfstoffe für Vieh herzustellen, ein Produkt, das hohe Gewinne abwarf. Er ließ diese Idee aber fallen und zog es vor, eine Reihe weiterer Antibiotikafirmen aufzukaufen.

Fermenta begann zur allgemeinen Überraschung, Gewinn zu machen, was allerdings in erster Linie auf günstige Währungsschwankungen zurückzuführen war. 1984 beschloß El-Sayed, Fermenta in eine Aktiengesellschaft umzuwandeln. In der öffentlichen Ausschreibung bezeichnete er sich – vermutlich um glaubwürdiger zu erscheinen – als Doktor der Chemie. Die Fermenta-Aktien wurden zu einem Zeitpunkt ausgegeben, als die schwedischen Aktienkurse unerwartet stiegen. Darüber hinaus gab es in Schweden nur wenige biotechnische Unternehmen. Die Aktien waren sechzehnfach überzeichnet.

Aus sämtlichen Darstellungen geht hervor, daß El-Sayed ein Energiebündel war, ein Mann, dem nichts schnell genug ging und für den sich alles um die Zukunft drehte. Gelegentlich hat man ihn als eine bewegliche Zielscheibe charakterisiert, eine Eigenschaft, die es für andere schwer machte, ihn auf etwas festzunageln und ihn zu verstehen. Er sprach rasch, bruchstückhaft, mit starkem Akzent und häufig unzusammenhängend. Viele reagierten auf seine persönlichen Eigenarten und sein unorthodoxes Verhalten verwundert, für andere hingegen wurde er gerade wegen des geheimnisvollen Nimbus, der ihn umgab, weil sie ihn nicht verstanden, zum Genie. Auf sein schwedisches Publikum, das normalerweise an ganz andere Umgangsweisen gewöhnt ist, wirkte dieser unkonventionelle Außenseiter absolut faszinierend. El-Sayed besaß eine ans Unheimliche grenzende Begabung, andere für sich einzuspannen, und spürte angeblich genau, was in den Köpfen seiner Mitmenschen vor sich ging. Seine Wärme und Großzügigkeit wirkten anziehend, und er besaß die Fähigkeit, den Eindruck zu erwekken, als gäbe er jedem, mit dem er in Kontakt kam, genau das, was der Betreffende sich gerade wünschte. Sein souveränes Jonglieren mit Zahlen und Statistiken, eine Eigenschaft, die ihn zu einem erfolgreichen Verhandler machte, war verblüffend. Rückblickend aber sieht es so aus, als habe er viele falsche Darstellungen geliefert und seinen Vorteil aus dem Eindruck gezogen, den er bei anderen hinterließ. Paradoxerweise weckte El-Sayed gerade durch seine antiheroische Haltung mehr Aufmerksamkeit, als es sonst vielleicht der Fall gewesen wäre. Sie war eine erfolgreiche Methode, sein Bedürfnis nach Popularität zu befriedigen. Wie ein Volvo-Sprecher meinte, der El-Sayeds Machenschaften eine größere Planmäßigkeit zuschrieb, als es vermutlich der Fall war, hielt er am Ende »die gesamte schwedische Gesellschaft zum Narren – Politiker, Geschäftsleute, Finanzanalysten, Finanzjournalisten« (zitiert nach Wittebort 1987, S. 96).

Im Jahre 1985 erlebte Fermenta eine rapide Expansion. El-Sayed erwarb eine Firma nach der anderen. Darüber hinaus beteiligte er sich an Joint-Venture-Unternehmen und Marktabsprachen mit Herstellern angrenzender Bereiche. Sein Ziel war es, seine Gesellschaften zu einem entscheidenden Faktor in der Antiobiotika-Industrie zu machen, um Einfluß auf die Weltpreise nehmen zu können. In der Zwischenzeit gelang es ihm, eine Reihe der angesehensten schwedischen Geschäftsleute für seinen Vorstand zu gewinnen. Ende 1985 war El-Sayed der reichste Mann Schwedens – zumindest auf dem Papier; den Höhepunkt seiner Karriere erreichte er im Januar 1986, als er einen spektakulären Deal ankündigte. Mit Volvo im Rücken sollte Fermenta die Führung in der Konsolidierung der schwedischen pharmazeutischen und biotechischen Industrie übernehmen, um dann auch eine Anzahl der wichtigsten Konkurrenten kontrollieren zu können.

Bald nach dieser Ankündigung erschien in einer unbedeutenden Zeitschrift ein scheinbar harmloser Artikel, in dem El-Sayeds Doktorat angezweifelt wurde. Dieser kleine Betrug war für viele Menschen nicht zu tolerieren. Nach anfänglichem Unglauben begannen die Beteiligten, sich El-Sayeds verschiedene Aktivitäten genauer anzusehen. Der Deal mit Volvo scheiterte, und der »sozialistische Traum«, wie man El-Sayed aufgrund seiner Fähigkeit genannt hatte, ein kapitalistisches Spiel mit sozialistischem Touch zu spielen, stürzte mit einem Schlag von seinem Podest. Immer mehr Unregelmäßigkeiten wurden aufgedeckt – langfristige Verträge, für die im voraus gezahlt worden war, Kapitaltransaktionen, die als Gewinne verbucht wurden, Rückkäufe von Fermenta-Aktien zu garantierten Profiten sowie Kredite, die El-Sayed sich selbst für andere fragwürdige Transaktionen einräumte. Es wurde deutlich, daß Fermenta mit ungenauen Berichten und selektiven Vorhersagen gearbeitet hatte. Industrivarden, eine Investmentfirma und Tochtergesellschaft der Svenska Handelsbanken, deckte auf, daß Fermentas Guthaben erheblich überschätzt worden waren. Zudem zeigte sich, daß ein Teil der Fermenta-Gewinne auf Geschäften beruhte, die es nie gegeben hatte. Und es stellte sich auch heraus, daß sich El-Sayed aktiv daran beteiligt hatte, den Aktienpreis von Fermenta zu manipulieren. Er war ein echter Meister der Medien gewesen und hatte die Rolle des Tellerwäschers, der es zum Millionär bringt, hervorragend gespielt. Jedem Journalisten, der bereit gewesen war, ihm zuzuhören, hatte er Geschichten über künftige Deals, über Fusionen und weitere Aufkäufe erzählt – Ankündigungen, die natürlich die Aktienpreise beeinflußten. Irgendwann schließlich war jedem klar, daß El-Sayed Träume und Versprechungen verkaufte, daß der Aktienpreis von Fermenta weniger auf der Realität als vielmehr auf der Phantasie beruhte und daß es sich bei seiner Gesellschaft nicht um eine hochtechnisierte Firma, sondern um einen sehr einfachen Produktionsbetrieb handelte.

An El-Sayed lassen sich viele Eigenschaften beobachten, die für den Hochstapler charakteristisch sind: das Talent, sich in Szene zu setzen, seine Wortgewalt, seine Begabung, aus der Gier anderer Nutzen zu ziehen, seine Fähigkeit, das Mißtrauen seines Publikums zu zerstreuen, und seine Gabe, Erregung angesichts des mutmaßlichen Erfolgs seiner Unternehmungen hervorzurufen. Die Unsicherheit seines eigenen Identitätsgefühls zeigt sich in der Art und Weise, wie er zwischen der Rolle des Busineß-Tycoons bzw. des einfachen Mannes von der Straße schwankte. Die von ihm präsentierten Mischungen aus Fakten und Phantasie geben zu erkennen, daß seine Fähigkeit zur Realitätsprüfung beeinträchtigt war. Seine Lügen über seine akademischen Zeugnisse waren zweifellos selbstdestruktiv. Das hohe Maß an öffentlicher Aufmerksamkeit, dem er sich aussetzte, machte seine Enttarnung praktisch unvermeidlich.

Ganz offensichtlich hielt El-Sayed selbst seine Aktionen für völlig in Ordnung. So wie es bei vielen Unternehmern der Fall ist, war es nicht seine Stärke, Grenzen zu setzen und zwischen dem, was ihm persönlich gehörte, und dem, was Eigentum der Gesellschaft war, zu unterscheiden. Vor sich selbst rechtfertigte er sein Verhalten wahrscheinlich mit dem Argument, daß er zum besten der Gesellschaft handele, und auf einer bestimmten Ebene traf dies möglicherweise auch zu. Offensichtlich hat er persönlich von all seinen Schiebereien und Machenschaften nicht übermäßig profitiert. Vielmehr identifizierte er sich in so hohem Maße mit Fermenta, daß er seine Verbindung zu dieser Firma auch nicht lösen und sich persönlich bereichern wollte, als ein Verkauf noch möglich gewesen wäre. Eine persönliche Begegnung mit El-Sayed bestätigte mir meine Vermutung, daß sich sein Verhalten in vielerlei Hinsicht von dem des typischen

Unternehmers nicht sonderlich unterschied. Alle Unternehmer brauchen Träume, aber es fällt ihnen oft schwer, Fakt und Phantasie auseinanderzuhalten. In dem Versuch, seine eigene innere Verwirrtheit zu klären, ist El-Sayed offensichtlich zu weit gegangen. Sein persönlicher Mythos brachte ihn in immer größere Schwierigkeiten. Seine persönlichen Probleme und die seines Unternehmens vermischten sich, und schließlich hatte sein Selbstbetrug seinen Sturz zur Folge.

Nun wird El-Sayed die Schuld für die zerschlagenen Illusionen seiner Investoren zugeschrieben. Wie so häufig, erklärt man den einstigen Helden zum Schurken. Man könnte jedoch einwenden, daß auch die Investoren nicht schuldlos gewesen seien, denn sie ließen ihrer Gier freien Lauf. Als er nicht länger liefern konnte, wurde El-Sayed zum Sündenbock gestempelt. Wenngleich zu vermuten ist, daß er nicht mit voller Absicht handelte, sondern von unbewußten Kräften mitgerissen wurde, verurteilte ihn ein Stockholmer Gericht wegen finanziellen Betrugs in insgesamt 14 Anklagepunkten zu einer fünfjährigen Gefängnishaft (»From Rags to Riches to Penitentiary«, 1989, S. 12).

Gewissermaßen als Postscriptum zu El-Sayeds Geschichte möchte ich hinzufügen, daß Leute wie er in hohem Maße zum Lebensnerv der Gesellschaft werden; sie sehen neue Wege, wo andere zum Stillstand gezwungen sind, und unterziehen etablierte Verfahren und Handlungsmuster neuen Bewertungen. Das Vermächtnis, das El-Sayed dem Land hinterließ, dessen Bürger er wurde, besteht ironischerweise darin, daß sein Skandal radikale und dauerhafte Veränderungen des schwedischen Finanzsystems zur Folge hatte.

Der Umgang mit der Hochstapelei

G. K. Chesterton hat einmal gesagt, ein wirklich guter Hochstapler sei »das jämmerlichste Genie, das sich denken läßt; er ist ein Napoleon auf einer verlassenen Insel«. Wie wir jedoch sahen, bringen es nicht alle Hochstapler so weit – auf napoleonischen Höhen halten sie sich nicht lange. Ihre geheimen

Schwächen treten irgendwann zutage, und sie entlarven sich selbst; sie scheitern an den Schwierigkeiten, die ihnen die Realitätsprüfung bereitet.

Wir alle müssen uns die Fähigkeit zur Realitätsprüfung bewahren und dürfen uns nicht von Emotionen mitreißen lassen, wenn der verführerische Gesang der Sirenen Liebe, Wohlstand und Glück verheißt und uns verlockt, ihm nachzugeben. Angesichts von Versprechen oder Beteuerungen, die nicht logisch erscheinen, uns aber nichtsdestoweniger in Versuchung bringen, unser Mißtrauen beiseite zu schieben, sollten wir auf die warnenden Stimmen hören und uns die Sache lange und gründlich ansehen. Es ist nicht einfach, dem Individuum zu widerstehen, das signalisiert: »Vertrau' mir, ich werde für all deine Bedürfnisse Sorge tragen«, und es ist besonders schwierig, die Gier zu erkennen und zu bekämpfen. Wenn jedoch diese Gefühle angesprochen oder in uns geweckt werden, ist es an der Zeit, einen Schritt zurückzutreten, sich eine Meinung zu bilden, sich Rat zu holen und die ganze Angelegenheit nüchtern zu beurteilen.

Die magnetische Anziehungskraft des Hochstaplers ist nicht das einzige Problem, mit dem wir fertigwerden müssen. Wir müssen auch Einsicht in unsere eigenen Gefühle der Hochstapelei gewinnen, denn sie können unsere persönliche Funktionsfähigkeit und die der Organisation beeinträchtigen. Wir alle sind gelegentlich Opfer unserer negativen Gedanken und Selbstzweifel. Wenn sie sich aber zu einer unaufhörlichen quälenden Grübelei entwickeln, machen sie uns und denen, die uns nahestehen, das Leben zur Qual. Ein Gefühl für die persönliche Authentizität zurückzuerlangen kostet viel Zeit und Mühe. Diese Veränderung ist schwierig, aber nicht unmöglich, wenn wir bereit sind und Gelegenheit finden, Einsicht in unsere Motivationen und Handlungen zu gewinnen. Die Entwicklung der Fähigkeit zur Selbstreflexion und des Bewußtseins für die eigenen blinden Flecken kann prophylaktisch wirken und uns sowohl vor der faszinierenden Anziehungskraft des Hochstaplers schützen als auch vor den paralysierenden Folgen des Gefühls, selbst ein Hochstapler zu sein.

Siebtes Kapitel
Führung und Machtmißbrauch:
Jenseits der Komplizenschaft

> Im Laufe der Jahre habe ich vor allem für
> Politiker, die in einer Demokratie zu überleben
> versuchen, eine tiefe Anteilnahme entwickelt.
> Von Zeit zu Zeit blicke ich neidisch auf
> verschiedene totalitäre Regierungsmodelle,
> vom albanischen bis hin zum nordkoreani-
> schen System. Wieviel leichter ist es doch in
> einem solchen Umfeld, ein erfolgreicher
> Führer zu sein; kein Wunder, daß diese Kerle
> für immer im Amt bleiben oder doch zumin-
> dest solange, bis sie erschossen werden.
> Henry Rosovsky, *The University: An Owner's
> Manual*

Das extremste Beispiel für den Machtmißbrauch, dessen
Zeuge wir in der jüngeren Vergangenheit wurden, ist die
Errichtung der Konzentrations- und Vernichtungslager in den
von den Nazis besetzten Gebieten während der dreißiger und
vierziger Jahre. Die Zustände in jenen Lagern, die nach dem
Ende des Zweiten Weltkriegs offenbar wurden, bilden den mo-
ralischen Maßstab, anhand dessen wir sämtliche nachfolgenden
Ereignisse beurteilen – aus historischer Perspektive sogar Ereignisse, die vor jener Zeit stattfanden. Darüber hinaus haben
die Lager jeden einzelnen Menschen gezwungen, seine Vorstellungen über persönliche Verantwortlichkeit zu überdenken.
Die Reaktionen reichen von Verleugnung über Unglauben bis
hin zur Sorge um spätere Generationen, auch wenn die persönliche Verbindung zu jener Phase mit dem Tod der Urgroßel-
tern, Großeltern und Eltern, zu deren Lebzeiten sich diese
Vorgänge abspielten, abgerissen ist. Die Fragen aber bleiben:
Wie konnte es geschehen? Wie war es möglich? Wie konnten
Menschen einander dies antun?

Die Antworten liegen tief in der menschlichen Psyche verborgen. Der erschreckende Erfolg der deutschen Lager beruhte in hohem Maße auf der Kenntnis und dem rücksichtslosen Mißbrauch psychologischer Gesetze. Die einzige Möglichkeit, eine Antwort auf die Frage zu finden, wie solche Dinge geschehen konnten, besteht darin, einen ähnlichen Weg einzuschlagen, das heißt die Funktionsweise der menschlichen Psyche unter dem Einfluß derart extremer Tyrannei zu untersuchen, um durch ein Verständnis der relevanten Prozesse Mittel zu finden, ihnen entgegenzuwirken. In seinem Buch *Aufstand gegen die Masse*, einer Untersuchung der psychologischen Konsequenzen extremer Bedrohung und Angst, bemüht sich der Psychologe Bruno Bettelheim, der vor Kriegsbeginn ein Jahr lang in den Konzentrationslagern Dachau und Buchenwald inhaftiert war, um ein Verständnis dieser Vorgänge:

Mein Vorgehen ... orientiert sich an Freuds Einsichten in die Rolle, die unser Unbewußtes für die Motivierung menschlichen Handelns spielt, und an seiner Entdeckung der düstersten Seiten unserer Seele. Nur wenn wir uns ihnen nicht verschließen, sondern ihre Existenz anerkennen, können wir uns davon überzeugen, wie wichtig es ist, diese destruktiven Strebungen, die wir in uns tragen, zu kontrollieren; auf diese Weise wird es uns vielleicht gelingen, Katastrophen wie jene, die über meine Generation hereinbrach, zu verhindern. ...
Wir sollten die Bedeutung des Naziterrors und des Genozids nicht vergessen oder verzerren; nicht aufgrund der furchtbaren Dinge, die vor einer Generation von Durchschnittsmenschen an Durchschnittsmenschen verübt wurden, sondern damit diese Vorgänge dem heutigen Menschen als Warnung dienen. (Bettelheim 1986, S. XIII)

Ziel des Nazistaates war die vollständige Unterwerfung aller Menschen innerhalb wie auch außerhalb der Lager. Einzig die lang- und kurzfristigen Ziele unterschieden sich voneinander: Langfristig sollte das Tausendjährige Reich erblühen, kurzfristig sollte Sklavenarbeit den Wohlstand fördern und später die Kriegsanstrengungen vorantreiben. Die jeweils eingesetzten Techniken waren ähnlich; sie beruhten auf Angst, Bedrohung und einer grausamen Komplizenschaft, die den Individuen aufgezwungen wurde, so daß sie ihre eigenen Sinneswahrnehmungen, ihre Gefühle und ihre intellektuellen Fähigkeiten verleugneten. In den Konzentrationslagern, so Bettelheim, traten »alle Tendenzen des Staates klarer zutage« ([1960] 1980, S. 259). Systematisch wurden die Lagerhäftlinge ihrer persönlichen Habe und ihrer persönlichen Identität beraubt, ihre Namen besaßen keine Gültigkeit mehr, da sie zu Nummern degradiert wurden. Noch die einfachsten sanitären Einrichtungen blieben ihnen verwehrt, so daß sie sich häufig beschmutzten, was es ihren Bewachern um so leichter machte, die Opfer als »Untermenschen« zu betrachten und damit jede Grausamkeit zu rechtfertigen. Jegliche Form der Humanität wurde diesen stinkenden, unterernährten, grotesk wirkenden Gestalten genommen. Dieser Prozeß vereinfachte den Vorgang der »Spaltung«: *Übermensch* (das germanische Körperideal) versus *Untermensch*. Das Individuum hatte in der Masse aufzugehen; jedes sichtbare Zeichen einer überlebenden Individualität wurde hart bestraft. Es war ein rapider Prozeß der Selbstauslöschung, eine Beschleunigung des Vorgangs, »durch den Häftlinge aus Erwachsenen mit Selbstachtung zu gehorsamen Kindern umgewandelt wurden« (Bettelheim [1960] 1980, S. 148):

Den Häftlingen war es so gut wie unmöglich, die Bemühungen der SS zu hintertreiben, die Häftlinge zur Passivität innerhalb einer entindividualisierten Masse zu zwingen. Dazu trug sowohl der Selbsterhaltungstrieb des Häftlings wie der von der SS ausgeübte Druck bei. Selbständig zu bleiben brachte Gefahren und viele Härten mit sich. Zu tun, was die SS wollte, schien im Interesse des Häftlings zu liegen, weil sein Leben dadurch erleichtert wurde. In der deutschen Bevölkerung außerhalb der Konzentrationslager wirkten ähnliche psychologische Vorgänge, wenn auch nicht in so augenfälliger Weise (ebd., S. 149).

Bei den Häftlingen, die lang genug überlebten, führte dieser Prozeß schließlich zu einer »Persönlichkeitsstruktur, die bereit und willens war, sich die Werte und Verhaltensweise der SS anzueignen« (ebd., S. 186):

Auf die Übernahme von Beschimpfungen folgte die von Tätlichkeiten, doch dazu brauchte es mehrere Jahre. Wenn Häftlinge anderen Häftlingen zu befehlen hatten, dann war es nicht ungewöhnlich, daß alte Häftlinge ... sich schlimmer aufführten als die SS. ...
Alte Häftlinge neigten dazu, sich mit der SS nicht nur in Zielen und Werten, sondern sogar im Aussehen zu identifizieren. Sie versuchten,

sich alte Teile von SS-Uniformen anzueignen und wenn dies nicht
möglich war, dann änderten sie wenigstens ihre Häftlingsmontur so
ab, daß sie einer Uniform ähnelte. ...
Da alte Häftlinge ein kindliches Abhängigkeitsverhältnis von der SS
angenommen hatten oder dazu gezwungen worden waren, hatte es
den Anschein, als ob viele das Gefühl haben wollten, daß wenigstens
einige der Personen, die sie als allmächtige Vaterfiguren hinnahmen,
gerecht und freundlich waren. So seltsam es auch scheinen mag: sie
brachten deshalb der SS ein positives Gefühl entgegen. (Ebd., S. 188-
190)

Dieser Prozeß der Identifizierung mit dem Angreifer beruht
auf dem überwältigenden Bedürfnis des Individuums, sich ein
gewisses Maß an psychischer Sicherheit zu bewahren. Indem er
den Angreifer verkörpert, macht sich der Betreffende in dieser
spezifischen Form der Identifizierung dessen charakteristischen Merkmale zu eigen, so daß er nicht länger der Bedrohte
ist, sondern nun andere bedroht. Die potentiellen Opfer hoffen, daß auch ihnen etwas von der Macht, die der mutmaßliche
Angreifer besitzt, zuteil wird (Anna Freud 1936). Bettelheim
untersuchte, wie sich dieser Prozeß unter der Mehrheit der
deutschen Bevölkerung vollzog, und gelangte zu folgendem
Schluß:

Je absoluter die Tyrannei ist, desto entkräfteter wird der Untertan,
und desto größer ist die Versuchung für ihn, seine Stärke dadurch
wiederzuerlangen, daß er Teil der Tyrannei wird und somit ihre Macht
genießt. Wenn man dem allem zustimmt, dann kann man ein gewisses
Ausmaß an innerer Integration durch Konformität erreichen oder
wiedererreichen. Doch der Preis dafür ist die Identifizierung mit der
Tyrannei ohne Einschränkung, kurz gesagt: Man gibt seine Autonomie auf. (Bettelheim [1960] 1980, S. 316 f.)

Während die Konzentrationslager der Nazis gewissermaßen
wie unter der Lupe die Auswirkungen erkennen lassen, die der
totale Staat mit seinen Unterdrückungspraktiken zu erzielen
vermag, offenbaren die Techniken, die von vielen totalitären
Systemen zur Kontrolle ihrer Untertanen eingesetzt werden,
einen vergleichbaren Mißbrauch psychologischer Methoden.
Nach dem Zusammenbruch der kommunistischen Staaten
Osteuropas Ende der achtziger Jahre mußten sich zahlreiche

Länder dem schmerzvollen Prozeß der Aufdeckung und Offenlegung allgegenwärtiger geheimer Sicherheitssysteme stellen, von denen die Bevölkerung viele Jahre lang unterdrückt und kontrolliert worden war. Für die früheren Bürger Ostdeutschlands hatten die Enthüllungen über das tatsächliche Ausmaß der Stasi-Aktivitäten verheerende Folgen. Als sie die Stasi-Akten einsehen konnten, wurde ihnen klar, daß Freunde Freunde ausspioniert, Ehemänner über ihre Frauen Berichte angefertigt hatten, daß Kinder gegen die eigenen Eltern aufgehetzt worden waren:

»Indem das System jeden beobachten ließ und so viele Personen wie möglich in den Prozeß mit einbezog, konnte es sein Ziel, nämlich die äußere Konformität einer ganzen Gesellschaft zu fördern, weitgehend erreichen. Nur wenige mutige Einzelpersonen waren bereit, den hohen Preis zu zahlen, den eine Opposition ihnen abverlangt hätte, nämlich Gefängnishaft, soziale Isolation, miserable Beschäftigung, Verbot von Auslandsreisen und häufig die Verweigerung von Aus- und Weiterbildungsmöglichkeiten für ihre Kinder – die schmerzvollste Sanktion überhaupt« (»Days of Reckoning«, 1992, S. 20).

Das Spitzelsystem war derart fest in die gesellschaftliche Struktur verwoben, daß eines der größten Probleme, die Ostdeutschland nun bei dem Versuch zu lösen hat, den Staat umzustrukturieren und die Schuldigen der Gerechtigkeit zu überantworten, die Frage ist, wo die Linie zwischen dem Schuldigen und dem Schuldlosen gezogen werden soll und wie zu entscheiden ist, wo Verantwortlichkeit beginnt und wo sie endet, denn das Ausmaß der Komplizenschaft reicht von vorsätzlichem Schweigen mancher Bürger bis hin zu den repressiven Befehlen von Parteifunktionären.

In seinem *Versuch, in der Wahrheit zu leben*, schrieb Václav Havel: »... in jedem ist ein Stück Bereitschaft, sich in der anonymen Menge aufzulösen und mit ihr bequem im Fluß des Pseudolebens mitzuschwimmen« ([1978] 1980, S. 26). In diesem Kapitel möchte ich die Methoden untersuchen, mit deren Hilfe sich Machtinhaber diese universale menschliche Neigung zunutze machen. In den Jahren 1990 und 1991 rückten zwei außergewöhnliche Beispiele des Machtmißbrauchs, deren Kontext unterschiedlicher kaum sein könnte, ins Zentrum der öffentlichen Aufmerksamkeit. Im ersten Fall handelt es sich um Saddam Hussein, Präsident des Irak, der sein Land Anfang 1991 zum zweitenmal innerhalb eines Jahrzehnts in einen blutigen Krieg führte, den er initiierte und schließlich verlor. Im zweiten Fall geht es um Robert Maxwell, dessen kompliziertes Finanzimperium innerhalb weniger Tage nach seinem Tod im November 1991 auf spektakuläre Weise zusammenbrach – ein Bankrott, der die gesamte Geschäftswelt erschütterte und noch wochenlang für Schlagzeilen in der nationalen und internationalen Presse sorgte. Einleitend möchte ich klarstellen, daß ich Maxwells Aktivitäten oder deren weitreichende Folgen in keiner Weise mit den Taten Husseins oder der Nazis vergleiche. Vielmehr möchte ich die Auswirkungen des Machtmißbrauchs unter verschiedenartigen Bedingungen und in unterschiedlichen Zusammenhängen betrachten und untersuchen, wie sich die dunkleren Seiten der menschlichen Natur in solch verschiedenen Situationen manifestieren.

Wenn politische Führer Macht mißbrauchen: Der Fall Saddam Hussein

Wie wir bereits früher im Zusammenhang mit den Exzessen des Naziregimes sahen, zwingen Tyrannen ihrem Volk Abhängigkeit und ein regressives, kindliches Verhalten auf. Ihre Welt gehorcht einer schlichten Dynamik: Ihre Untertanen sind entweder für sie oder gegen sie, die Welt ist eingeteilt in Schwarz und Weiß. Für Nuancen gibt es keinen Platz. Selbständige Denker können nicht überleben; jene, die nicht augenblicklich kollaborieren, werden zu den neuen Schurken abgestempelt, und diejenigen, die des Führers Ideale nicht teilen, zu minderwertigen Untermenschen erklärt, auf die sich dann die Wut der Mächtigen konzentriert.

Die meisten Menschen passen sich rasch an und unterstützen auf passive oder aktive Weise die Bestrebungen des Führers, jene zu strafen, die sich nicht fügen wollen. Dieses Verhalten dient dem Selbstschutz in zweierlei Hinsicht. Erstens verringert es die Wahrscheinlichkeit, selbst zum Opfer des Führers zu werden. Und zweitens dient die Identifizierung mit dem Angreifer, wie wir gesehen haben, als Möglichkeit, dem durch den Totalitarismus erzeugten eigenen Gefühl der Hilflosigkeit und Ohnmacht entgegenzuwirken. Die Überzeugung, dem Führer nahe zu sein – Teil des Systems zu werden –, weckt ein illusionäres Machtgefühl. Dieser Prozeß der Identifizierung mit dem Angreifer, der Druck, sich einer Art Gruppendenken anzuschließen, geht mit bestimmten notwendigen Handlungen einher, deren augenfälligste die Beteiligung an der gegen die erklärten Feinde des Aggressors gerichteten Gewalt ist. Die so geteilte Schuld wird zu einem Zeichen der Bindung, die der Führer verstärken kann, indem er unaufhörlich Personen zu bösartigen Feinden erklärt. Die Anhänger, die zwischen ihrer Liebe zum Führer und der Angst vor ihm hin- und hergerissen sind, werden sich den an sie gestellten Forderungen mehrheitlich beugen. Ihnen werden bequeme Sündenböcke in genügender Zahl präsentiert, an denen sie als Gruppe Rache nehmen können, wenn die Dinge nicht so laufen, wie der Führer es will – das heißt, es sind Opfer zur Hand, auf die alles, wovor sie sich fürchten, alles, was als böse und als Gefahr für das System erlebt wird, projiziert werden kann. Eine solche Entwicklung kann furchtbare Folgen haben. Sie kann zur vollständigen Selbstzerstörung einer Organisation führen oder – im Falle politischer Führer – das Ende einer ganzen Nation heraufbeschwören. Diesen Prozeß beobachten wir in Saddam Husseins Irak.

Was Husseins Geschichte betrifft, so ist es schwierig, Wahrheit und Fiktion aus den recht undurchsichtigen Darstellungen über sein Leben herauszufiltern; dies liegt vor allem daran, daß er die Wahrheit beharrlich verschleierte und seinen persönlichen Mythos in weiten Teilen selbst erfand. Wir wissen, daß er 1937 in der Wüstenstadt Takrit geboren wurde und daß seine Familie außerordentlich arm war (Darwish und Alexander 1991; Rayski 1991; Karsh und Rautsi 1991). Sein Name bedeutet »der die Stirn bietet« – ein düsterer Verweis auf seine künftige Entwicklung. Seinen Vater, der verschiedenen Quellen zufolge vor Saddams Geburt verschwand, starb oder ermordet wurde, hat er nie gekannt. Seine Mutter hatte also, aus welchen

Gründen auch immer, ihren Ehemann verloren und trauerte zudem um ihren nur kurze Zeit zuvor gestorbenen ältesten Sohn: Alles in allem kein glücklicher Start für ein neugeborenes Baby. Die Spekulation liegt nahe, daß die beträchtliche Belastung, die der Verlust des Vaters dem Kind gleich zu Beginn seines Lebens auferlegte, sowie die vermutlich ambivalenten Gefühle der Mutter ihm gegenüber und später die Gewalttätigkeit seines Stiefvaters in Hussein das Gefühl hervorriefen, ein ungewolltes Kind zu sein. Husseins Kindheit war erfüllt von Wut, Beschimpfungen, Gewalt und Verbrechen. Sein Stiefvater erzog ihn nicht, sondern schickte ihn zum Stehlen auf die Straße, bis Hussein schließlich im Alter von acht Jahren von zu Hause fortlief, um eine Schule zu besuchen. Soweit die offizielle Version. Es heißt, daß er im Alter von zehn Jahren mit Waffen umgehen konnte und möglicherweise von diesem Zeitpunkt an ein Gewehr trug.

In der Regel besteht wenig Hoffnung, daß ein Mensch, der seine ersten Jahre unter derart ungünstigen Bedingungen verbringt, aus seinem Leben etwas machen kann – es sei denn, irgend jemand beginnt sich für das heranwachsende Kind zu interessieren. In Husseins Fall wurde diese Rolle offenbar von dem Bruder seiner Mutter übernommen, Khayrallah Tulfah, einem in Bagdad ansässigen Lehrer. Tulfah war während des Zweiten Weltkriegs wegen seiner Teilnahme an einem pro-nazistischen Aufstand, der von den britischen Truppen niedergeschlagen wurde, aus der irakischen Armee entlassen worden. Dieser Vorfall weckte seinen lebenslangen Haß auf Großbritannien und den »Imperialismus«, einen Haß, den sich sein Neffe zu eigen machte. Hussein hatte den Ehrgeiz, Offizier zu werden – eine Militärkarriere bot im Irak jener Zeit, als das Land durch Putsche und Gegenputsche zerrissen war, die einzige Garantie für einen sozialen Aufstieg. Aufgrund seiner schlechten Noten aber wurde er an der Militärakademie in Bagdad nicht zugelassen, eine Enttäuschung, die er kompensierte, indem er sich selbst, einmal an die Macht gelangt, zum Feldmarschall ernannte.

Bereits früh beteiligte sich Hussein rege an den politischen Intrigen, die Iraks innere Angelegenheiten so turbulent gestalteten. 1956 gehörte er zu den Putschisten, welche die irakische Monarchie zu stürzen versuchten, und ein Jahr später – er war gerade 20 Jahre alt – schloß er sich der Baath-Partei, der künftigen politischen Organisation des Staates, an. Die Baath-Partei bekennt sich offiziell zu einer Art sozialistischer panarabischer Ideologie, beruht aber in Wahrheit auf Ideen, die sie vom deutschen Nationalsozialismus und vom italienischen Faschismus übernommen hat. Seit seiner Schulzeit scheint Hussein kein Privatleben außerhalb der Baath-Partei geführt zu haben.

Hussein trat erstmals ins Rampenlicht, als er gemeinsam mit seinem Onkel einen Anschlag auf den damaligen Herrscher des Irak, General Abd al-Karim Qasim, verübte. Die offizielle Darstellung dieses Vorfalls betont Husseins Bereitschaft, sich wie ein Märtyrer zu opfern, um ein nicht annehmbares Regime beseitigen zu helfen. In einer Geschichte, die von Furchtlosigkeit, Schlauheit, Loyalität gegenüber Partei und Volk und eiserner Disziplin handelt, beginnen Mann und Mythos bereits hier miteinander zu verschmelzen. Als Qasim schließlich getötet wurde, gelangte die Baath-Partei an die Macht, und Hussein wurde in den Revolutionären Kommandorat befördert, wo er eine Spezialeinheit leitete, deren Aufgabengebiet Terroranschläge und Attentate waren. Im Qasr al-Nihayyat oder »Palast des Endes«, so genannt, weil hier König Faisal und seine Familie hingerichtet worden waren, verhörte und folterte er Gefangene. Hussein wollte das innere Sicherheitssystem der Partei, den Jihaz Haneen oder das »Instrument der Sehnsucht«, aufbauen. Seine Macht wuchs, bis er hinter seinem Cousin, dem Präsidenten General Ahmad Hasan al-Bakr, zum stellvertretenden Sekretär und General des Revolutionären Kommandorates (der eigentlichen Macht im Lande) aufstieg. 1968 und 1969 kam es im Irak zu einer Reihe großer Säuberungsaktionen, in deren Zusammenhang Hinrichtungen auf dem »Platz der Freiheit« in Bagdad stattfanden, wo 14 angebliche Spione öffentlich gehängt wurden.

Am Nationaltag des Jahres 1979, dem 17. Juli, ernannte sich Hussein selbst zum Präsidenten und trat an die Stelle seines Cousins, der am Vortag, vermutlich aus gesundheitlichen Gründen, zurückgetreten war. Fünf Tage später initiierte er eine dramatische Säuberungsaktion unter den Parteimitgliedern, um sich potentieller Rivalen zu entledigen. Auf einer Versammlung von mehr als 1000 Mitgliedern der Baath-Partei wählte er aus einer Liste Namen aus und zwang die betreffenden Personen, ein Geständnis vorzulesen, in dem sie ihre Teilnahme an – von Libyen geführten – Verschwörungen gegen den Irak und die Partei bekannten. Die verängstigten übrigen Anwesenden reagierten mit lauten »Lang-lebe-Saddam«-Rufen und forderten »Tod den Verrätern« (Darwish und Alexander 1991; Karsh und Rausi 1991) – die Prozesse der Identifizierung mit dem Angreifer und der geteilten Schuld machten sich bereits bemerkbar. Um seiner Botschaft Nachdruck zu verleihen, ließ Hussein dieses Ereignis filmen und Kopien an Spitzenrepräsentanten der Baath-Partei und des Militärs verteilen. Später wurden 22 der ausgewählten »Verschwörer« zum Tod durch »demokratische Hinrichtung« verurteilt, das heißt, sie wurden von Erschießungskommandos, die aus ihren Parteigenossen bestanden und an denen sich Hussein persönlich aktiv beteiligte, hingerichtet. Andere wurden zu langen Haftstrafen verurteilt. Die Erfindung von Verschwörungen und der Einsatz des Terrors wurden zu Hauptwaffen in Husseins Bemühungen, die Massen hinter sich zu bringen.

Aus all den verfügbaren Informationen können wir schließen, daß Husseins innere Welt von Grandiosität und Gewalt beherrscht wird. Seine Paranoia, die durch eine politische Tradition der Unbeständigkeit, der Putsche und Gegenputsche, verstärkt wurde, läßt sich mühelos erkennen und findet ihren deutlichsten Ausdruck in der von ihm aufgebauten, besonders blutigen Form des Totalitarismus; der Irak wird ausschließlich von der Baath-Partei beherrscht, die wiederum vollständig von Hussein selbst kontrolliert wird. Die Bevölkerung wird durch die Aktivitäten der Geheimpolizei in Schach gehalten, die das Regime durch Folter stützt und einen nicht abreißenden Strom von »Volksfeinden« auf diese oder jene Weise straft, um zu demonstrieren, welcher Gefahr sich derjenige aussetzt, der sich dem Regime nicht anpaßt. Informanten sind allgegenwärtig und bereit, über jedwede verdächtige Aktivität Bericht zu erstatten. Das Regime, das Hussein aufgebaut hat, weist starke

Ähnlichkeit mit dem Herrschaftssystem Stalins auf, der, nebenbei bemerkt, einer seiner Vorbilder ist. Wir können vermuten, daß Husseins Aktionen die Gewalt widerspiegeln, die sein Inneres beherrscht. Davon zeugen seine ständigen Bemühungen, potentielle Opponenten auszuschalten, seine in die ganze Welt ausgesandten Terrortruppen, der Tod durch Vergasung, dem er seine eigenen Bürger aussetzte, seine Behandlung der Kurden und Schiiten im Irak. Vor allem wird diese Gewalt erkennbar an den unzähligen Toten der beiden Kriege, die er seit seiner Machtübernahme begonnen und verloren hat.

Was aber will Hussein? Was motiviert ihn? Er selbst würde sagen, daß er nach einer neuartigen Weltordnung strebt, einer Renaissance der arabischen Nation. Auf dem Höhepunkt seiner Macht erging er sich in einem Interview in nostalgischen Ausführungen über die Tatsache, daß die gesamte nun von ihm beherrschte Region einst das Licht anderer Kulturen, die arabische Nation »die Quelle aller Propheten und die Wiege der Zivilisation« gewesen sei (Matar 1981, S. 237). Er betrachtet es als seine Mission, die arabischen Völker im Kampf gegen die fremden Usurpatoren und Übermächte zu vereinen, eine Parole, die in den verarmten und vertriebenen arabischen Massen Widerhall findet. Ein bestimmter Feind spielt hierbei eine besondere Rolle – die Zionisten. Hussein begreift sich selbst als Nachfolger früherer heldenhafter Führer: Nebukadnezars, der die versklavten Juden in die Gefangenschaft führte, und Saladins.

Aber auch wenn sich Hussein zu dieser Mission bekennt, erklärt oder rechtfertigt sie noch nicht die Gewalt, die Paranoia und die ungezügelten narzißtischen Strebungen, die sein Leben beherrschen. Konzepte wie *Narzißmus* und *Grandiosität* vermögen den Persönlichkeitskult und die erzwungene Verherrlichung seiner Person, die sich im Irak beobachten ließen, bevor die Operation Desert Storm bewies, daß das Idol auf tönernen Füßen stand, nicht hinreichend zu erklären. Riesige Propagandatafeln mit Husseins Porträt zeigten ihn abwechselnd als militärischen Helden, als Krieger aus vorbiblischen Zeiten, als modernen Nationalisten, als Beschützer des Volkes und als Architekten des modernen Staates. In politischen Rundfunksendungen wurde sein Name 30- bis 50mal innerhalb einer Stunde erwähnt, verbunden mit Gratulationen für seine jüngsten Leistungen. Bagdads Flughafen heißt »Saddam International Airport«. Irakische Schulkinder rezitierten seine Parolen, sie trugen T-Shirts mit seinem Bild und Armbanduhren mit seinem Konterfei auf dem Zifferblatt. Sein Porträt hing in jedem Haushalt. Er war die Verkörperung des irakischen Idealcharakters und ließ sich, wo immer er ging und stand, von Männern begleiten, die sich ihm in Verhalten, Kleidung und äußerem Gebaren soweit wie möglich anglichen. In Filmaufnahmen, die während des Golfkriegs entstanden, ist er mitunter nur schwer von der Schar uniformierter, Schnurrbart tragender Männer zu unterscheiden, die ihn, bewundernden Klonen ähnlich, umgeben. Die Exzesse seines Regimes zwangen die Menschen in eine fast surreal anmutende Identifizierung mit ihrem Angreifer.

Hussein hat sein turbulentes inneres Theater auf seine Umgebung projiziert und eine durch Gewalt und Größenwahn charakterisierte Welt geschaffen, in der niemand mehr vertrauenswürdig erscheint. Diese Projektion ist vielleicht seine Methode, seine Vergangenheit zu bewältigen und mit seinen archaischen Gefühlen der Hilflosigkeit, Demütigung und Ablehnung fertig zu werden. Entsprechend exzessiv ist seine Paranoia. Aus Angst, sie könnten sich gegen ihn verschwören, ließ er seine engsten Mitarbeiter ermorden. Unaufhörlich trifft er Vorkehrungen gegen Attentatsversuche. Er lebt in einer Bunkerwelt und umgibt sich mit Leibwächtern, Vorkostern und Doppelgängern (Brooks und Horwitz 1991, S. 1). Der Journalist, der die seltene Erlaubnis erhält, ihn zu besuchen, muß sich nackt ausziehen und eine Leibesvisitation über sich ergehen lassen. Er muß seine Hände in eine blaue chemische Lösung tauchen, die mögliche Gifte, die beim Händeschütteln übertragen werden könnten, kenntlich oder unschädlich macht, und seinen Füllfederhalter abliefern, der dann auf verborgene Waffen untersucht wird.

Es ist schwer vorauszusagen, wohin dieser Machtmißbrauch letztlich führen und wie Husseins Ende aussehen soll. Im Frühjahr 1991 hatte es den Anschein, als gäbe es für ihn nur noch den

Tod oder einen Rücktritt in Schande. Er hatte »die Mutter aller Schlachten« verloren, durch das Land, das er nach wie vor beherrschte, verlief eine tiefe Kluft, und die Wirtschaft war völlig ruiniert. Sein trauerndes und demoralisiertes Volk verfluchte ihn offen als *muka'ab shaytan*, als *dreifachen Teufel*, und in 14 der 18 Provinzen kam es zu Aufständen. Innerhalb weniger Wochen aber konnte er sich seine Autorität trotz der Auswirkungen der UN-Sanktionen, die das irakische Volk hart trafen, wieder sichern. Ein Jahr nach dem Krieg hatte sich die Säuglingssterblichkeit verdreifacht, Nahrungsmittel und Medikamente – die geliefert worden wären, wenn Hussein in die von der U.N. vorgeschlagenen Bedingungen für den Ölexport eingewilligt hätte – waren rar. Aber die eingeschüchterten und verängstigten Iraker wurden durch das neuerliche Auftauchen der Geheimpolizei zum Schweigen gebracht. Die großformatigen Porträts ihres Präsidenten wurden repariert und säumten wie zuvor die Straßen. Die Opposition war desorganisiert und zersplittert; jene, die nach dem Golfkrieg an einem fehlgeschlagenen Aufstand teilgenommen hatten, wurden gefoltert und auf extrem grausame Weise umgebracht. Sämtlichen Erwartungen des Westens zum Trotz bekam Hussein den Irak wieder fest in den Griff.

Zwei Jahre nach Ende des Krieges hielt sich Hussein nach wie vor zumeist verborgen. Er telefonierte nicht, weil er fürchtete, daß westliche Abhörsysteme seinen Aufenthaltsort ausfindig machen könnten. Er stellte sein Kabinett in regelmäßigen Abständen von drei Wochen um. Gerüchten zufolge existierten mindestens 80 Doppelgänger, die als Lockvögel eingesetzt wurden, wenn er durch das Land reiste. Seine Kontrolle aber blieb absolut. Die Politik des äußersten Risikos, mit der er die Zerstörung der chemischen und nuklearen Waffenarsenale des Landes zu verhindern suchte, war meisterlich; fortwährend spielte er mit dem Feuer, indem er die Geduld der Außenwelt bis an die Grenzen strapazierte, ohne je wirklich zu weit zu gehen. Der Wiederaufbau nach dem Krieg erfolgte schneller, als westliche Beobachter erwartet hatten. Brücken, Straßen, Ölraffinerien und öffentliche Gebäude, die in den Gefechten beschädigt oder zerstört worden waren, wurden beinahe ausnahmslos wiederaufgebaut; öffentliche Einrichtungen arbeiteten bald erneut auf Vorkriegsniveau. Zu der Serie riesiger Plakatwände, auf denen die Großtaten des Präsidenten gefeiert wurden, gesellte sich ein neues Motiv: »Präsident Saddam Hussein – Symbol des Kampfes und Wiederaufbaus«. Die irakische Armee, von der man irrtümlicherweise angenommen hatte, daß sie in den Kämpfen stark geschwächt worden sei, wurde zu 40 Prozent ihrer Vorkriegskapazität wiederhergestellt; der Süden des Landes, auf den sich die Nachkriegsrebellion konzentriert hatte, wurde dem Kriegsrecht unterstellt. Flüchtlinge, die Husseins Regime entkommen konnten, sprechen seit geraumer Zeit voller Verbitterung von einer unheiligen Allianz zwischen dem irakischen Diktator und dem Westen; der Rhetorik der alliierten Kriegsmächte zum Trotz und ungeachtet der Unterstützung irakischer Oppositionsgruppen durch den Westen hätten jene, die hinter der Operation Desert Storm standen, nie die Absicht gehabt, Hussein zu töten; es liege im langfristigen Interesse des Westens, ihn an der Macht zu halten, um eine womöglich noch schlimmere Situation zu verhindern. Zum erstenmal – so nachhaltig ist der Eindruck, den Husseins erfolgreicher Wiederaufbau seines Landes machte – hörte man dieselben Überlegungen auch in den Straßen von Bagdad.

Es liegt zweifelsfrei auf der Hand, daß man Husseins Widerstandsfähigkeit nicht unterschätzen sollte. Im Unterschied zu anderen Diktatoren wird er von keiner politischen Ideologie getrieben. Sein größtes Interesse besteht darin, die Macht um jeden Preis zu behalten, und dabei hat er sich trotz der Katastrophe, die er über sein Land brachte, als verblüffend erfolgreich erwiesen. Hätte irgend jemand diese Entwicklung des Jungen aus Tikrit voraussagen können? Hätte irgend jemand vorhersehen können, daß das Aufeinandertreffen zwischen einem historischen Augenblick (einer ganz spezifischen, kritischen Phase in der Entwicklung einer Nation) und der Persönlichkeit eines einzelnen Mannes derart verheerende Folgen zeitigen würde? Wenn irgend jemand dies tatsächlich prophezeit hätte, so wäre es ihm nicht möglich gewesen, seine Warnung ein zweites Mal auszusprechen. Husseins Infamie, die Leiden, die er seinem Volk aufzwang, der Genozid an den Kurden, der wirtschaftliche Ruin seines Landes und die katastrophalen Schäden, vor denen er eine ganze Region nicht bewahrte, sind eine Hinterlassenschaft, deren Folgen noch lange Zeit spürbar sein werden.

Wenn Wirtschaftsführer ihre Macht mißbrauchen: Der Fall Robert Maxwell

Auch wenn der Machtmißbrauch in nationalem Maßstab weitreichende Konsequenzen nach sich ziehen kann, für welche die Toten und Verwundeten der am Golfkrieg beteiligten Länder zeugen, ist in ein Geschäftssetting von vornherein ein gewisses Maß an Schadensbegrenzung eingebaut. Und so fragen wir uns angesichts des dramatischen Zusammenbruchs, den Robert Maxwells Medienimperium nach seinem Tod erlitt, verwundert, wie dieses ungewöhnliche und komplizierte Gebäude überhaupt errichtet werden konnte. Gewiß, als es zerfiel, gab es keinen Mangel an Finanzarchitekten, die rasch mit der Erklärung bei der Hand waren, daß es nie solide Grundlagen gegeben habe und die ganze Sache ein Beispiel für Pfusch in größtem Maßstab sei. Am meisten überrascht es, daß sie offenbar all die Jahre über das gleiche gesagt hatten – zumindest seit im Juli 1971 ein Untersuchungsausschuß des britischen Handelsministerium zu dem Ergebnis gelangte, daß Maxwell »unserer Meinung nach niemand ist, dem man die kompetente Leitung einer Publikumsgesellschaft anvertrauen kann« (Bower 1991, S. 287). 20 Jahre später wurde deutlich, daß Maxwells Vermögen im Grunde nicht existierte: Die spektakulären Ergebnisse seiner Unternehmen beruhten weniger auf soliden Geschäftstransaktionen als vielmehr auf einem Jonglieren mit privaten und öffentlichen Anlagen oder Transaktionen im Währungshandel. Er hatte praktisch den gesamten Familienbesitz beliehen, um seine geschäftlichen Aufkäufe finanzieren zu können; um seine Geldgeber zu beruhigen, hatte er Guthaben und Schulden panisch zwischen seinen einzelnen Unternehmen hin- und hergeschoben; er hatte die Pensionsfonds benutzt, um sein schwankendes Imperium zu stützen; und er hatte mit Papieren gearbeitet, die, wie er wußte, als Sicherheiten für Darlehen wertlos waren. In der allgemeinen Wut, die diese Enthüllungen weckten, wurden immer wieder die gleichen Fragen gestellt: Warum hat ihn niemand gestoppt? Begriff niemand, was er tat? Wie konnte er es schaffen, derart viele Leute so lange an der Nase herumzuführen? Warum hörte niemand auf die Warnungen? Die Antworten auf all diese Fragen liegen offenbar in Maxwells Persönlichkeit und dem Einfluß, den er auf seine Umgebung und die Menschen, die für ihn arbeiteten, ausübte.

In der Fülle der mehr oder weniger vernichtenden Berichterstattung der internationalen Presse, die sich Maxwells postume Bloßstellung zur Aufgabe gemacht hatte, tauchte ein bestimmtes Bild immer wieder auf – das einer heimtückischen, wohlgenährten Spinne, die im Zentrum eines weitgespannten, gut verborgenen Netzes lauert. Diese Analogie wurde bemüht, um Maxwell als Geschäftsmann ebenso wie als Familienoberhaupt zu charakterisieren. Dementsprechend betrachtete man seine Mitarbeiter und seine Kinder unterschiedslos als Opfer oder als glücklich Entronnene. Das Spinnenbild besagt sicher einiges über das herausragende Charakteristikum von Maxwells Persönlichkeit, nämlich sein überwältigendes Kontrollbedürfnis. Man hat dieses Bedürfnis einhellig auf die Bedingungen zurückgeführt, unter denen er seine ersten 16 Lebensjahre verbrachte.

Maxwell wurde als Jan Ludwik Hoch 1923 in einem kleinen Bauerndorf an der tschechisch-rumänischen Grenze geboren. Man hat diese Region als »primitivste und ärmste Gegend auf dem gesamten europäischen Kontinent« bezeichnet (ebd., S. 12). Seine Eltern, orthodoxe Juden, hatten sieben Kinder. Die Familie war ungeheuer arm, hielt aber trotz aller Belastungen, denen sie in jener Gegend ausgesetzt war, eng zusammen. Als sich 1939 im Dorf die ersten Folgen des nationalsozialistischen Antisemitismus bemerkbar machten, wurde Maxwell von seinen Eltern nach Budapest geschickt, wo er sich Arbeit suchen sollte. Er hat keinen seiner Angehörigen je wiedergesehen. Sie alle wurden in den Konzentrationslagern ermordet. Maxwell selbst entkam über Ungarn nach Frankreich und schloß sich den tschechischen Widerstandstruppen an, bevor er nach England evakuiert wurde. Mit der britischen Armee kehrte er auf den Kontinent zurück. Als Spion zeichnete er sich durch eine Reihe mutiger Aktionen aus, bei denen er häufig hinter den feindlichen Linien operierte; er wurde zum Offizier befördert und dekoriert und änderte schließlich, nachdem er verschiedene Pseudonyme benutzt hatte, seinen Namen. Nach dem Krieg machte er in Berlin erste Bekanntschaft mit den Kommunikationsmedien, als er zum Beauftragten des deutschen Verlagswesens im britischen Sektor ernannt wurde.

Maxwells Vorgesetzte in der Armee und im öffentlichen Dienst hatten seine außerordentlichen Fähigkeiten mittlerweile erkannt. Er war mutig und phantasievoll und beherrschte neun Sprachen fließend. Sein kommandierender Offizier hatte ihm bei seiner Versetzung in ein anderes Regiment eine schmeichelhafte und vielsagende Empfehlung mit auf den Weg gegeben:

»Dieser Mann besitzt eine sehr starke Persönlichkeit. Er ist sehr diszipliniert, arbeitet aber aus verschiedenen Gründen weit effektiver, wenn er über ein höheres Maß an Entscheidungs- und Bewegungsfreiheit verfügt, als es auf einem Posten mit vielen Regeln und Restriktionen möglich ist« (zitiert nach ebd., S. 26).

Groß gewachsen, ungemein gutaussehend, charmant, ehrgeizig und voller Zukunftsträume heiratete Maxwell im Jahre 1945 Elizabeth Meynard, die Tochter eines wohlhabenden französischen Seidenfabrikanten. Sie bekamen neun Kinder, von denen sieben überlebten, und ließen sich, als Maxwell 1946 aus der Armee ausschied, in England nieder.

Zur Zeit seiner Heirat prophezeite Maxwell seiner Frau, daß er Millionär und Parlamentsabgeordneter werden würde, und sobald er nach England zurückgekehrt war und einen britischen Paß erhalten hatte, leitete er die entscheidenden Schritte in die Wege. Nach einigen Fehlstarts gründete er die Pergamon Press, mit der Auflage, wissenschaftliche Literatur und Fachzeitschriften zu publizieren. Diese solide, wenig aufregende Verlagsgesellschaft war das Fundament, auf dem Maxwell sein eklektizistisches Konglomerat verschiedenster Kommunikationsmedien errichtete, bis er schließlich das weit ausgedehnte, überall sichtbare, globale Medienimperium geschaffen hatte, das er bei seinem Tod hinterließ. In derselben Zeit realisierte er auch sein zweites Ziel – er wurde Labourabgeordneter, arrangierte sich mit den Widersprüchen seines Lebens als kapitalistischer Sozialist, beharrte auf seiner unflexiblen, oppositionellen Haltung gegenüber den Gewerkschaften, welche die von ihm repräsentierte Partei unterstützten und mit denen er in seinen Firmen unaufhörliche Auseinandersetzungen führte.

Weder als Parlamentsabgeordneter noch als Geschäftsmann ließ sich Maxwell durch Rückschläge oder Niederlagen entmutigen. Seine Fähigkeit, immer wieder auf den Füßen zu landen, trug ihm für alle Zeiten den Spitznamen »das tschechische Stehaufmännchen« ein. Höchst eindrucksvoll demonstrierte er diese Fähigkeit durch seine Reaktion auf die im Jahre 1971 vom Handelsministerium durchgeführte Untersuchung der Rolle, die er beim Verkauf eines Teils des Pergamon-Verlagsunternehmens gespielt hatte. Er bezeichnete den Bericht verächtlich als »Verunglimpfung und Hexenjagd« (ebd., S. 287) und wandte sich an die Gerichte, um eine Revision des vom Handelsministerium ausgesprochenen Urteils zu erwirken. Es wurde ohne Einschränkung bestätigt. Seither jedoch »behauptete er hartnäckig, daß sein Gang durch die Instanzen und seine Bemühungen, eine Zurücknahme der Anklage zu erwirken, erfolgreich gewesen seien. Das stimmt nicht, sein unnachgiebiges Beharren auf der Unwahrheit aber hilft uns, sowohl das innere Dilemma Maxwells zu verstehen als auch das britische Klima, in dem er verzweifelt zu siegen versuchte« (ebd.). Das Urteil des Untersuchungsausschusses war niederschmetternd:

[Maxwell] »ist ein Mann voller Energie, Antriebskraft und Phantasie, leider aber veranlaßt ihn eine unzweifelhafte Fixierung auf seine eigenen Fähigkeiten, die Meinung anderer zu ignorieren, wenn sie mit seinen Ansichten nicht vereinbar ist. ... Weder seine Direktoren noch seine professionellen Berater oder seine Angestellten vermochten seine Ansichten und Aktivitäten in eine andere Richtung zu lenken. Das Konzept politisch verantwortlicher Vorstände und Aufsichtsräte war ihm fremd. ...
Er vertrat einen fahrlässigen und ungerechtfertigten Optimismus, der es ihm bei verschiedenen Gelegenheiten ermöglichte, unangenehme

Fakten zu ignorieren beziehungsweise Dinge zu behaupten, die, wie er selbst genau wußte, nicht zutrafen.« (Zitiert nach ebd., S. 286)

Diese Beschuldigungen waren eindeutig. Auch wenn sie Maxwells außerordentliche Begabung anerkannten, analysierten die Mitglieder des Untersuchungsausschusses gnadenlos die Art und Weise, wie er diese Talente mißbräuchlich eingesetzt hatte. Die Anklage zeichnet das Porträt eines Organisationstyrannen, der keinen Bezug zur Realität hat und seine persönlichen narzißtischen Bedürfnisse auf Kosten von Wahrheit und Umsicht befriedigt. Gleichwohl konnte die Untersuchung Maxwells Treiben nicht Einhalt gebieten. Im Anschluß an das Verfahren machte er sich zielstrebig daran, 51 Prozent sämtlicher Gesellschaften, an denen er beteiligt war, unter seine Kontrolle zu bringen, um sicherzustellen, daß ihn kein Aufsichtsratsgremium zur Rechenschaft ziehen konnte. In diese Gremien berief er zahlreiche Spitzenrepräsentanten aus der Finanzwelt und der Politik, Personen, die es als ihre Aufgabe hätten betrachten müssen, die Interessen der Einzelunternehmen und ihrer Investoren zu schützen.

20 Jahre später schließlich traten der »ungerechtfertigte Optimismus«, die Lügenkonstruktionen, die Geheimnistuerei, der Größenwahn offen zutage. Wie hatten sie so lange verborgen bleiben können? Macht man es sich zu einfach, wenn man alles auf das »britische Klima« der siebziger und den wirtschaftlichen Boom der achtziger Jahre zurückführt? 1991 besaß Maxwell Unternehmen in Großbritannien, in den Vereinigten Staaten, in Frankreich, Israel und Osteuropa. Niemand blieb von der Katastrophe, die sein Tod nach sich zog, unbeeinträchtigt; viele wurden ruiniert; und für alle kam diese Entwicklung überraschend. Wie war eine Täuschung in diesem Maßstab möglich?

Als Unternehmer demonstrierte Maxwell die ganze Ambivalenz gegenüber Autoritäten, die sein kommandierender Offizier bereits 1945 an ihm beobachtet hatte. Für sich selbst lehnte er Regeln und Restriktionen ab, anderen aber erlegte er sie in tyrannischer Manier auf. Er mußte alles und jeden um sich herum kontrollieren – seine Familie, seine Angestellten, seine gesamte Umgebung. Sein Kontrollbedürfnis kam in seiner obsessiven Beschäftigung mit Sicherheitsvorkehrungen zum Ausdruck. Telephone wurden abgehört, die Türen waren mit kodierten Sicherheitsschlössern versehen, und Lautsprechereinrichtungen ermöglichten es ihm, seine Belegschaft persönlich abzukanzeln. Als er die *British Printing Corporation* übernahm, führte er ein »beispielloses Sicherheits- und Kontrollsystem ein. Über jeden Penny, der ausgegeben wurde, verlangte er Rechenschaft. Einzig Maxwell persönlich konnte den Erwerb eines neuen Autos oder die Einstellung einer Aushilfssekretärin genehmigen oder einen Scheck über mehr als £500 ausstellen« (ebd., S. 346). Für ihn war Macht im buchstäblichen Sinne Nahrung und Trank. Bei Mahlzeiten, die man im Vorstandszimmer einnahm, wurde er grundsätzlich als erster bedient; er erhielt die größten Portionen, ob es sich um einen Bier-und-Sandwich-Imbiß mit Gewerkschaftsvertretern handelte oder um ein Gespräch mit Managern bei Lobster und Champagner.

Die Ironie des Mannes, der sein Vermögen auf dem Kommunikationssektor verdiente, besteht in seiner eigenen zwanghaften Geheimniskrämerei. Wie Peter Jay, ehemaliger Topmanager im Maxwell-Imperium, es einst formulierte: »Alles lief nach dem Prinzip des Informationsbedarfs. Wenn man Informationen benötigte, erhielt man sie nicht« (zitiert nach Cohen 1991, S. 11). Don Wood, früher Personaldirektor des *Daily Mirror*, einer Maxwell-Zeitung, pflichtet dem bei. Maxwell kombinierte seine Geheimniskrämerei mit seinem Talent, abwechselnd zu bezaubern und zu terrorisieren. Diese Kombination vermag vielleicht mehr als alles andere zu erklären, wie es ihm gelang, seine betrügerischen Aktivitäten so lange mit dem mehr oder weniger erzwungenen Einverständnis vieler ansonsten respektabler Personen zu betreiben. Maxwells Wutanfälle waren legendär; Gerüchte und apokryphe Geschichten über sein närrisches Verhalten zirkulierten in der gesamten Verlagswelt. Viele dieser Anekdoten enthielten einen genügend großen Wahrheitskern, um die Atmosphäre aus Angst und Furcht, die in den von ihm kontrollierten Unternehmen herrschte, noch zu verstärken. Schließlich hatte er einst sogar seinen eigenen Sohn Ian gefeuert, weil dieser ihn an einem Flughafen verpaßt hatte. Woods beschreibt den Managementstil, den Maxwell im *Daily Mirror* praktizierte:

Ich traf zu einer Besprechung am frühen Morgen um 7.30 oder 8.00 Uhr ein. Kevin [Maxwells jüngster Sohn] war häufig anwesend und erhielt seine tägliche Abkanzelung. Er hatte noch nicht lange genug gearbeitet, um wie jeder andere zu wissen, daß man die Dinge auch anders angehen konnte. ...
Maxwell verkörperte die Allmacht persönlich. Wir waren Soldaten. Wir erhielten Befehle und mußten sie ausführen.
Maxwell setzte seinen Charme ein oder verbreitete Angst, um zu bekommen, was er wollte. Die täglichen Briefings waren präzise und energisch. Einmal erlebte ich es, daß Kevin in Tränen aufgelöst war, und ein andermal hatte er solche Angst, daß er mich bat, eine bestimmte Information von seinem Vater für ihn einzuholen. (Zitiert nach Gillie 1991, S. 17)

Wenngleich Maxwell nicht zögerte, seinen eigenen Sohn vor anderen Leuten brutal niederzumachen – vermutlich um zu demonstrieren, daß er hart durchgreifen konnte, um seinen Willen zu behaupten –, befleißigte er sich seinen leitenden Managern gegenüber einer subtileren Technik:

Ein Banker aus den USA erfuhr von einem früheren Topmanager und Direktor eines Maxwell-Unternehmens, daß dieser selbst und andere Direktoren von Dokumenten oft nur die Seite zu sehen bekamen, auf der sie unterschreiben mußten – über die Inhalte der entsprechenden Transaktionen ließ Maxwell sie im dunkeln. Jener Manager sagte, daß sie aufgrund der guten Gehälter, die Maxwell zahlte, häufig hin- und hergerissen gewesen seien: Einerseits verspürten sie den Impuls zu kündigen, andererseits schien es von Vorteil, sich Maxwells Wünschen zu fügen (Wells, Bray und Reilly 1991, S. 3).

Viele Leute haben natürlich gekündigt. Aber wie verhielt es sich mit jenen, die blieben? Eingeschüchtert durch Maxwells Aggression, unmündig gehalten durch seine Geheimnistuerei, bestochen durch die Anreize und Belohnungen, die er versprach, konnte man in Maxwells Unternehmen nur überleben, wenn man nachgab und den Mund hielt. Die durch sein schroffes Verhalten geweckten Hilflosigkeitsgefühle leisteten seinem tyrannischen Managementstil noch Vorschub. Maxwells Unternehmenskultur förderte die Kollusion mit dem Angreifer durch erzwungene Unwissenheit und Billigung. Der gleiche Prozeß spielte sich auch in seiner Familie ab. Nachdem sie in seine Geschäfte hineingeschnuppert hatten, sagten sich die vier ältesten seiner überlebenden sieben Kinder von ihm los. Sie führen ein völlig anderes Leben als ihr Vater. Zuneigung oder Loyalität jedenfalls hat Maxwell in seinen Kindern nicht geweckt. Sie wuchsen in einer Art Zuchtanstalt auf und sollten Erfolg haben, und Maxwell schien entschlossen, jede Ähnlichkeit mit seinem eigenen Charakter in seinen Kindern zu tilgen. Sie wurden seiner Philosophie der »drei C's« gemäß erzogen: »Consideration, concentration and conciseness«, also »Rücksichtnahme, Konzentration und Präzision« (Bower 1991, S. 115):

Höflichkeit, ein respektvoller Tonfall und die gewissenhafte Befolgung von Vorschriften waren genau das, was Maxwell sen. konsequent und stolz abgelehnt hatte. Dennoch erwartete er diese Eigenschaften sowohl von seinen Angestellten als auch von seiner Familie. Psychologen beschreiben diese sonderbare Eigenart, von anderen das Gegenteil des eigenen Charakters zu erwarten, als ›projektive Identifizierung‹. Unbewußt, so darf man vermuten, hat Maxwell bestimmte Aspekte seiner Persönlichkeit verabscheut, so daß er heftig reagierte, wenn er sie in anderen wahrnahm. Daß seine Kinder ebenfalls seine Charaktereigenschaften entwickelten, wollte er um jeden Preis verhindern (ebd.).

Welche bewußten oder unbewußten Motive Maxwells Erziehungspraktiken auch immer zugrunde lagen – seine drei jüngsten Kinder jedenfalls, Kevin, Ian und Ghislaine, die Tochter, nach der er die Yacht benannte, von der aus er in den Tod stürzte, arbeiteten zum Zeitpunkt seines Todes eng mit ihm zusammen. Sowohl Kevin als auch Ian hatten sich nach Meinungsverschiedenheiten aus den Geschäften des Vaters zurückgezogen, ließen sich aber zur Rückkehr überreden. Auch wenn sie sich vor Auseinandersetzungen mit Maxwell nicht fürchteten, mußten sie sich mit den tyrannischen Forderungen eines Mannes arrangieren, der von der doppelten Bindung profitierte, in der seine Kinder zu ihm als Vater und als Arbeitgeber standen:

Gutaussehend und extravertiert, machte sich Ian die schauspieleri-schen Fähigkeiten seines Vaters zu eigen und spezialisierte sich auf Marketing und Verkauf. Er ging sogar so weit, die von seinem Vater favorisierten altmodischen, bunten Fliegen zu tragen. Einmal sagte er, es sei zwar unmöglich, mit seinem Vater Schritt zu halten, aber man könne ihm in vielerlei Hinsicht nacheifern. Dies sei ihm zunächst schwergefallen, mit der Zeit aber habe er es gelernt. ... Ian ... litt, schaffte es jedoch, sich durch seinen 15-Stunden-Tag zu lächeln. (Gil-lie 1991)

Kevin reagierte anders. Bei ihm machte der Prozeß der Identi-fizierung mit dem Angreifer bei der Krawattenwahl nicht halt. Er ließ sich auf die Aktivitäten seines Vaters weit intensiver ein. Mit dessen Talent für Zahlen, mit ähnlicher Rücksichtslosigkeit und unternehmerischer Begabung berauschte er sich ebenso wie Maxwell sen. an den Gefahren, denen sich der Erbauer eines Imperiums aussetzt. In einer Ansprache zum 65. Ge-burtstag seines Vaters sagte er: »Vor allem verdanke ich dir das erregende Gefühl, Dutzende von Bällen gleichzeitig in der Luft zu haben, und den Kitzel, einige von ihnen richtig landen zu sehen« (zitiert nach Gillie 1991). Da sie in die Intrigen ihres Vaters hilflos verstrickt waren, mußten Ian und Kevin Maxwell zusätzlich zu der Trauer um seinen Tod die volle Verantwor-tung für seine Geschäfte auf die eigene Schulter nehmen. Seine schützende Präsenz war dahin, und sie hatten sich den Unter-suchungen des Parlaments und sogar der Gerichte allein zu stellen. Maxwell hat einmal gesagt: »Meine Kinder werden von dem Reichtum, den ich geschaffen habe, keinen Penny erben« (zitiert nach Thompson und Delano 1988). Diese Prophezei-ung scheint eine seiner wenigen aufrichtigen Aussagen gewesen zu sein.

Welchen Eindruck hinterläßt Maxwells Geschichte in uns, wenn wir von dem spektakulären Untergang eines Imperiums und dem gleichermaßen traurigen Bild einer zerstörten Familie einmal absehen? Nach seinem Tod sagten viele: »Ich hab's kom-men sehen«, und noch viel mehr Leute konnten ihre Befriedi-gung darüber, daß eine derart monumentale Persönlichkeit ein so schändliches Ende nahm, kaum verhehlen. Dennoch wur-den Maxwells Angestellte und Investoren nicht nur von ihrem

Führer im Stich gelassen. Die Kontrollmechanismen der von Maxwell geplünderten Rentenfonds hatten versagt, Banker, Börsenmakler und Investmentanalysten in der City hatten nicht reagiert; die Vorstände und Aufsichtsräte von Maxwells verschiedenen Gesellschaften hatten ihre Funktionen aus welchen Gründen auch immer – Angst, Dummheit, Unwissenheit oder Gier – nie wirklich wahrgenommen; die zahlreichen Rechnungsprüfer, die mit beteiligt gewesen waren, kamen seiner »doppelten Buchführung« nicht auf die Schliche. Maxwells zweifelhaftes Ansehen konnte die Situation nicht verbessern. Viele Kommentatoren verstummten angesichts der Skrupellosigkeit, mit der er die strengen britischen Gesetze gegen Verleumdung und üble Nachrede für sich ausgenutzt hatte. Die Medien hatten gelernt, sich vor ihm in acht zu nehmen – und man darf nicht vergessen, daß er zu den wichtigsten Arbeitgebern der Branche gehörte.

Obwohl am Ende so viele verschiedene Parteien unfähig waren anzuerkennen, daß ihr Kaiser nackt herumlief, liegt die Bürde der Verantwortung auf Maxwells eigenen Schultern. Er kannte keine Selbstkontrolle und war unfähig, sich eine Umgebung zu erschaffen, in der auch andere zu Wort kommen und Gehör finden konnten. Wäre ihm dies gelungen, so hätte er vielleicht ein glücklicheres Leben geführt, sich weniger getrieben gefühlt und weniger besessen von dem Verlangen, alles kontrollieren zu müssen; vielleicht wäre es ihm erspart geblieben, unaufhörlich zwischen spektakulären Erfolgen und ebenso spektakulären Fehlschlägen zu schwanken, vielleicht hätte er sein Leben nicht ständig zwischen derartigen Extremen verbringen müssen, die ihn veranlaßten, die Welt nur in Schwarz-Weiß-Manier zu sehen und bevölkert von Menschen, die entweder für oder gegen ihn waren. Aber dies sind Vermutungen. Sein Charakter ließ es nicht zu, anders zu handeln; sein Hintergrund hatte ihn nichts anderes lehren können. General Dwight Eisenhower hat einmal gesagt: »Man führt nicht, indem man die Menschen schlägt – das ist Angriffsverhalten, aber keine Führung.« Maxwell jedoch war ein vertriebener Überlebender, und der Frontalangriff auf das Leben war vielleicht die einzige Vorgehensweise, die für ihn natürlich war.

Der gutmütige Tyrann

Maxwells Verhalten demonstriert vor allem die Schattenseite des Unternehmertums: Eigenschaften, die ursprünglich eine Kraftquelle darstellten und seinen Erfolg begründeten, nahmen exzessive Ausmaße an und führten schließlich zu seinem Untergang. Motivation war durch Aggression verdrängt worden; Inspiration hatte sich in Repression gewandelt; Bewunderung wurde zu Angst, Vertrauen zu Nervösität; Innovation wich fügsamer Duldung. Das Ergebnis war eine Organisation, die der Krankheit, die sich in Maxwells Empire ausbreitete, keinen Widerstand entgegenbringen konnte.

Wenn unternehmerische Energie jedoch sinnvoll eingesetzt wird, kann sich nichts mit der von ihr erzeugten kreativen Aktivität vergleichen. Unter bestimmten Umständen wirkt der Prozeß der Identifizierung mit dem Angreifer – solange dieser Angreifer mit beiden Beinen fest auf dem Boden steht – inspirierend, selbst wenn die äußeren Zeichen des Prozesses eine eher komisch wirkende, aber auffallende Ähnlichkeit mit weniger gesunden Manifestationsformen aufweisen:

Im Amstrad-Vorstandszimmer ist etwas Merkwürdiges geschehen. Mehrere Direktoren tragen Dreitagebärte. Nicht den vollen, ethnischen Typ, sondern mehr den gepflegten Stoppelbart, so daß sie alle wie Alan Sugar, der Unternehmenschef, aussehen. Mitunter ist die Ähnlichkeit so groß, daß man sie für Klone halten könnte.
»Ich wußte, daß Sie das sagen würden«, bemerkt Ann Sugar, Alans vierundzwanzigjährige Frau. »Man sieht dort viele Bartträger, und ich bin sicher, die meisten von ihnen waren glatt rasiert, als sie in das Unternehmen eintraten.« Mrs Sugar klingt ein wenig resigniert. Sie ist es zweifellos gewohnt, daß ihr Mann, sei es von Kollegen oder auch von Freunden, wie ein Held verehrt wird. (Leonard 1992)

Ähnlich wie Hussein und Maxwell stammt auch Alan Sugar aus ärmsten Verhältnissen. Er wuchs als jüngstes von vier Kindern in einer Sozialwohnung im Londoner Osten auf und verdiente sich mit 12 Jahren Geld, indem er früh am Morgen aufstand, um für einen Gemüsehändler Rote Bete zu kochen. Im Alter von 16 Jahren verdiente er abends nach der Schule und an den Wochenenden mehr als sein Vater in einer ganzen Woche. Er gründete Amstrad, als er 21 war, und erwarb sein Vermögen mit dem Verkauf von einfachen, preiswerten Computern für eine Öffentlichkeit, deren Interesse für die neuartige private Informationstechnik Anfang der achtziger Jahre gerade erst erwachte. Mit 40 stand er unter den reichsten Männern Großbritanniens an 15. Stelle. Als er durch den Börsenzusammenbruch 1987 mehr als Zweidrittel seines Privatvermögens verlor, bewahrte er sich seine philosophische Gelassenheit (»Es besteht im Grunde aus Aktien, die ich eigentlich immer vollständig ignoriert habe. Es ist schmeichelhaft, aber man hat nicht viel davon, und deshalb ist es irrelevant«) und setzte seine Arbeit mit unverminderter Energie fort.

Im Februar 1992 erschien eines der raren Interviews, die Sugar gab, in der Londoner *Times*. Carol Leonard zeichnete ein Profil, das an viele Eigenschaften des verstorbenen Robert Maxwell denken läßt; natürlich kann man darüber streiten, inwieweit es sich hierbei um typische Merkmale des erfolgreichen Unternehmers handelt. In ihrem Profil setzt sich Leonard mit Sugars legendärer Ungeduld auseinander (»Fragen Sie irgend jemanden nach meiner Geduld, und er wird lachen«); mit seinem Hang, die Dinge schwarzweiß zu sehen (»Er läßt keinerlei Mißverständnisse zu. Manche Leute nennen dies einen Tunnelblick, sie sagen, er sei unfähig, nach links oder rechts zu sehen, ihm fehle die dritte Dimension«); mit seinem Kontrollbedürfnis und seinem Egoismus (»Meine Frau fragt mich ständig, weshalb ich mich zu Tode arbeiten wolle, sie meint, daß niemand es mir danken wird. ... Ich glaube, es geht um mein Ego. Selbst wenn ich nur 33 Prozent besäße, würde mir dieses Unternehmen gehören, meine Initialen sind hier zu lesen, und es wird für immer Bestand haben«). Aber ebenso betont sie seine Aufrichtigkeit, Offenheit und Zugänglichkeit: »Wenn man die Zentrale anruft und ihn zu sprechen wünscht, greift er in aller Regel selbst zum Telefon.«

Ende der achtziger Jahre hatte Amstrad mit zahlreichen Schwierigkeiten zu kämpfen, und dem Vorsitzenden wurden undurchsichtige Erwerbungen und Machenschaften vorgeworfen, die irgendwo zwischen Schlauheit und Gaunerei angesiedelt waren. Das für Sugar persönlich skandalträchtigste Ereignis war sein Erwerb des Fußballvereins Tottenham Hotspur, wo er den Vorsitz übernahm. In dieser Position hatte er eine entscheidende Stimme bei der Vergabe der Life-Übertragungsrechte für die Spiele der englischen Erst-Liga an den Satellitensender BSkyB. Amstrad verkaufte Satellitenschüsseln im Auftrag von BSkyB, und als es so aussah, als würde BSkyB durch ITV, einen Konkurrenzsender, ausgebootet, veranlaßte Sugar BSkyB, das Gebot zu erhöhen. Es zeigt Sugars Offenheit oder Dummheit, daß er den Anruf bei BSkyB in Hörweite eines ITV-Repräsentanten tätigte. Sugar trotzte dem Sturm von Protesten und Beschuldigungen, die daraufhin folgten: »Mr Sugar sieht in seinem Doppelgeschäft nichts Falsches. Es war eindeutig keine limitierte Ausschreibung, da beide Seiten während der vergangenen Monate zahllose Gelegenheiten hatten, das Gebot der Konkurrenz zu überbieten. In Mr Sugars Augen war es ein Kampf mit harten Bandagen bis zum Letzten, und er ist überzeugt, daß man ihm keine unlauteren Mittel vorwerfen kann« (»Alan Sugar's Professional Foul«, 1992).

Auch wenn Sugars Haltung eine gewisse Rücksichtslosigkeit zu erkennen gibt, wird diese durch seine kompromißlose Direktheit doch zumindest gelindert. Diese Direktheit demonstrierte er erneut in seinem Brief an Aktionäre, in dem es um sein seit langem erwartetes Angebot ging, Amstrad nach verheerenden Ergebnissen im Jahre 1992 zu reprivatisieren:

Wir haben eine Organisation aufgebaut und der Leitung eines Managements anvertraut, das im internationalen Handel, in der Lagerkontrolle, in Akquisitions- und Herstellungsmethoden völlig unerfahren war. Ich selbst muß dafür die Hauptverantwortung übernehmen. ... 1989 mußten wir der Tatsache ins Auge sehen, daß die Amstrad-Produkte nicht mehr über den notwendigen Wettbewerbsvorteil verfügten. Amstrad war zu einem Unternehmen der Art geworden, über die wir uns Ende der siebziger Jahre lustig gemacht haben, ein gänzlich marktfernes, zunehmend träges Unternehmen, das die gleichen Produkte anbot wie seine Konkurrenz ... (Bennett 1992, S. 27)

Sugars Entschluß, das Unternehmen zurückzukaufen, wurde von Aktionären wie Kommentatoren heftig kritisiert; man warf ihm Gewinnstreben und Rücksichtslosigkeit gegenüber den Aktionären vor, aber Sugar beharrte auf seinem Standpunkt:

Denken Sie nicht, daß man nun den gesunden Menschenverstand zum Zug kommen lassen sollte? Glauben Sie wirklich, daß irgend jemand mit meinem Bekanntheitsgrad etwas Falsches oder Unpassendes tun darf? Seit dem Großen Knall und den Skandalen von Guinness, Blue Arrow und der Polly-Peck-Affäre sowie den zahllosen internen Verfahren sind Anwälte, Banker und Berater so zurückhaltend, daß es ein Wunder ist, wenn jemand wie ich noch eine Tasse Tee aufbrühen, geschweige denn ein Privatisierungsangebot machen darf. (Brief an die Londoner *Times* vom 16. November 1992)

Wenn man Parallelen zwischen den Erfolgen und Fehlschlägen Maxwells und Sugars ziehen kann, dann unterstreichen diese nur, wie unterschiedlich jene beiden Männer auf ähnliche Probleme reagierten. Es handelt sich um den Unterschied zwischen Aufrichtigkeit und Unaufrichtigkeit, zwischen Gewitztheit und krummen Touren, zwischen der Bereitschaft, die Verantwortung für die eigenen Aktivitäten zu übernehmen, und der Weigerung, für die Bilanzen einzustehen. Wie unpopulär oder empörend Sugars Angebot zur Rettung seines Unternehmens auch gewesen sein mag – sein kompromißloser Kurs ist vielleicht eher zu akzeptieren als ein mysteriöses Verschwinden von einer Yacht in den frühen Morgenstunden.

Vor allem aber gibt das im Februar 1992 in der *Times* erschienene Porträt einen Mann zu erkennen, dem es in den Jahren seines raschen und außergewöhnlichen Erfolgs gelungen ist, weder den Bezug zur Realität noch sein Selbstgefühl zu verlieren. Er beschrieb sich als »sehr bodenständig«:

Er hat, wie er sagt, Leute kennengelernt, denen das Geld zu Kopf gestiegen ist: »Sie haben sich vollständig verändert, sie versuchen, mit Gewalt in die oberen Gesellschaftsschichten aufzusteigen, und da bin ich eben anders.« ...
Sugar ist grundsätzlich brutal ehrlich. Auf eine direkte Frage gibt er eine direkte Antwort. ... Er kennt seine Fehler, aber er wird nicht versuchen, sie zu korrigieren. Er zuckt mißbilligend mit den Schultern, wenn man sie auflistet. ... Daß er respektlos sei, grob und übertrieben aggressiv. Daß er leicht explodiere und gern fluche, Schwächlinge verabscheue und auf starke Persönlichkeiten angewiesen sei. Gleichzeitig beten ihn diejenigen, die am engsten mit ihm zusammenarbeiten, zweifellos an, sie bekommen einen Kick, wenn sie neben

ihm arbeiten, sagen, daß er skrupellos gerecht sei, mit seinem Groll nicht hinterm Berg halte, und beschreiben seinen Managementstil als den eines gutartigen Tyrannen.« (Leonard 1992)

Nachdem wir derart viele Teufel kennengelernt haben, tut es gut, das Kapitel mit dem Porträt eines Mannes zu beschließen, der eher der Seite der Engel zuzuordnen ist. Die Zukunft wird zeigen, ob der Engel engelhaft bleibt. Aber er scheint einen guten Start gehabt zu haben. Was auch geschieht, die Tatsache, daß Leute wie Sugar selten sind, steigert ihren Wert und unterstreicht die zwei Seiten der Macht, die heikle Balance, die zwischen ihrem konstruktiven Gebrauch und ihrem Mißbrauch gefunden werden muß, den schmalen Grat, der den inspirierenden Führer vom repressiven Tyrannen trennt.

Schluß
Die Bewältigung der Widersprüche von Führung und Macht

> Die Sache ist die, seht mal: *der* ist der stärkste
> Mann der Welt, der allein steht.
> Henrik Ibsen, *Ein Feind des Volkes*

Dieses Buch ist als Reaktion auf deutliche Anzeichen dafür zu verstehen, daß die Probleme von Führung und Motivation heute bedeutsamer sind als je zuvor. Für das Überleben von Organisationen gewinnen sie an Gewicht, und in der Zukunft wird eine Aufgabe der Führungskräfte darin bestehen, den hohen Stellenwert dieser Probleme anzuerkennen, damit sie die starken Seiten ihrer Organisationen angemessen nutzen können. Man könnte sagen, daß Führungskräfte Energien zu managen haben. Tatsächlich besteht ihre Hauptaufgabe darin, den effektivsten Weg zu finden, um die in ihren Organisationen dominierende Energie in den Dienst eines gemeinsamen Ziels zu stellen. Führungskräfte dürfen sich nicht darauf beschränken, vor dem Hintergrund ihres inneren Theaters eine Zukunftsvision zu entwerfen, die mit der äußeren Umwelt in Einklang steht. Sie müssen jene Vision auch artikulieren, vermitteln und in die Tat umsetzen, indem sie die vorhandene aggressive Energie ihrer Leute nach außen kanalisieren; sie müssen eine Umwelt schaffen, in der diese Energie nicht in internen Gebietskämpfen und politischen Spielen verschleudert wird. Sie sollten ihre Leute dazu ermutigen, den gemeinsamen Feind, die Konkurrenz, zu bekämpfen. Führungskräfte sollten die aktuelle Aufgabe in den Mittelpunkt rücken. Und gleichzeitig muß emotionale Energie im Innern der Organisation erzeugt werden. Die Menschen müssen motiviert und mit Machtbefugnissen ausgestattet werden. Man sollte sie ermutigen, ihre Meinungen offen auszusprechen und konträrem Denken Raum zu geben. Schließlich sollten sie an der Arbeit Spaß haben; die Menschen sollten fähig sein, Spaß zu haben.

Natürlich hängt eine solche Organisationskultur in sehr hohem Maße von der Art des psychischen Kontrakts ab, der zwischen Führungskräften und Untergebenen geschlossen wurde. Ohne effektives Energiemanagement gibt es keinen geeigneten psychischen Kontrakt, und ohne einen solchen Kontrakt wird es an Vertrauen fehlen. Vertrauen aber ist für das Wohlergehen und reibungslose Funktionieren von Organisationen unverzichtbar. Weil das Gespenst der Paranoia sein häßliches Haupt in einer großen Organisation jederzeit hervorstrecken kann, besteht eine wichtige Aufgabe für jeden Menschen in einer leitenden Position darin, einen Weg zu finden, um diesen destruktiven Kräften zu begegnen. Vertrauen beruht auf Kommunikation, Hilfsbereitschaft, Respekt, Fairneß, Glaubwürdigkeit, Kompetenz und Unbeirrbarkeit seitens der Führungskraft. Um als Führer die Bedeutung dieser Worte verstehen zu können, ist es wichtig, sich klar zu machen, was es bedeutet, Untergebener zu sein, wie es sich anfühlt, eine solche Position innezuhaben. Führungskräfte sollten über Empathie verfügen und über die Fähigkeit zu imaginativer Selbstanalyse. Inwieweit sie diese Anforderungen erfüllen können, ist allerdings von ihrem persönlichen psychischen Gleichgewicht abhängig.

Führung: ein Balanceakt

Grund zur Sorge besteht, wenn die Reaktionen einer Führungskraft unausgewogen sind oder ein Manager in leitender Position irrationale Verhaltensweisen zeigt. Man kann durchaus einige Gefahrensignale erkennen, auch wenn die folgende Aufzählung keineswegs erschöpfend ist: Fehlt der Vision des Führers der Realitätsbezug? Sieht er die Schuld immer bei anderen? Weigert er sich, persönlich die Verantwortung für seine Fehler zu übernehmen? Glaubt er, daß die Leute entweder für oder gegen ihn sind? Haben die Mitarbeiter der Organisation den Eindruck, sich selbst zensieren zu müssen, weil die Führungskraft auf schlechte Nachrichten unangenehm reagiert? Kommen in der Organisation nur Ja-Sager voran? Will der Chef alle Entscheidungen selbst treffen? Singt er unentwegt sein eigenes Loblied? Muß er fortwährend im Rampenlicht stehen? Ist er von seinem eigenen öffentlichen Image wie besessen? Hat sich Mißtrauen in die Organisation eingeschlichen? Hat sich der Chef von den alltäglichen Aktivitäten allzu weit distanziert? Wird er weniger zugänglich? Widmet er äußeren Erfolgsymbolen und anderen Vergünstigungen zu große Aufmerksamkeit? Weigert er sich, seine Nachfolge zu planen? Wenn einige dieser Fragen bejaht werden können, gibt es entschieden Grund, sich über die Organisation Gedanken zu machen. Es könnte sein, daß die psychische Ausgeglichenheit des Chefs beeinträchtigt ist.

Woran erkennt man eine ausgeglichene Persönlichkeit? Vor vielen Jahren wurde diese Frage Freud vorgelegt, der die berühmte Formulierung prägte, daß derjenige ein »normaler« Mensch sei, der *lieben und arbeiten* könne. Freud sprach über die Fähigkeit des Individuums, menschliche Bindungen einzugehen, über die Fähigkeit, in emotionalen und sozialen Zusammenhängen Beziehungen zu anderen aufzubauen. Spätere Vertreter der therapeutischen Profession haben Freuds Definition weiterzuentwickeln versucht. Der Psychoanalytiker Reuben Fine (1977) meint, daß »der Mensch Glück finden kann, wenn er liebt statt haßt, wenn er Lust empfinden kann, sexuelle Befriedigung erlebt, ein – allerdings vernunftgeleitetes – Gefühlsleben besitzt, wenn er eine adäquate Rolle in der Familie erfüllt, über ein Identitätsgefühl verfügt, arbeitet, kreativ ist, eine Rolle in der Sozialordnung einnimmt, kommunikationsfähig und einigermaßen frei ist von psychiatrischen Symptomen« (ebd., S. 18).

Wenngleich man einwenden könnte, daß Fine ein recht utopisches menschliches Idealbild vertritt, ist an vielen seiner Beobachtungen etwas Wahres dran. Daß viele Menschen diesem Ideal nicht gerecht werden, könnte verschiedenartige Gründe haben. Zum Beispiel entwickelt jedes Individuum eine ganze Reihe von Abwehrmechanismen, um sich ein stabiles, vorteilhaftes Selbstbild bewahren zu können. Diese Abwehrmechanismen dienen zur Kontrolle der Impulse oder Gefühle, die als nicht akzeptabel verworfen werden und Konflikte hervorrufen: Je verletzlicher das psychische Gleichgewicht des Indivi-

duums, desto stärker die Abwehr gegen Anpassung und Veränderung. Unter diesen Umständen werden viel Zeit und Mühe
zur Anpassung und Modifizierung der so entstehenden Hal-
tungen, Gefühle, Fähigkeiten und Erwartungen verwandt.

Die psychische Gesundheit eines Menschen und seine Fähigkeit, Schwierigkeiten und Konflikte zu bewältigen und sich der
Realität anzupassen, hängen in entscheidendem Maße von der
Art seiner verfügbaren Abwehrmechanismen ab. Wir wissen,
daß es um die adaptiven Fähigkeiten um so problematischer
bestellt ist, je stärker ein Individuum zu den primitiveren Ab-
wehrprozessen neigt, das heißt zu Spaltung (die Welt und ihre
Bewohner erscheinen entweder ausschließlich gut oder ausschließlich böse), Idealisierung (Überbewertung anderer), Projektion (Zuschreibung der als nicht akzeptabel empfundenen
Eigenschaften an andere) und Verleugnung (Kernberg 1975;
Paolino 1981). Der Einsatz solcher Abwehrmechanismen gibt
eine Tendenz zur übertriebenen Vereinfachung persönlicher
Einstellungen sowie das Bedürfnis zu erkennen, die Eigenver-
antwortlichkeit nach außen zu verlagern.

Ein weiteres Kriterium der psychischen Ausgeglichenheit ist
die stabile Identität, das Ausmaß, zu dem der Mensch ein zu-
verlässiges Selbstgefühl besitzt (Erikson 1959). Ein fehlendes
Identitätsgefühl ruft ausgeprägte Gefühle der Unwirklichkeit
hervor, Entfremdung, Verwirrtheit, Angst und innere Leere.
Die widersprüchlichen Selbstbilder oder Ziele, die daraus re-
sultieren, machen es für den Betroffenen schwierig, sich selbst
gegenüber anderen als »ganzen« Menschen zu erleben. Eine
unklare Differenzierung zwischen dem Selbstbild und den Bil-
dern von anderen führt zu einer kontinuierlichen Verwischung
der Grenzen. Ein starkes Identitätsgefühl hingegen ermöglicht
es, daß wir uns in unserer Haut wohl fühlen – das heißt, eine
stabile Balance zwischen unseren emotionalen und physischen
inneren und äußeren Welten aufrechterhalten können.

Ein weiterer Faktor, der Einfluß auf die psychische Gesundheit, die Anpassung und die Konflikttoleranz ausübt, ist die
Fähigkeit zur Realitätsprüfung. Die Fähigkeit, zwischen innerer und äußerer Realität, zwischen Fakt und Phantasie zu unterscheiden, bestimmt, inwieweit Verhalten, Urteilsvermögen

und Gefühle in Belastungssituationen beeinträchtigt werden können. Die Fähigkeit zur Realitätsprüfung zeigt, wie gut die kognitiven Prozesse eines Menschen integriert sind oder inwieweit sein Denken auf reine Wunscherfüllung begrenzt bleibt.

Abgesehen von diesen allgemeinen Kategorien gibt es eine Reihe weniger spezifischer Schwächen, die sich ebenfalls beeinträchtigend auf die individuelle Anpassung auswirken können. Einer dieser schwachen Punkte betrifft die mangelnde Angsttoleranz, das heißt die unzulängliche Fähigkeit, auf Belastungssituationen angemessen zu reagieren. Mit der Angsttoleranz eng verbunden ist die Impulskontrolle. Haben zunehmende Angst oder die Erregung eines spezifischen Bedürfnisses eine impulsive – häufig unvorhersehbare oder launenhafte – Aktion zur Folge, oder besitzt das Individuum genügend Ressourcen, um in entsprechenden Situationen die Kontrolle über sich selbst und seine Umwelt zu behalten? Wie ist seine Fähigkeit beschaffen, depressive Gefühle infolge von Verlust, Versagung, Kummer, Zurückweisung und Enttäuschung zu tolerieren? Kann der Mensch diese Erfahrungen bewältigen, ohne in destruktives oder regressives Verhalten zu verfallen? Wir könnten in diesem Zusammenhang auch untersuchen, wie gut die Sublimierungskanäle operieren – das heißt, welche Ressourcen dem Menschen zur Verfügung stehen, um ein Maximum an Freude und Erfolg in allen Bereichen seines Lebens und seiner Arbeit zu erlangen. Die Leichtigkeit, mit der das Individuum seine Gedanken und Gefühle auszudrücken vermag, seine Fähigkeit, die Beziehung zwischen seinen Gedanken, Gefühlen und Aktionen wahrzunehmen, und sein Wunsch zu lernen spielen eine überaus wichtige Rolle. Erziehung und soziokulturelle Umgebung sind in diesen Bereichen von entscheidendem Stellenwert.

Wie gut sich ein Mensch mit seiner Umwelt auseinandersetzen kann, hängt eng mit der Qualität seiner interpersonalen Beziehungen zusammen, mit der Sicherheit seines Selbstgefühls, mit der Anerkennung eigener Grenzen sowie mit seiner Fähigkeit zur Realitätsprüfung. Menschen, die diese Eigenschaften in eher höherem Maße besitzen, fällt es leichter, mit den Wechselfällen der Führung zurechtzukommen. Sie verfügen über eine größere Fähigkeit zur Selbstprüfung und sind in der Lage, zwischen Aktion und Reflexion zu wechseln. Infolgedessen werden sie auch weniger stark zu Machtmißbrauch und pathologischem Verhalten neigen.

Das Streben nach Authentizität

In diesem Buch habe ich konsequent betont, wie notwendig eine ausgewogene Beziehung zwischen Führern und Geführten ist. Leider ist diese Ausgewogenheit besonders anfällig für die Unbeständigkeit der Macht, von der das Organisationsleben zehrt, so daß sie nur allzu leicht verloren geht. Eine umsichtige Handhabung der Macht spielt eine entscheidende Rolle, wenn es darum geht, gemeinsame Ziele auszuarbeiten und dem Organisationsleben Bedeutung zu verleihen; wird aber ihr doppelgesichtiger Charakter nicht erkannt – ihre Eigenschaft, gleichermaßen konstruktiv wie auch destruktiv wirken zu können –, dann kann die eigene Fähigkeit, den Realitätsbezug zu wahren, in Mitleidenschaft gezogen werden. Wenn das Gefühl für Ausgewogenheit verloren geht, kann politisches Hasadeurtum die Konzentration auf die Effektivität der Organisation in den Hintergrund drängen.

Der römische Kaiser Marc Aurel – dem die Wechselgeschicke der Macht nicht fremd waren – warnte in seinen berühmten *Selbstbetrachtungen* vor der »Scheelsucht und Verschlagenheit und Verstellung der Tyrannen« (1933, S. 4). Marc Aurels Lebensgeschichte zeigt, daß er genügend Charakterstärke besaß, um den dunkleren Seiten der Macht zu widerstehen. Er war eine Art königlicher Philosoph, dessen humanitäre Gesinnung in seinen Schriften Ausdruck findet. Seine Überlegungen zur Macht, denen seine »Gedanken über sich selbst« zugrunde liegen, besitzen auch heute noch Gültigkeit:

Da suchen die Menschen Stätten, um sich zurückzuziehen: Aufenthalt auf dem Lande, an der See, im Gebirge. Und auch du pflegst dich am meisten nach solchen Stätten zu sehnen. Und doch ist all solches Verlangen in höchstem Grade kindisch, während es doch möglich ist, sich zu jeder Stunde, wenn man will, in sich selber zurückzuziehen.

Denn der Mensch zieht sich nach keiner anderen Stätte zu größerer Ruhe und Ungestörtheit zurück als in seine eigene Seele, vor allem derjenige, der in sich einen solchen Seelengrund hat, daß er, wenn er in ihm untertaucht, sich alsbald in vollendeter Ruhe befindet. Unter »Ruhe« aber verstehe ich nichts anderes als vollendete Harmonie. Suche dir daher ständig diese Zuflucht und erneuere dich selbst. (ebd., S. 32 f.)

Führerpersönlichkeiten wie Marc Aurel aber sind selten. Weit häufiger verändert sich ein Mensch, der auf den ersten Blick den Eindruck einer gut angepaßten Persönlichkeit macht, zum Schlechten, wenn er in eine Machtposition gelangt. Es ist leicht, beim Spiel mit der Macht zum Zauberlehrling zu werden, und es bedarf nicht viel, damit die Dinge aus dem Ruder laufen. Obwohl sich dieses Phänomen in der Geschichte immer wieder beobachten ließ, neigten Sozialphilosophen häufig dazu, es zu ignorieren. So könnte man zum Beispiel behaupten, daß Ideologen wie Marx und Engels auf ihrer Suche nach einer gerechten Gesellschaft bemerkenswert naive Annahmen über die menschliche Natur vertraten. Ähnliches läßt sich natürlich über die Ideologen der Technokratie sagen. Diese Humaningenieure haben den wahren Charakter des Menschen nie verstanden. Die Komplexität der menschlichen Motivation war ihnen offenbar fremd. Sie scheinen die mit der Führung verbundenen Zwänge und vor allem den suchterzeugenden Charakter der Macht niemals begriffen zu haben. Menschen, die den Kern der menschlichen Natur und die historischen Zeugnisse ignorieren, die uns als Warnung vor dem Machtmißbrauch dienen, tun dies auf eigene Gefahr. Unser Jahrhundert hat den Aufstieg und Fall zahlreicher Diktatoren erlebt, und wir kennen den furchtbaren Preis, die menschlichen Leiden nur allzu gut, die es kostet, sich von ihnen zu befreien.

In Anbetracht der psychologischen Ausstattung des Menschen sollte eines der vorrangigen Ziele der Gesellschaft in der Wahrung einer gewissen Machtbalance bestehen. Allzu häufig und trotz bester Absichten ihrer Gründer trugen Ein-Parteien-Regierungen den Keim ihrer eigenen Zerstörung in sich. Allzu häufig lief das Phänomen der Präsidentschaft auf Lebenszeit auf eine Katastrophe hinaus. Präventiv müssen Situationen geschaffen werden, die durch ein kontinuierliches, konstruktives Ungleichgewicht der Kräfte charakterisiert sind und es auf diese Weise verhindern, daß sich die Macht in den Händen eines Individuums oder einer Gruppe von Individuen konzentriert und dann mißbraucht werden kann.

Zusammenfassend ist jedoch festzuhalten, daß wir uns nicht auf eine Diskussion von Führungskräften und Sicherheitsvorkehrungen beschränken sollten, die zur Sicherung der Kontrolle in Organisationen eingebaut werden können. Wenn wir den Standpunkt vertreten, daß es unsere eigene Aufgabe ist, unser Leben auf vernünftige, verantwortliche Weise zu bewältigen, dann sind wir alle Führer. Ein erfolgreiches Leben ist unter anderem durch die Fähigkeit charakterisiert, mit einem Gefühl der Befriedigung zurückzublicken, statt eine Serie verpaßter Gelegenheiten wahrzunehmen. Ein solcher Erfolg setzt nicht nur voraus, daß man Enttäuschungen verarbeiten kann, sondern beruht ebenso auf einer kreativen Kongruenz zwischen dem eigenen inneren, psychischen und geistigen Zustand und den äußeren Umständen. Er beruht auf einer Stärkung der Selbstreflexivität, auf Empathie, auf der Fähigkeit zuzuhören sowie auf der Bereitschaft, Dinge und Sachverhalte unter verschiedenen Blickwinkeln zu betrachten und zu verstehen. Führer zu sein bedeutet auch, Coach zu sein, die Rolle eines Mentors zu übernehmen.

Führungskräfte müssen die Vergänglichkeit ihrer Rolle und die Tatsache akzeptieren, daß sie der nachfolgenden Generation gegenüber Verantwortung tragen. Ein hilfreicher Faktor ist hier die Entwicklung eines Bewußtseins für die Nachkommenschaft, denn das Wissen um die Kontinuität, die wir durch andere finden, gewährt uns stellvertretende Befriedigungen. Eine solche Haltung wird Organisationen entstehen lassen, die von der Erfahrung lernen und überleben werden.

Am Ende dieses Jahrhunderts angelangt, können wir sehen, daß gewaltsam erzwungene Führung zunehmend durch die auf Überzeugung beruhende Führung ersetzt wird. Immer mehr Menschen erkennen, daß Führung ein Prozeß ist, in dem Einflüsse nicht nur von oben nach unten wirken, sondern auch von unten nach oben. Es ist schwer, ohne eine motivierte Gefolgschaft zu führen. Autoritäre Führung wird durch autoritative ersetzt. In diesem Transformationsprozeß spielt die Selbstbeobachtung – die Fähigkeit, die eigenen Leistungen ehrlich und kritisch zu überprüfen – eine entscheidende Rolle. Dieser Prozeß der Motivation und Selbstbeobachtung setzt eine fundamentale Vertrauensebene und gegenseitigen Respekt voraus. Bereits im sechsten Jahrhundert v. Chr. war sich der chinesische Weise Lao-tse der Notwendigkeit einer wechselseitigen Beziehung zwischen Führer und Gefolge bewußt. Er sagte, der beste Führer sei derjenige, der es seinen Anhängern ermögliche zu sagen: »Das haben wir selbst gemacht.« Führer sind nicht nur imstande, sich selbst zu managen, sondern können auch anderen dabei helfen, dies zu lernen.

Führungskräfte, die Aktion mit Reflexion zu kombinieren vermögen, die genügend Selbstkenntnis besitzen, um die Launenhaftigkeit der Macht zu durchschauen, und sich durch die psychischen Verlockungen, welche die Macht verheißt, nicht von ihren Aufgaben ablenken lassen, werden am Ende die mächtigsten sein. Solchen Führern wird es gelingen, mit den Widersprüchlichkeiten der Macht fertig zu werden und ein kreatives und produktives Leben zu führen.

Bibliographie

Aarons, Z. A. (1959). A study of perversion and an attendant character disorder. *Psychoanalytic Quarterly* 28 (4): 481-492.

Abraham, K. (1925). Die Geschichte eines Hochstaplers im Lichte psychoanalytischer Erkenntnis. In: ders., *Gesammelte Schriften*. Hg. von J. Cremerius. Bd. 2. Frankfurt am Main (1982), S. 146-160.

Achebe, C. (1987). *Ant Hills of the Savanna*. London (Heinemann). (1987) *Termitenhügel in der Savanne*. Übers. von S. Koehler. Frankfurt am Main (Suhrkamp).

Aischylos. *Die Perser*. In: ders., *Sämtliche Tragödien*. Übers. von J. G. Droysen. München (dtv) 1977, S. 7-40.

Ahrens, S., und G. Deffner (1986). Empirical study of alexithymia: Methodology and Results. *American Journal of Psychiatry* 40 (3): 430-477.

Andreas-Salomé, L. (1951). *Lebensrückblick. Grundriß einiger Lebenserinnerungen*. Hg. von E. Pfeiffer. Frankfurt am Main (Insel).

Atchley, R. C. (1972). *The Social Forces in Later Life*. Belmont, Calif. (Wadsworth).

Bass, B. M. (1981). *Stogdill's Handbook of Leadership*. New York (Free Press).

– (1985). *Leadership and Performance beyond Expectations*. New York (Free Press).

Bateson, G. (1953). The role of humor in human communication. In: H. von Foerster (Hg.). *Cybernetics*. New York (Macey Foundation).

Bennett, N. (1992). Amstrad to lend Sugar £ 50m. to take firm private. (London) *Times* vom 6. November, S. 27.

Bennis, W., und B. Nanus (1985). *Leaders*. New York (Free Press).

Bergler, E. (1937). A clinical contribution to the psychogenesis of humor. *Psychoanalytic Review* 24: 34-53.

Bergman, I. (1987). *Laterna Magica*. Stockholm (Norstedts Förlag). (1987) *Mein Leben*. Übers. von H.-J. Maass. Hamburg (Hoffmann und Campe).

Bergson, H. (1900). Le rire. *Revue de Paris*. (1948) *Das Lachen*. Übers. von J. Frankenberger und W. Fränzel. Meisenheim am Glan (Westkulturverlag A. Hain).

Berlyne, D. E. (1964). Laughter, humor, and play. In: G. Lindzey und E. Aronson (Hg.). *Handbook of Social Psychology*. Bd. 3. Reading, Mass. (Addison-Wesley).

Bettelheim, B. (1986). *The Informed Heart*. London (Penguin). (1980) *Aufstand gegen die Masse*. Übers. von H. Schroeder und P. Horstrup. München (Kindler).

Bion, W. R. (1961). *Experiences in Groups*. London (Tavistock). (1990) *Erfahrungen in Gruppen und andere Schriften*. Übers. von H. O. Rieble. Frankfurt am Main (Fischer).

Blanchard, E. B., J. G. Arena und T. P. Pallmeyer (1981). Psychosomatic properties of a scale to measure alexithymia. *Psychotherapy and Psychosomatics* 35: 64-71.

Blum, H. P. (1983). The psychoanalytic process and analytic inference: A clinical study of a lie and loss. *International Journal of Psycho-Analysis* 64: 17-33.

Bowditch, G. (1992). High Street Midas who lost his golden touch. (London) *Times* vom 7. Januar, S. 23.

Bower, T. (1991) *Maxwell: The Outsider*. London (Mandarin).

Brautigan, B., und M. von Rad (1977). *Toward a Theory of Psychosomatic Disorders*. Basel (Karger).

Brooks, G., und T. Horwitz (1991). As a Gulf war looms, Saddam's behavior grows more puzzling. *Wall Street Journal* vom 16. Januar, S. 1-2.

Bullock, A. (1962). *Hitler: A Study in Tyranny*. London (Penguin). (1989) *Hitler: eine Studie über Tyrannei*. Übers. von W. und M. Pferdekamp. Düsseldorf (Droste).

Bunzel, R. L. (1932). Zuni Katcinas. *Bureau of American Ethnology Annual Report* 47: 1929 1930. Washington, D. C. (Bureau of American Ethnology) 1932.

Burlingham, D. (1952). *Twins*. Madison, Conn. (International Universities Press).

Burns, J. M. (1978). *Leadership*. New York (Harper Collins).

Butler, R. N. (1985). Psychiatry and the psychology of the middle aged. In: H. I. Kaplan und B. J. Sadock (Hg.). *Comprehensive Textbook of Psychiatry/IV* (4. Aufl.). Baltimore, Md. (Williams and Wilkins).

Camus, A. (1956). *La Chute*. Paris (Gallimard). (1983) *Der Fall*. Übers. von G. G. Meister. Hamburg (Rowohlt).

Carlson, D. A. (1977). Dream Mirrors. *Psychoanalytic Quarterly* 46 (1): 38-70.

Charles, L. H. (1945). The clown's function. *Journal of American Folklore* 58: 25-34.

Clance, P. R. (1985). *The Impostor Phenomenon*. New York (Peachtree).

– und S. A. Imes (1978). The Impostor Phenomenon in high-achieving women: Dynamics and therapeutic intervention. *Psychotherapy: Theory, Research and Practice* 15 (3): 241-247.

Cocteau, J. (1927). *Orphée*. Paris. (1959) *Orpheus*. Übers. von F. Hardekopf. In: *Dramen*. München.

Cohen, R. (1991). Robert Maxwell's last, isolated days. *International Herald Tribune* vom 21./22. Dezember, S. 11, 13.

Cooper, D. (1989). Closer. *New York* (Grove-Weidenfeld).

Crichton, R. (1959). *The Great Impostor*. New York (Random House).

Darwish, A., und G. Alexander (1991). *Unholy Babylon*. London (Victor Gollancz).

Days of Reckoning. (London) *Independent* vom 10. Februar 1992, S. 20.

Deutsch, H. (1955). The impostor: Contribution to Ego Psychology of a Type of Psychopath. In: dies., *Neuroses and Character Types*. Madison, Conn. (International Universities Press).

Dowling, C. (1981). *The Cinderella Complex*. New York (Summit Books). (1984) *Der Cinderella-Komplex*. Übers. von M. Ohl und H. Sartorius. Franbkfurt am Main (Fischer).

Duncan, W. J. (1982). Humor in management: Prospects for administrative practice and research. *Academy of Management Review* 1 (1): 136-142.

Eisnitz, A. J. (1961). Mirror dreams. *Journal of the American Psychoanalytic Association* 9: 461-479.

Elkisch, P. (1957). The psychological significance of the mirror. *Journal of the American Psychoanalytic Association* 5: 23-244.

Erasmus von Rotterdam (1509). *Encomium Moriae*. (1980) *Das Lob der Torheit*. Übers. von A. J. Gail. Stuttgart (Reclam).

Erikson, E. H. (1963). *Childhood and Society*. New York (W. W. Norton). (1965) *Kindheit und Gesellschaft*. Übers. von M. Eckardt-Jaffé. Stuttgart (Ernst Klett).

– (1959). Identity and the Life Cycle. *Psychological Issues*. (1973) *Identität und Lebenszyklus*. Übers. von K. Hügel. Frankfurt am Main (Suhrkamp).

Fain, M., und L. Kreisher (1970). Discussion sur le genese des fonctions représentatives. *Revue Française de Psychanalyse* 34: 285-306.

Feigelson, C. (1975). The mirror dream. *Psychoanalytic Study of the Child* 30: 341-355.

Fenichel, O. (1945). Psychoanalytische Neurosenlehre. Frankfurt am Main/Wien/Berlin 1983.

Fine, R. (1977). Psychoanalysis as a philosophical system: The basis for integrating the social sciences. *Journal of Psychohistory* 5 (1): 1-65.

Frazer, J. G. (1890–1915). *The Golden Bough. A Study in Comparative Religion.* New York (Macmillan). (1928) *Der goldene Zweig. Das Geheimnis von Glauben und Sitten der Völker.* Leipzig [gekürzte Ausgabe].

Freiberger, H. (1977). Supportive psychotherapeutic techniques in primary and secondary alexithymia. *Psychotherapy and Psychosomatics* 20: 337-342.

Freud, A. (1936). Das Ich und die Abwehrmechanismen. In: *Die Schriften der Anna Freud.* Bd. 1. Frankfurt am Main (Fischer) 1987.

Freud, S. (1905 d). *Drei Abhandlungen zur Sexualtheorie. G.W.,* Bd. 5, S. 27-145.

– (1905 e). Bruchstück einer Hysterie-Analyse. *G.W.,* Bd. 5, S. 161-286.

(1909 b). Analyse der Phobie eines fünfjährigen Knaben [»Der kleine Hans«]. *G.W.,* Bd. 7, S. 241-377.

– (1910 k). Über »wilde« Psychoanalyse. *G.W.,* Bd. 8, S. 118-125.

– (1916 d). Einige Charaktertypen aus der psychoanalytischen Arbeit. *G.W.,* Bd. 10, S. 364-391.

– (1921 c). *Massenpsychologie und Ich-Analyse. G.W.,* Bd. 13, S. 71-161.

– (1927 d). Der Humor. *G.W.,* Bd. 14, S. 383-389.

– (1930 a). *Das Unbehagen in der Kultur. G.W.,* Bd. 14, S. 419-506.

From Rags to Riches to Penitentiary. *International Herald Tribune* vom 20. Juli 1989, S. 12.

Fromm, E. (1947). *Man for Himself. An Inquiry into the Psychiatry of Ethics.* New York (Fawcett). (1982) Psychoanalyse und Ethik. Bausteine zu einer humanistischen Charaterologie. In: ders., *Gesamtausgabe.* Bd. 2. Hg. von R. Funk. Stuttgart (DVA).

Gardos, G., et al. (1984). Alexithymia: Toward Validation and Measurement. *Comprehensive Psychiatry* 25 (3): 278-282.

Gediman, H. K. (1985). Imposture, inauthenticity and feeling fraudulent. *Journal of the American Psychoanalytic Association* 33 (4): 911-935.

Geertz, C. (1973). *The Interpretation of Culture.* New York (Basic Books). (1983) *Dichte Beschreibung. Beiträge zum Verstehen kultureller Systeme.* Frankfurt am Main (Suhrkamp).

– (1983). *Local Knowledge.* New York (Basic Books).

Gillie, O. (1991). Caught up in Father's Web. *Independent* (London), 16. Dezember, S. 17.

Giscard d'Estaing, V. (1991). Zitiert in: *Economist*, 8. Juni, S. 110.

Goffman, E. (1967). *Interaction Ritual.* New York (Doubleday, Anchor Books).

– *Relations in Public.* New York (HarperCollins, Colophon).

Gould, R. L. (1978). *Transformations.* New York (Simon & Schuster).

Graff, H. F. (1988). When the Term's Up, It's Better to Go Gracefully. *International Herald Tribune*, 26. Januar, S. 5.

Greenacre, P. (1971a). The impostor. In: dies., *Emotional Growth*. Bd. 1. Madison, Conn. (International Universities Press).

– (1971b). The relation of the impostor to the artist. In: dies., *Emotional Growth*. Bd. 2. Madison, Conn. (International Universities Press).

Hanfstängl, E. (1970). *15 Jahre mit Hitler. Zwischen Weißem und Braunem Haus.* München (Piper).

Harrington, A. (1958). *Life in a Crystal Palace.* New York (Knopf).

Harvey-Jones, J. (1988). *Making It Happen.* London (Collins).

Hasek, J. (1921-23). *Die Abenteuer des braven Soldaten Schwejk während des Weltkrieges.* Übers. v. G. Reiner. Prag (Lada) 1926/27.

Havel, V. (1978). *Versuch, in der Wahrheit zu leben. Von der Macht der Ohnmächtigen.* Übers. von G. Laub. Hamburg (Rowohlt) 1980.

Hochschild, A. R. (1983). *The Managed Heart.* Berkeley (University of California Press). (1990) *Das gekaufte Herz. Zur Kommerzialisierung der Gefühle.* Übers. von E. von Kardorff. Frankfurt am Main (Campus).

Hodgson, R., D. J. Levinson und A. Zaleznik (1965). *The Executive Role Constellation.* Boston (Division of Research, Harvard Business School).

Ibsen, H. (1882). *Ein Volksfeind*. In: ders., *Dramen*. Bd. 2. München (Winkler) 1973.

Janis, I. L, und L. Mann (1977). *Decision Making*. New York (Free Press).

Jaques, E. (1965). Death and the mid-life crisis. International Journal of Psycho-Analysis 46: 502-514. (1991) Der Tod und die Krise der Lebensmitte. In: Elizabeth Bott Spillius (Hg.). *Melanie Klein heute*. Bd. 2. Übers. von E. Vorspohl. München (Verlag Internationale Psychoanalyse), S. 301-331.

Jung, C. G. (1959). Zur Psychologie der Tricksterfigur. In: ders., *Gesammelte Werke*, Bd. 9/1. Olten (Walter) 1974, S. 271-290.

Kaplan, L. J. (1974). The concept of the family romance. *Psychoanalytic Review* 61 (2): 169-202.

Karsh, E., und T. Rautsi (1991). *Saddam Hussein: A Political Biography*. New York (Free Press).

Kearns, D. (1976). *Lyndon Johnson and the American Dream*. New York (HarperCollins).

Kernberg, O. (1975). *Borderline Conditions and Pathological Narcissism*. New York (Aronson). (1978) *Borderline-Störungen und pathologischer Narzißmus*. Übers. von H. Schultz. Frankfurt am Main (Suhrkamp).

Kets de Vries, M. F. R. (1980 a). Ecological stress: A deadly reminder. *Psychoanalytic Review* 67 (3): 389-408.

– (1980 b). *Organizational Paradoxes: Clinical Approaches to Management*. London (Tavistock).

– (1989). *Prisoners of Leadership*. New York (Wiley). (1990) *Chef-Typen. Zwischen Charisma und Chaos, Erfolg und Versagen*. Übers. von H.-P. Meyer. Wiesbaden (Gabler).

– und D. Miller (1984). *The Neurotic Organization: Diagnosing and Changing Counterproductive Styles of Management*. San Francisco (Jossey-Bass).

– und D. Miller (1985). Narcissism and leadership: An object relation perspective. *Human Relations* 38 (6): 583-601.

– und D. Miller (1987). Interpreting organizational texts. *Journal of Management Studies* 24 (3): 233-247.

– und D. Miller (1988). *Unstable at the Top: Inside the Neurotic Organization*. New York (New American Library).

Kimmel, D. C. (1974). *Adulthood and Aging*. New York (Wiley).

Klapp, O. E. (1972). *Heroes, Villains, and Fools*. San Diego, Calif. (Aegis).

Kohut, H. (1971). *The Analysis of the Self*. Madison, Conn. (International Universities Press). (1973). *Narzißmus. Eine Theorie der Behandlung narzißtischer Persönlichkeitsstörungen*. Übers. von L. Rosenkötter. Frankfurt am Main (Suhrkamp).

– (1985). *Self Psychology and the Humanities*. New York (W. W. Norton).

Kotter, J. P. (1982). *The General Managers*. New York (Free Press).

Kris, E. (1938). Ego development and the comic. *International Journal of Psycho-Analysis* 19: 77-90.

– (1975). The personal myth: A problem in psychoanalytic technique. In: *Selected Papers of Ernst Kris*. New Haven, Conn. (Yale University Press).

Krystal, H. (1979). Alexithymia and psychotherapy. *American Journal of Psychotherapy* 33: 17-31.

– (1982). Alexithymia and the effectiveness of psychoanalytic treatment. *International Journal of Psychoanalytic Psychotherapy* 9: 353-378.

– (1986). *Massive Psychic Trauma*. Madison, Conn. (International Universities Press).

–, E. L. Giller und D. V. Cicchetti (1986). Assessment of alexithymia in post-traumatic stress disorder and somatic illness: Introduction of a reliable measure. *Psycho-somatic Medicine* 48 (1/2): 84-94.

Langer, S. K. (1953). *Feeling and Form*. London (Routledge).

Lapierre, L. (1989). Mourning, potency, and power in management. *Human Resource Management* 28 (2): 177-189.

Lasch, C. (1978). *The Culture of Narcissism*. New York (W. W. Norton). (1980) *Das Zeitalter des Narzißmus*. Übers. von G. Burmundt. München (Steinhausen).

Leavitt, H. J. (1986). *Corporate Pathfinders*. Homewood, Ill. (Dow Jones-Irwin).

Leonard, C. (1992). Street fighter with a nose for survival. *Times* (London), 15. Februar, S. 21.

Lesser, I. M., und B. Z. Lesser (1983). Alexithymia: Examining the development of a psychological concept. *American Journal of Psychotherapy* 140 (10): 1305-1308.

Lever, M. (1983). *Le sceptre et la marotte*. Paris (Fayard).

Levine, J. (1961). Regression in primitive clowning. *Psychoanalytic Quarterly* 30: 72-83.

Levinson, D. J. (1978). The Seasons of a Man's Life. New York (Knopf).

Levinson, H. (1964). *Emotional Health in the World of Work.* New York (HarperCollins).

Lewis, S. (1922). *Babbitt.* New York (Harcourt Brace Jovanovich). (1953) *Babbitt.* Übers. von D. Bródy. Hamburg (Rowohlt).

Lowenthal, M., M. Thurnher und D. Chiriboga (1975). *Four Stages of Life.* San Francisco (Jossey-Bass).

Maccoby, M. (1976). *The Gamesman.* New York (Simon & Schuster). (1977) *Gewinner um jeden Preis.* Übers. von H. Deymann. Hamburg (Rowohlt).

McClelland, D. C. (1961). *The Achieving Society.* New York (Van Nostrand Reinhold).

McDougall, J. (1974). The psycho-soma and the psychoanalytic process. *The International Journal of Psycho-Analysis* 55: 437-459.

– (1978). *Plaidoyer pur une certaine anormalité.* Paris (Gallimard). (1985) *Plädoyer für eine gewisse Anormalität.* Übers. von K. Laermann. Frankfurt am Main (Suhrkamp).

– (1980 a). The anti-analysand in analysis. In: S. Lebovici und D. Widloecher (Hg.). *Psychoanalysis in France.* Madison, Conn. (International Universities Press).

– (1980 b). A child is being beaten. *Contemporary Psychoanalysis* 16: 417-459.

– (1982 a). Alexithymia: A psychoanalytic viewpoint. *Psychotherapy and Psychosomatics* 38: 81-90.

– (1982 b). Alexithymia, psychosomatics and psychosis. *International Journal of Psychoanalytic Psychotherapy* 9: 379-388.

– (1984). The dis-affected patient: Reflections on affect pathology. *Psychoanalytic Quarterly* 53: 386-409.

– (1989). *Théâtre du corps.* Paris. (1991) *Theater des Körpers. Ein psychoanalytischer Ansatz für die psychosomatische Erkrankung.* Übers. von K. Laermann. München (Verlag Internationale Psychoanalyse).

Mahler, M. S. (1967). On human symbiosis and the vicissitudes of individuation. *Journal of the American Psychoanalytic Association* 15: 740-763.

–, F. Pine und A. Bergman (1975). *The Psychological Birth of the Human Infant.* New York (Basic Books). (1978) *Die psychische*

Geburt des Menschen. Symbiose und Individuation. Übers. von H. Weller. Frankfurt am Main (Fischer).

Makarius, L. (1969). Le mythe du »Trickster«. *Revue de l'histoire des religions* 175: 17-46.

– (1970). Clowns rituels et comportements symboliques. *Diogenes* 69: 47-74.

– (1973). The crime of Manabozo. *American Anthropologist* 75: 663-675.

Malone, P. (1980). Humor: A double-edged tool for today's managers. *Academy of Management Review* 5 (3): 357-360.

Mark Aurel (1933). *Selbstbetrachtungen.* Übers. von W. Capelle. Stuttgart (Kröner).

Martin, J. B,, O. R. Phil und P. Dobkin (1984). Schalling-Sifneos personality scale: Findings and recommendations. *Psychotherapy and Psychosomatics* 41: 145-152.

Matar, F. (1981). *Saddam Hussein: The Man, the Cause and the Future.* London (Third World Center for Research and Publishing).

Melville, H. (1854). *The Confidence-Man. His Masquerade.* New York. (1991) *Maskeraden oder Vertrauen gegen Vertrauen.* Übers. von C. Schuenke. Leipzig (Sammlung Dieterich).

Miller, N. G. (1965). *The Great Salad Oil Swindle.* Baltimore, Md. (Penguin).

Muir, K. (Hg.) (1952). *King Lear.* London (Methuen).

Myers, W. A. (1976). Imaginary companions, fantasy twins, mirror dreams and depersonalization. *Psychoanalytic Quarterly* 45 (4): 503-524.

Neill, J. R., und M. G. Sandifer (1982). The clinical approach to alexithymia: A review. *Psychosomatics* 23: 1223-1231.

Nemiah, J. C. (1978). Alexithymia and psychosomatic illness. *Journal of Continuing Education in Psychiatry* 39: 25-27.

– und P. E. Sifneos (1970). Affect and fantasy in patients with psychosomatic disorders. In: O. Hill (Hg.). *Modern Trends in Psychosomatic Medicine.* London (Butterworths).

Neugarten, B. L. (1964). *Personality in Middle and Later Life.* New York (Atherton).

– (Hg.) (1968). *Middle Age and Aging: A Reader in Social Psychology.* Chicago (University of Chicago Press).

Neustadt, R. E. (1960). *Presidential Power.* New York (Wiley).

Olinick, S. L. (1988). Buchbesprechung von »The Family Ro-

mance of the Impostor-Poet Thomas Chatterton« von Louis
G. Kaplan. *Psychoanalytic Quarterly* 58 (4): 672-676.

Paolino, T. J. (1981). *Psychoanalytic Psychotherapy: Theory, Technique, Therapeutic Relationships and Treatability*. New York (Brunner/Mazel).

Pollio, H. R., und J. W. Edgerly (1976). Comedians and comic style. In: A. J. Chapman und H. C. Frost (Hg.). *Humor and Laughter: Theory, Research and Applications*. London (Wiley).

Proust, M. (1920/21). *Le côté de Guermantes*. Paris (Gallimard). (1955) *Die Welt der Guermantes*. In: ders., *Auf der Suche nach der verlorenen Zeit*. Übers. von E. Rechel-Mertens. Frankfurt am Main (Suhrkamp).

Racker, H. (1968). *Transference and Counter-Transference*. London (Hogarth). (1978) *Übertragung und Gegenübertragung. Studien zur psychoanalytischen Technik*. Übers. von G. Krichhauff. München (E. Reinhardt).

Radcliffe-Brown, A. R. (1952). *Structure and Funktion in Primitive Society*. London (Cohen and West).

Rayski, B. (1991). Saddam Hussein. *Globe*, März, S. 12-23.

Reik, T. (1941) *Masochism in Modern Man*. New York (Farrer & Rinehart).

Róheim, G. (1919). *Spiegelzauber*. Wien (Internationaler Psychoanalytischer Verlag).

Rosovsky, H. (1990). *The University: An Owner's Manual*. New York (W. W. Norton).

Ross, J. M., et al. (1982). *Father and Child*. Boston (Little, Brown).

Roy, D. F. (1960). Banana time: Job satisfaction and informal interaction. *Human Organization* 18: 158-168.

Schafer, R. (1984). The pursuit of failure and the idealization of unhappiness. American Psychologist 39 (4): 398-405.

Scott, C. (1980). Who Is Afraid of Wilfred Bion? Vorgetragen vor der Canadian Psychoanalytic Society (unveröffentlicht).

Shakespeare, W. *König Richard III*. In: ders., *Sämtliche Werke*. Bd. 3. Hg. von A. Schlösser. Berlin (Aufbau) 1989.

Shaw, G. B. (1893). *Candida*. Chicago (Nelson-Hall) 1973. (1975) *Candida*. Übers. von A. Böll und H. Böll. In: ders., *Klassische Stücke*. Frankfurt am Main (Suhrkamp).

Shengold, L. (1974). The Metaphor of the Mirror. *Journal of the American Psychoanalytic Association* 22 (1): 97-115.

Shipko, S., W. A. Alvarez und N. Norrello (1983). Towards a teleological model of alexithymia: Alexithymia and post-traumatic stress disorder. *Psychotherapy and Psychosomatics* 39: 122-126.

Sonnenfeld, J. (1986). Heroes in collision: Chief executive retirement and the parade of future leaders. *Human Resource Management* 25 (2): 305-333.

Speer, A. (1969). *Erinnerungen.* Frankfurt am Main (Ullstein).

– (1975). *Spandauer Tagebücher.* Frankfurt am Main (Ullstein).

Spence, D. (1982). *Narrative Truth and Historical Truth.* New York (W. W. Norton).

Steward, J. H. (1931). The ceremonial buffoon of the American Indian. In: *Papers of the Michigan Academy of Science, Arts, and Letters.* Bd. 14. Ann Arbor (University of Michigan).

Sundquist, S.-I. (1987). Refaat & Fermenta: Dramat och Aktörerna. Stockholm (Författarfölaget).

Swain, B. (1932). *Fools and Folly during the Middle Ages and the Renaissance.* New York (Columbia University Press).

Swanson, D. A. (1981). The Münchhausen Syndrome. *American Journal of Psychotherapy* 35 (3): 436-444.

Tapie, B. (1986). *Gagner.* Paris (Robert Laffont).

Taylor, G. J. (1977). Alexithymia and the counter-transference. *Psychotherapy and Psychosomatics* 28: 141-147.

– (1984). Alexithymia: Concept, measurement, and implications for treatment. *American Journal of Psychiatry* 141 (6): 725-732.

Thompson, P., und A. Delano (1988). *Maxwell: A Portrait of Power.* London (Corgi).

Tichy, N. M., und M. A. Devanna (1986). *The Transformational Leader.* New York (Wiley).

Vaillant, G. E. (1977). *Adaptation to Life.* Boston (Little, Brown).

von Rad, M.(1983). Alexithymie, empirische Untersuchungen zur Diagnostik und Therapie psychosomatisch Kranker. Berlin (Springer).

– (1984). Alexithymia and symptom formation. *Psychotherapy and Psychosomatics* 42: 80-89.

Waller, M. (1992). Ratner Quits the family firm: Chief executive pays price for attracting bad publicity. *Times* (London), 26. November, S. 21.

Max Weber (1985). Die drei Typen der legitimen Herrschaft, in: ders., *Gesammelte Aufsätze zur Wissenschaftslehre.* Hg. von J. Winckelmann. 6. durchgesehene Auflage. Tübingen (J. C. B. Mohr).

Weinshel, E. M. (1979). Some observations on not telling the truth. *Journal of the American Psychoanalytic Association* 27 (3): 503-532.

Wells, K., N. Bray und P. M. Reilly (1991). Maxwells empire's assets go on sale with hopes of covering huge debt. *Wall Street Journal*, 6. Dezember, S. 3.

Welsford, E. (1935). *The Fool*. London (Faber and Faber).

Whyte, W. H. (1956). *The Organization Man*. New York (Simon and Schuster). (1958) *Herr und Opfer der Organisation*. Übers. von G. S. Martin. Düsseldorf (Econ).

Wilde, O. (1890). *The Picture of Dorian Gray*. London. (1930) *Das Bildnis des Dorian Gray*. Übers. von W. Fred. In: ders., *Werke*. Hg. von A. Zweig. Bd 1. Berlin (Th. Knaur Nachf.).

Winnicott, D. W. (1958). *Through Paediatrics to Psychoanalysis*. London (Tavistock). (1976) *Von der Kinderheilkunde zur Psychoanalyse*. Übers. von G. Theusner-Stampa. München (Kindler).

– (1971). *Playing and Reality*. London (Tavistock). (1973) *Vom Spiel zur Kreativität*. Übers. von M. Ermann. Stuttgart (Klett-Cotta).

Wittebort, S. (1987). Behind the great Swedish scandal. *Institutional Investor*, August, S. 93-104.

Zaleznik, A. (1989). *The Managerial Mystique*. New York (Harper Collins).

Weiterführende Literatur

Abraham, K. (1982). *Gesammelte Schriften in zwei Bänden*. Hg. von J. Cremerius. Frankfurt am Main (Fischer).

Adams, J. S. (1963). Toward an understanding of equity. *Journal of Abnormal and Social Psychology*. November, S. 422-436.

Adler, A. (1907). *Studie über die Minderwertigkeit von Organen*. Frankfurt am Main (Fischer) 1977.

American Psychiatric Association (1987). Diagnostic and Statistical Manual of Mental Disorders, DSM IIIR. (Rev. ed.). Washington, D. C. (American Psychiatric Association).

Augustinus (1980). *Bekenntnisse*. Zürich/München (Artemis).

Barnard, C. J. (1938). *The Functions of the Executive*. Cambridge, Mass. (Harvard University Press).

Bers, S. A., und J. Rodin (1984). Social-comparison jealousy: A developmental and motivational study. *Journal of Personality and Social Psychology* 47 (4): 766-779.

Bhide, A., und H. Stevenson (1991). Why be honest if honesty doesn't pay. In: *Ethics at Work*. Cambridge, Mass. (Harvard Business Review).

Bion, W. R. (1970). *Attention and Interpretation*. London (Tavistock).

Block, S. (1987). Humor in group therapy. In: W. F. Frye, und W. A. Salameh (Hg.). *Handbook of Humor and Psychotherapy*. Sarasota, Fla. (Professional Resources Exchange).

Bortenfall, B. I., und K. W. Fischer (1978). Development of self-recognition in the infant. Developmental Psychology 14: 44-50.

Bradney, P. (1957). The joking relationship in industry. *Human Relations* 10: 179-187.

Breuer, J., und S. Freud (1895 d). *Studien über Hysterie*. Leipzig/Wien (Deuticke). (1995) Frankfurt am Main (S. Fischer) [fotomechanischer Reprint der Erstausgabe].

Bromberg, N. (1974). Hitler's childhood. International Review of Psycho-Analysis 1: 227-234.

Buchanan, S. (1988). Firms bring on the clowns to act out their problems. *International Herald Tribune*, 1. Dezember, S. 9.

Burns, T., und G. M. Stalker (1961). *The Management of Innovation*. London (Tavistock).

Burrell, G. (1904). Sex and organizational analysis. *Organization Studies* 5 (2): 97-118.

Bursten, B. (1973). *The Manipulator: A Psychoanalytic View*. New Haven, Conn. (Yale University Press).

Butler, R. N., und M. I. Lewis (1977). *Aging and Mental Health*. St. Louis, Mo. (Mosby).

Calder, B. J. (1977). An attribution theory of leadership. In: B. M. Staw und G. R. Salancik (Hg.). *New Directions in Organizational Behaviour*. Chicago (St. Clair Press).

Castelnuovo-Tedesco, P. (1974). Stealing, revenge and the Monte Cristo complex. International Journal of Psycho-Analysis 55: 169-177.

Chaplin, C. (1964). *My Autobiography*. New York (Simon & Schuster). (1985) *Die Geschichte meines Lebens*. Frankfurt am Main (Fischer).

Churchill, W. S. (1953). *The Second World War*. Bd. 6: *Triumph and Tragedy*. Boston (Houghton-Mifflin). (1953) *Der Zweite Weltkrieg. Triumph und Tragödie*. Bern/München (Scherz).

– (1964). *Painting as a Pastime*. Harmondsworth (Penguin).

Coen, S. J., und P. A. Bradlow (1985). The common mirror dream, dreamer, and the dream mirror. *Journal of the American Psychoanalytic Association* 3 (4): 797-820.

Connellan, T. K. (1978). *How to Improve Performance: Behaviorism in Business*. New York (HarperCollins).

Davies, A. F. (1980). *Skills, Outlooks and Passions*. Cambridge (Cambridge University Press).

De M'Uzan, M. (1974). Analytical process and the notion of the past. *International Review of Psychoanalysis* 1: 461-466.

Desmond, A. (1980). *The Ape's Reflection*. London (Quartet Books).

Deutsch, H. (1942). Some forms of emotional disturbance and their relationship to schizophrenia. In: dies., *Neuroses and Character Types*. Madison, Conn. (International Universities Press) 1965.

DeVore, I. (1965). *Primate Behavior: Field Studies of Monkeys and Apes*. New York (Holt, Rinehart and Winston).

Dupont, R. L. (1970). The impostor and his mother. *Journal of Nervous and Mental Disease* 150 (6): 444-448.

Erikson, E. H. (1968). *Identity, Youth and Crisis*. New York (W. W. Norton).

Fast, I. (1970). A function of action in the early development of identity. International Journal of Psycho-Analysis 51: 471-478.

Finkelstein, L. (1974). The impostor: Aspects of his development. *Psychoanalytic Quarterly* 43 (1): 85-114.

Fisher, S., und R. L. Fisher (1981). *Pretend the World is Funny and Forever: A Psychological Analysis of Comedians, Clowns, and Actors.* Hillsdale, N. J. (Erlbaum).

Fossey, D. (1983). *Gorillas in the Mist.* Boston (Houghton Mifflin). (1989) *Gorillas im Nebel. Mein Leben mit den sanften Riesen.* München (Kindler).

Foster, F. M. (1972). The anatomy of envy: A study in symbolic behavior. *Current Anthropology* 13 (2): 165-200.

Frankel, S., und I. Sherick (1977). Observations on the development of normal envy. *Psychoanalytic Study of the Child* 32: 257-281.

Freud, S. (1912 b). Zur Dynamik der Übertragung. *G. W.,* Bd. 8, S. 364-374.

– (1905 c). *Der Witz und seine Beziehung zum Unbewußten. G. W.,* Bd. 6.

– (1925 j). Einige psychische Folgen des anatomischen Geschlechtsunterschieds. *G. W.,* Bd. 14, S. 19-30.

Fry, W. F., und M. Allen (1975). *Make 'Em Laugh.* Palo Alto, Cal. (Science and Behavior Books).

Gallup, G. G. (1970). Chimpanzees: Self-recognition. *Science* 167: 86-87.

Giscard d'Estaing, V. (1991). *Le pouvoir et la vie.* Bd. 11: *L'affrontement.* Paris (Compangnie 12).

Gittings, R. (1971). *John Keats.* London (Penguin).

Gottdiener, A. (1982). The impostor. *Contemporary Psychoanalysis* 18 (3): 438-454.

Grand, H. G. (1973). The masochistic defense of the »double mask«: Its relationship to imposture. *International Journal of Psycho-Analysis* 54: 445-454.

Green, S. G., und T. R. Mitchell (1979). Attributional processes of leaders in leader-member interactions. *Organizational Behavior and Human Performance* 23: 429-458.

Greenson, R. R. (1958). On screen defenses, screen hunger, and screen identity. *Journal of the American Psychoanalytic Association* 6: 242-262.

Groen, J. A. (1986). *Afgunst regeert de wereld*. Amsterdam (Boom).

Grossman, W. I. (1986). Notes on masochism: A discussion of the history and development of a psychoanalytic concept. *Psychoanalytic Quarterly* 55 (3): 379-413.

Hackman, J. R. (1986). The psychology of self-management in organizations. In: M. S. Pollack und R. O. Perloff (Hg.). *Psychology and Work: Productivity Change and Employment*. Washington, D. C. (American Psychological Association).

Herzberg, F., B. Mausner und B. Snyderman (1959). *The Motivation to Work*. New York (Wiley).

Hitler, A. (1925). *Mein Kampf*. München (Ehrhardt).

Hoffmann, E. T. A. (1993). *Meistererzählungen*. Hg. von J. Fierz. Zürich (Manesse).

Homans, G. (1961). *Social Behavior: Its Elementary Forms*. Orlando, Fl. (Harcourt Brace Jovanovich).

Horney, K. (1948). The value of vindictiveness. *American Journal of Psychoanalysis* 8: 3-12.

– (1926). Flucht aus der Weiblichkeit. Der Männlichkeitskomplex der Frau im Spiegel männlicher und weiblicher Betrachtung. In: dies., *Psychologie der Frau*. Frankfurt am Main (Fischer) 1984.

Iacocca, L. (1988 a). *Iacocca: An Autobiography*. New York (Bantam Books). (1995) *Iacocca. Eine amerikanische Karriere*. Düsseldorf (Econ).

– (1988 b). Iacocca. Fortune, 29. August, S. 24-29.

Jerusalem Bible (Reader's ed.). New York (Doubleday) 1966.

Joffe, W. G. (1969). A critical review of the status of the envy concept. *International Journal of Psycho-Analysis* 50: 533-545.

Johnson, A. M., und S. A. Szurek (1952). The genesis of antisocial acting out in children and adults. *Psychoanalytic Quarterly* 21: 323-343.

Jung, C. G. (1976). *Die Archetypen und das kollektive Unbewußte*. Olten und Freiburg i. Brsg. (Walter).

Kant, I. (1797). *Metaphysik der Sitten*. In: Werke, Bd. 5, hg. von W. Weischedel. Darmstadt (Wiss. Buchgesellschaft) 1956.

Karme, L. (1981). A clinical report on penis envy: Its multiple meanings and defensive function. *Journal of the American Psychoanalytic Association* 29 (2): 427-446.

Kets de Vries, M. F. R. (1985). The dark side of entrepreneurship. *Harvard Business Review*, November-Dezember, S. 160-167.

– M. F. R. (1988). The dark side of CEO succession. *Harvard Business Review*, Januar-Februar, S. 56-61.

Klein, M. (1935). A contribution to the psychogenesis of manic-depressive states. In: dies., *Writings*. Bd. 1. London (Hogarth) 1975, S. 262-289. (1996) Beitrag zur Psychogenese der manisch-depressiven Zustände. Übers. von E. Vorspohl. In: dies., *Gesammelte Schriften*. Hg. von R. Cycon. Bd. I, 2. Stuttgart (Frommann-Holzboog), S. 29-75.

– (1957). *Envy and Gratitude*. In: dies., *Writings*. Bd. 3. London (Hogarth) 1975. (1998) Neid und Dankbarkeit. Übers. von E. Vorspohl. In: dies., *Gesammelte Schriften*. Hg. von R. Cycon. Bd. III. Stuttgart (Frommann-Holzboog).

Knapp, P. H. (Hg.) (1963). *Expression of Emotions in Man*. Madison, Conn. (International Universities Press).

– (1976). The mysterious split: An inquiry into the mind-body relationship. In: G. Globus, G. Maxwell und J. Savodnik (Hg.). *Consciousness and the Brain*. New York (Plenum).

Köhler, W. (1957). *The Mentality of Apes*. Harmondsworth (Penguin).

Kohut, H. (1968). The psychoanalytic treatment of narcissistic personality disorders. In: *The Psychoanalytic Study of the Child*. Bd. 23. (1975) Die psychoanalytische Behandlung narzißtischer Persönlichkeitsstörungen. Übers. von H. Weller. In: ders., *Die Zukunft der Psychoanalyse*. Frankfurt am Main (Suhrkamp).

– (1977). *The Restoration of the Self*. Madison, Conn. (International Universities Press). (1979) *Die Heilung des Selbst*. Übers. von E. vom Scheidt. Frankfurt am Main (Suhrkamp).

– und E. S. Wolf (1978). The disorders of the self and their treatment: An outline. *International Journal of Psycho-Analysis* 59: 413-426. (1980) Die Störungen des Selbst und ihre Behandlungen. Übers. von E. vom Scheidt. In: *Die Psychologie des 20. Jahrhunderts*. Bd. 10. München (Kindler), S. 667-682.

Kosinski, J. (1972). *Being There*. New York (Bantam Books).

Krystal, H. (1968). *Massive Psychic Trauma*. Madison, Conn. (International Universities Press).

– (1974). The genetic development of affects and affect regression. *Annual of Psychoanalysis* 2: 98-126.

– (1988). *Integration and Self-Healing*. Hillsdale, N. J. (Analytic Press).

Lacan, J. (1949). Le stade du miroir comme formateur de la fonction du Je, telle qu'elle nous est révélée dans l'expérience psychanalytique. *Revue Française de Psychanalyse* 13: 449-455. (1973) Das Spiegelstadium als Bildner der Ichfunktion, wie sie uns in der psychoanalytischen Erfahrung erscheint. In: *Schriften* I. Ausgewählt und hg. von N. Haas. Olten und Freiburg i. Br. (Walter), S. 61-70.

– (1966). *Ecrits*. Paris (Seuil). (1973-1980) (Auswahl): *Schriften* I-III. Ausgewählt und hg. von N. Haas. Olten und Freiburg i. Br.

Langs, R. (1976). *The Therapeutic Interaction*. 2 Bde. New York (Aronson).

Lazarus, R. S. (1982). Thoughts on the relations between emotion and cognition. *American Psychologist* 37: 1019-1024.

Lichtenstein, H. (1964). The role of narcissism in the emergence and maintenance of primary identity. *International Journal of Psycho-Analysis* 45: 49-56.

– (1977). Narcissism and primary identity. In: ders., *The Dilemma of Human Identity*. New York (Aronson).

Locke, E. A., und J. F. Bryan (1968). Goal-setting as a determinant of the effect of knowledge of score on performance. *American Journal of Psychology* 8: 398-406.

Lord, R. G., und J. E. Smith (1983). Theoretical information processing and situational factors affecting attribution theory models of organizational behavior. *Academy of Management Review* 8 (1): 50-60.

Luborsky, L., et al. (1985). A verification of Freud's grandest clinical hypothesis: The transference. *Clinical Psychology Review* 5: 231-246.

–, J. M. Crits-Cristoph und A. Auerbach (1988). *Who Will Benefit from Psychotherapy?* New York (Basic Books).

Luthan, F., und R. Kreitner (1975). *Organizational Behavior Modification*. Glenview, Ill. (Scott, Foresman).

Machiavelli, N. (1532). *Der Fürst*. Übers. und hg. von R. Zorn. Stuttgart (Kröner) 1986.

Mann, T. (1954). *Bekenntnisse des Hochstaplers Felix Krull*. Frankfurt am Main (Fischer).

Manz, C. C., und H. P. Sims (1980). Self-Management as a substitute for leadership: A social learning theory perspective. *Academy of Management Review* 5 (3): 361-367.

– und H. P. Sims (1987). Leading workers to lead themselves: The external leadership of self-managing work teams. *Administrative Science Quarterly* 32: 106-128.

Martin, J. (1985). Clinical contributions to the theory of the fictive personality. *Annual of Psychoanalysis* 12/13: 267-300.

Marty, P., und M. de M'Uzan (1963). La pensée opératoire. *Revue Française Psychanalyse* 27: 1345-1354.

Maslow, A. (1954). *Motivation and Personality*. New York (Harper Collins).

Masters, W. H., und V. E. Johnson (1970). *Human Sexual Inadequacy*. Boston (Little, Brown).

Mathews, M. C. (1987). Whistleblowing: Acts of courage are often discouraged. *Business and Society Review* 63: 40-44.

Mazlish, B. (1981). Leader and led; Individual and group. *Psychohistory Review* 9 (3): 214-237.

Meindl, J. R., S. B. Ehrlich und J. M. Dukerich (1985). The romance of leadership. *Administrative Science Quarterly* 30: 78-102.

Meltzoff, D. (1985). Immediate and deferred imitation in 14- and 24-month-old infants. *Child Development* 56: 62-72.

Merleau-Ponty, M. (1964). *The Primacy of Perception: And Other Essays on Phenomenological Psychology, the Philosophy of Art, History, and Politics*. Evanston, Ill. (Northwestern University Press).

Miller, A. (1980). *Am Anfang war Erziehung*. Frankfurt am Main (Suhrkamp).

Mills, P. K. (1983). Self-Management: Its Control and Relationship to Other Organizational Properties. *Academy of Management Review* 8 (3): 445-453.

Niederland, W. G. (1965). Narcissistic ego impairment in patients with early physical malformations. *Psychoanalytic Study of the Child* 20: 518.

Noy, P. C. (1982). A revision of the psychoanalytic theory of affect. *Annual of Psychoanalysis* 10: 139-186.

Oppenheimer, P. (1972). *A Pleasant Vintage of Till Eulenspiegel*. Middletown, Conn. (Wesleyan University Press).

Osten, S. (1984). *Hitler's Barndom*. Stockholm (Folmer Hansen).

Payne, R. (1960). *Hubris: A Study of Pride*. New York (Harper Collins).

Pfeffer, J. (1977). The ambiguity of leadership. *Academy of Management Review* 2: 104-112.

Phillips, J. S., und R. G. Lord (1981). Causal attributions and perceptions of leadership. *Organizational Behavior and Human Performance* 28: 143-163.

Pines, M. (1984). Reflections on mirroring. *International Review of Psycho-Analysis* 11: 27-42.

Platon (1991). *Politeia.* Sämtliche Werke Bd. 5. Frankfurt am Main (Insel).

Plutchick, R. (1980). Emotion: *A Psycho-evolutionary Synthesis.* New York (HarperCollins).

Porter, R. (1987). The language of Quackery in England. In: P. Burke and R. Porter (Hg.). *The Social History of Language.* Cambridge (Cambridge University Press).

Reich, A. (1953). Narcissistic object choice in women. *Journal of the American Psychoanalytic Association* 1: 22-24. (1973) Narzißtische Objektwahl bei Frauen. *Psyche* 27: 928-948.

Rilke, R. M. (1910). *Die Aufzeichnungen des Malte Laurids Brigge.* In: ders., *Sämtliche Werke.* Bd. 6. Frankfurt am Main (Insel) 1966.

Rochlin, G. (1965). *Griefs and Discontents.* Boston (Little, Brown).

Romanyshyn, R. D. (1982). *Psychological Life: From Science to Metaphor.* Bristol, Penn. (Open University Press).

Rose, G. J. (1969). King Lear and the use of humor in treatment. *Journal of the American Psychoanalytic Association* 17: 927-940.

Rosenblatt, A. D. (1988). Envy, identification and pride. *Psychoanalytic Quarterly* 57: 56-72.

Ross, N. (1967). The ›As if‹ concept. *Journal of the American Psychoanalytic Association* 15 (1): 59-82.

Schein, E. H. (1989). Reassessing the ›divine rights‹ of managers. *Sloan Management Review*, Winter, S. 63-68.

Schoeck, H. (1969). *Envy: A Theory of Social Behavior.* New York (Harcourt Brace Jovanovich).

Sculley, J., und J. A. Byrne (1987). *Odyssey.* New York (Harper Collins).

Searles, H. F. (1965). *Collected Papers on Schizophrenia and Related Subjects.* Madison, Conn. (International Universities Press).

Shoumatoff, A. (1988). *African Madness.* New York (Knopf).

Shulman, D. G. (1986). Narcissism in two forms: Implications for the practicing psychoanalyst. *Psychoanalytic Psychology* 3 (2): 133-147.

Sifneos, P. E. (1972). *Short-Term Psychotherapy and Emotional Crisis.* Cambridge, Mass. (Harvard University Press).

– (1973). The prevalence of alexithymic characteristics in psychosomatic patients. *Psychotherapy and Psychosomatics* 22: 255-262.

Silver, M., und J. Sabini (1978). The social construction of envy. *Journal of the Theory of Social Behavior* 8 (3): 313-332.

Simons, R. C. (1987). Psychoanalytic contribution to psychiatric nosology: Forms of masochistic behavior. *Journal of the American Psychoanalytic Association* 35 (3): 583-608.

Skinner, B. F. (1953). *Science and Human Behavior.* New York (Knopf).

– (1976). *About Behaviorism.* New York (Knopf).

Smeltzer, L. R., und T. L. Leap (1988). An analysis of individual reactions to potentially offensive jokes in work settings. *Human Relations* 41: 295-303.

Sonnenfeld, J. (1988). *The Hero's Farewell.* New York (Oxford University Press).

Speilman, P. M. (1971). Envy and jealousy: An attempt an clarification. *Psychoanalytic Quarterly* 40: 59-82.

Storr, A. (1979). *The Art of Psychotherapy.* London (Methuen).

Sullivan, H. S. (1953). *The Interpersonal Theory of Psychiatry.* New York (W. W. Norton). (1980) *Die interpersonale Theorie der Psychiatrie.* Übers. von M. Kruttke. Frankfurt am Main (Fischer).

Tellenbach, H. (1974). On the nature of jealousy. *Journal of Phenomenological Psychology* 4 (2): 461-468.

Titelman, P. (1981). A phenomenological comparison between envy and jealousy. *Journal of Phenomenological Psychology* 12 (2): 189-204.

Ulanov, A., und B. Ulanov (1983). *Cinderella and Her Sisters.* Philadelphia (Westminster Press).

Vancil, R. F. (1987). *Passing the Baton: Managing the Process of CEO Succession.* Boston (Harvard Business School Press).

Volkogonov, D. (1988). *The Stalin Phenomenon.* Moskau (Novesti Press Agency Publishing House).

Vroom, V. H. (1964). *Work and Motivation.* New York (Wiley).

Walton, R. E. (1985). From control to commitment in the workplace. *Harvard Business Review* 63 (2): 77-84.

Weiss, J. (1966). Clinical and theoretical aspects of ›as if‹ characters. *Journal of the American Psychoanalytic Association* 14: 569-590.

Welch, J. (1982). Vortrag, gehalten 1981 an der Harvard Business School. Video ICH 9-181-111. Cambridge, Mass. (President and Fellows of Harvard College).

Wijsenbeek, H., und I. Nitzan (1968). The case of Peter, an impostor. *Psychiatria, Neurologia, Neurochirurgia* 71: 193-202.

Willeford, W. (1969). *The Fool and His Scepter*. Chicago (Northwestern University Press).

Zajonc, R. B. (1980). Feeling and thinking: Preferences need no inferences. *American Psychologist* 35: 151-157.

– (1984). On the primacy of affect. *American Psychologist* 39: 117-123.

Zaleznik, A., und M. F. R. Kets de Vries (1985). *Power and the Corporate Mind*. Chicago (Bonus Books).

Zuboff, S. (1988). *In the Age of the Smart Machine*. New York (Basic Books).

Register